科技创新与法治丛书

科技创新与科技成果转化

促进科技成果转化地方性立法研究

马治国　翟晓舟　周方　著

知识产权出版社
全国百佳图书出版单位

图书在版编目（CIP）数据

科技创新与科技成果转化：促进科技成果转化地方性立法研究/马治国，翟晓舟，周方著. —北京：知识产权出版社，2019. 7

ISBN 978-7-5130-6180-3

Ⅰ. ①科… Ⅱ. ①马… ②翟… ③周… Ⅲ. ①科技成果—成果转化—地方法规—立法—研究—中国 Ⅳ. ①D922. 17

中国版本图书馆 CIP 数据核字（2019）第 057543 号

内容提要

科技成果转化是科技与经济结合的重要途径，是提高科技创新能力与经济社会发展能力、推动创新驱动发展的重要手段。1996 年《中华人民共和国促进科技成果转化法》的出台，首次从立法上为科技成果转化提供了法律保障，对加速科技成果转化、推动经济社会发展发挥了重要作用。本书旨在探索地方立法工作实践，总结新时期地方立法理论创新和实践经验，发挥地方法制工作在富民强省中的“规范、引导、保障、促进”作用，为地方经济发展提供法律服务和保障。

责任编辑：韩婷婷　　**责任校对**：王　岩
封面设计：臧　磊　　**责任印制**：孙婷婷

科技创新与科技成果转化：
促进科技成果转化地方性立法研究
马治国　翟晓舟　周　方　著

出版发行：知识产权出版社有限责任公司	**网　　址**：http://www.ipph.cn
社　　址：北京市海淀区气象路 50 号院	**邮　　编**：100081
责编电话：010-82000860 转 8359	**责编邮箱**：176245578@qq.com
发行电话：010-82000860 转 8101/8102	**发行传真**：010-82000893/82005070/82000270
印　　刷：北京虎彩文化传播有限公司	**经　　销**：各大网上书店、新华书店及相关专业书店
开　　本：720mm×1000mm　1/16	**印　　张**：18.5
版　　次：2019 年 7 月第 1 版	**印　　次**：2019 年 7 月第 1 次印刷
字　　数：363 千字	**定　　价**：79.00 元

ISBN 978-7-5130-6180-3

序　一

我国改革开放40年风雨兼程，促进科技创新发展的脚步从未停歇。科技实力明显增强，科技对经济的可持续增长和国家竞争力的提升起到了巨大作用。回望过去，我国科技创新发展之所以能够取得如此显著的成就，主要依靠党对科技创新工作的领导、坚持以人民为中心、坚持马克思主义指导地位、坚持走中国特色社会主义道路、不断发挥和增强中国特色社会主义制度优势。在此背景之下，科技立法工作与时俱进，不断为改革开放提供法治保障和前进动力，始终致力于坚持中国国情需求，注重在新形势与新机遇下激励创新。改革开放40年，也是科技立法体制机制逐步完善，科学、民主立法深入推进的40年。自20世纪90年代末党的十五大提出实施科教兴国战略以来，在实践中，我国各地方以《科学技术进步法》《促进科技成果转化法》为依据，结合各地区的实践发展需求，积极制定促进科技成果转化地方性法规；在理论上，对于地方性科技立法的研究虽然较之国家层面的立法研究而言起步较晚，但也已经进入理论与实践相结合、研究方法多元化的逐步成熟时期。《科技创新与科技成果转化：促进科技成果转化地方性立法研究》一书，就是一本从地方性科技成果转化立法的客观实际出发，由理论研究指导立法实践，再由立法实践深化理论认识，最终总结出指导地方性立法实践的著作。

这本书将地方促进科技成果转化立法及修订相关的现有理论研究新成果应用于陕西省创新型省份建设实践以及陕西省促进科技成果转化区域立法实践。不仅对《陕西省促进科技成果转化条例》的修订进行了背景性的理论研究，而且以陕西省促进科技成果转化实践为例，结合陕西省科技法规体系的基本现状，沿着发现问题、分析问题、解决问题的思路和方法，为陕西省促进科技成果转化条例修订提出有价值的意见与建议。以《陕西省促进科技成果转化条例》修订实践为出发点，结合《促进科技成果转化法》的修订宗旨及内容，综合国内外、省内外立法经验，突出地方特色，推进了地方性科技成果转化法规修订的全国性研究。

这本书探索地方立法工作实践，总结新时期地方立法理论创新和实践经验，发挥地方法制工作在富民强省中的“规范、引导、保障、促进”作用，为地方经济发展提供法制服务和保障。与地方法制工作相结合，以应用性研究为重点，反映当前经济发展方式转变新形势下，开展地方立法工作所遇到的新情况、新问题，突出理论创新和制度创新，反映最新的研究成果；同时，从理论和实践相结合的高度分析问题，实践性强，论点明确，论据充分，论证透彻，对陕西省促进科技成果转化的科学决策、具体问题解决和管理制度的完善均有指导意义。希望将书中所研究内容形成决策咨询建议、学术论文等优秀的智库成果和理论成果，促进地方性科技成果转化立法，形成具有推动性的影响力，以便获得丰硕的社会经济效益与学术研究效益。

这本书的主要作者马治国教授是陕西省人大常委会立法咨询专家，省人大常委会教科文卫工作咨询专家，陕西省决策咨询委员会咨询专家，中国科学技术法学会副会长。他长期以来致力于科技立法的研究工作，开展广泛的学术交流，开阔研究视野，努力站在本学科的前沿。其所在的西安交通大学知识产权研究院，作为综合性研究机构，在加强国内外和校内外资源整合，开展高水平科学研究和高层次、复合型知识产权人才培养，更好地服务于国家重大需求和国民经济主战场，激励创新、促进经济发展方面发挥着重要作用。研究院坚持以科学研究为重点，高度关注国家科技体制与知识产权战略，极其重视跨学科知识产权新问题的研究。希望西安交通大学知识产权研究院继续秉承传统，发扬“西迁精神”，在“一带一路”建设的宏伟浪潮中进行科技发展战略研究，开展特色科学研究，努力构建集科学研究、人才培养、学术交流、成果推广和社会服务为一体的创新平台，为陕西省追赶超越和法治中国建设做出新的更大贡献。

科技成果转化是科技与经济结合的重要途径，是提高科技创新能力与经济社会发展能力、推动创新驱动发展的重要手段。希望这本书的出版能回应陕西省创新型省份建设、陕西从“科教大省”向“科教强省”转变、陕西省与“一带一路”沿线国家开展国际科技合作和交流、陕西省军民科技资源开放共享与军民两用科技转化和产业化等现实需求；能有助于从陕西省追赶超越的发展实际出发，立足陕西，面向全国，为更加广泛和深入地促进本省及其他各地方科技成果转化的法治需求提供充分的理论与现实研究依据。

总之，希望这本书的出版有助于读者对科技成果转化地方性立法状况的了解，并在参与科技成果转化的工作中提高科技成果转化法规政策的运用水平。

农工党中央副主席、陕西省委会主委

全国人大常委会委员

陕西省人大常委会副主任

朱静芝

2019 年 7 月 8 日

序　二

《科技创新与科技成果转化：促进科技成果转化地方性立法研究》一书的出版，是科技管理与科技立法的新成果。以往的研究都着眼于国家战略层面，但战略的实施需要各地的落实，所以，地方性科技立法工作至关重要，尤其是与科技创新密切相关的关键环节——科技成果转化，是制约科技创新的瓶颈，如果不能突破，就会严重制约科技创新，解决问题的途径之一就是加强政策指导和法律规范。在国家创新驱动战略指导下，地方科技创新政策和地方性法规的引导、规范作用成为促进科技创新和科技成果转化的重要依据和措施。

这本书的特点是从实践出发，以问题为导向，运用立法理论指导立法实践，通过立法实践解决科技创新和成果转化中的具体现实问题，具有很强的实用性，反映了作者的务实精神和对地方性科技成果转化问题的关注回应。

这项研究成果本身就是科研成果转化的典范，本书主要作者马治国教授是科技法学专家，担任陕西省人大的立法咨询专家、省决策咨询委员会咨询委员和省科技厅法律顾问，了解地方科技立法的需求，并及时通过决策建议方式，引起立法机关和主要领导重视，推动了立法进程，实现了学术研究成果的转化。

本研究具有可推广性，以智库成果为地方决策部门提供决策依据，推动行政管理与立法工作的科学化、民主化和现代化，是管理科学和法律科学的重要价值所在。西安交通大学知识产权研究团队从上个世纪80年代始便开创了务实的研究作风、跨学科研究方法、复合型人才培养模式，并能一以贯之，长期坚持，形成了独特的研究模式，具有前瞻性，符合未来科学研究的方向。西安交通大学知识产权按研究院的成立为该团队进一步的科研创新工作提供了更高更新的平台，希望在党的十九大精神和“西迁精神”指导下，以创新引领科研，为新时代的科技创新、科技成果转化、知识产权保护等重要法律制度研究做出新的贡献！

中国工程院院士
西安交通大学管理学院名誉院长　汪应洛
2019年5月15日

前　言

科技成果转化是科技与经济结合的重要途径，是科学技术转化为生产力的关键环节，是提高科技创新能力与经济社会发展能力、推动创新驱动发展的重要手段。1996年5月15日，第八届全国人大常委会第十九次会议通过了《中华人民共和国促进科技成果转化法》（以下简称《促进科技成果转化法》），1996年10月1日起施行。《促进科技成果转化法》的出台，首次从立法上为科技成果转化提供了法律保障，对加速科技成果转化、推动经济社会发展发挥了重要作用。

2013年，《中共中央关于全面深化改革若干重大问题的决定》提出，要深化科技体制改革。建立健全鼓励原始创新、集成创新、引进消化吸收再创新的体制机制，健全技术创新市场导向机制，发挥市场对技术研发方向、路线选择、要素价格、各类创新要素配置的导向作用。建立产学研协同创新机制，强化企业在技术创新中的主体地位，打破行政主导和部门分割，建立主要由市场决定技术创新项目和经费分配、评价成果的机制。发展技术市场，健全技术转移机制，改善科技型中小企业融资条件，完善风险投资机制，创新商业模式，促进科技成果资本化、产业化。2014年，《中共中央关于全面推进依法治国若干重大问题的决定》提出，完善促进科技成果转化的体制机制。2015年3月，《中共中央 国务院关于深化体制机制改革加快实施创新驱动发展战略的若干意见》对营造激励创新的公平竞争环境、建立技术创新市场导向机制、强化金融创新的功能、完善成果转化激励政策、构建更加高效的科研体系等进一步提出了要求。

2015年8月29日，十二届全国人大常委会第十六次会议审议通过了《全国人民代表大会常务委员会关于修改〈中华人民共和国促进科技成果转化法〉的决定》。同日，国家主席习近平签署第三十二号主席令予以公布，修改决定自2015年10月1日起施行。这是《促进科技成果转化法》颁布实施近20年来的第一次重要修改。它立足我国当前促进科技成果转化工作面临的新情况、新问题，按照《中共中央 国务院关于深化体制机制改革加快实施创新驱动发展战略的若干意见》的要求，在总结改革试点经验的基础上，着力解决当前制约科技成果转化的突出问题，对现行《促进科技成果转化法》作出了重要补充和完善。

我国科技成果转化地方性立法整体上开始于20世纪90年代末期与21世纪初期。立法的背景是党的“十五大”强调实施“科教兴国”战略，使经济建设真正转移到依靠科技进步和提高劳动者素质的轨道上来，科教兴国成为我国的基本国策。各地方以《中华人民共和国科学技术进步法》（以下简称《科学技术进步法》）《促进科技成果转化法》为依据，结合各地区的实践发展需求，纷纷制定了本地方区域的科技成果转化条例（规定、办法）。以江苏省为例。江苏省于1990年率先制定了《江苏省技术市场管理条例》，随后江苏省又于1992年制定了《江苏省科学技术进步条例》，这一时间早于国家科学技术进步法一年，不仅为推进江苏省的科技进步工作起到重要的法律促进作用，而且为“国家制定《中华人民共和国科学技术进步法》积累了经验”。1996年和1998年，江苏省又分别制定了《江苏省发展高新技术条例》和《江苏省科学技术普及条例》，而《江苏省促进科技成果转化条例》则于2000年才依据国家《促进科技成果转化法》制定。再以广东省为例。1986年，广东省制定了全国第一部关于技术市场管理的地方性法规——《广东省技术市场管理规定》，20世纪90年代又陆续制定了《广东省民营科技企业管理条例》《广东省促进科学技术进步条例》《广东省专利保护条例》《广东省技术秘密保护条例》等地方性科技法规，到2000年，则由广州市人大常委会制定了《广州市促进科技成果转化条例》，适用于广州市行政区域内的科技成果转化活动。整体而言，全国大部分地方均在21世纪初期完成了地方性科技成果转化法规的制定，并且江苏省、陕西省等不少地方在本次国家转化法修订之前，已经根据地方需求对法规进行过一轮修订，另有不少地方跟随本次转化法修订正在对本地法规进行新一轮修订。本次转化法的修订促进了各地方对于科技成果转化法规的不断完善，同时，各地方还跟随法规的制定与修订出台了多项科技成果转化创新政策，结合本地方科技成果转化与产业化发展的实践经验、学习先进省份经验、探索地方立法先行先试，不断优化各地方自主创新法制环境，着力解决科技成果转化中的困境，较之早期的地方立法具有更为积极和深远的意义。

马治国教授提出：“‘法不孤起，仗境方生；道不虚行，遇缘则应。’科技法律制度是‘法’是‘道’；‘境’和‘缘’是其发挥作用需要的环境、条件，一旦条件具备，就可以释放出巨大能量，推动创新发展。陕西省已经明确了创新发展模式、目标和任务，创新型省份建设已经盛大起航，科技法律制度如同护卫舰一样，将提供反潜、护航、巡逻、预警、侦察及登陆支援作战等全方位、立体性保护。”[1]

---

[1] 马治国，翟晓舟. 知识产权保护与创新型省份建设——以陕西省为例 [J]. 情报杂志，2016，35（7）：37-42.

目　录

第一章
科技成果转化的困境与地方立法的作用发挥

法律的存在使法律规范下的人的行为不再具有绝对任意性，例如：经济法惩罚违反国家经济管理规定的行为并要求违法主体承担责任，合同法要求行为主体完成特定合同行为范式以规范其实现目的的路径。促进科技成果转化法除了惩罚违反国家科技管理的违法行为并要求违法主体承担责任之外，还包括要求各类主体通过完成法律指定的特殊程序、特殊条件，以及为各类主体提供实现其愿望的规范化指引来约束其行为。限制人的行为的绝对任意性是为了满足国家对于科技成果转化行为进行管理、促进、保障等多种愿望的实现。这种国家愿望是集合了社会中不同个体愿望的总和，但并不直接代表社会中每一个主体的愿望。同样，国家愿望也会因为限制人们行为的绝对性而被限制，比如，现在很多法律都会为法律制定者设定法律限制，使法律对于国家产生约束。我们常常认为法律的内容只是在约束他人，但事实上，法律本身不存在只是针对他人而设定的内容，法律的内容应该包含着对所有人的行为进行范式性描述。对于专门性法律制度而言，其实现的方式依赖于国家政治体制和管理模式的推动。科技创新和成果转化的主体以及管理模式分为国家和地方两个层面，促进科技成果转化法作为适用于专门领域且具有较明显行政法色彩的法律，其贯彻实施在很大程度上有赖于通过国家和地方政府的推动。因此，地方性的促进科技成果转化立法是我国促进科技成果转化法律体系中十分重要的组成部分。

第一节　科技创新与科技成果转化的法制化

科技创新的持续动力来自其对经济效益和生产、生活效率提升的不懈追求。科技创新改变了低水平的重复生产，科技成果转化实现了科技与市场的联系，实现了从依靠劳动力和生产资料投入进行低水平重复生产的粗放经营到主要依靠科技进步、提高生产要素产出率的集约经营的转变。无论是科教兴国战略，还是创新型国家建设都是通过加大科技投入，将科技进步与提高劳动者素质作为促进经济转型的核心要义，注重的是科技对于经济增长和科技持续发展的意义。为此，当国家通过权力的运行将促进科技成果转化的实现上升为国家意志时，便产生了促进科技成果转化的专门法律制度，并成为科学技术法学领域的重要组成部分。促进科技成果转化法通过构建促进科技成果转化的目标、效率、效益、程序和各主体之间权利义务的关系消除科技与经济之间的隔阂，防止科技发展偏离社会需求的目标而可能为社会带来的负面效应。

一、法律对科技成果转化的双重作用

（一）法律的促进作用

科技与法律相互依存，科技对法律的完善有着积极的作用，为法律提供了新内容、新形式、新传播路径；而法律对科技的反作用表现为法律为科技创新提供规则和秩序，保证科技为人类福祉服务的正确方向。具体而言，一方面，科技带来的经济效益的提升与社会进步为法律的发展与完善提供了更好的环境，只有在科技进步、经济繁荣、人民追求美好生活的社会环境中，法律才能实现自身的发展与完善，并为社会提供更好的法律指引。例如：科技的发展影响着立法的内容，为法律的制定提供重要依据；科技影响法的表现形式和传播方式，使法的表现形式更科学合理，法的信息传播更便利、公开、快捷、准确和充分；科技影响法的调整范围，促进新的法律部门的出现；科学技术影响立法体系、程序和方法，促进立法的专门化、民主化、科学化和高效化，使得法律更具操作性；科技影响法律技术和法律调整机制及其执法，促进法律调整机制和执法手段的科学化、公正化、合理化和高效化；科技影响法学教育、法制宣传和法学研究的方式和内容，促进法学教育、法制宣传和法学研究方法与内容的更新和发展，增强公民守法的自觉性。另一方面，法律通过指引、评价、预测、强制、教育，防止科技、经济超越人性与社会道德肆意发展，为科技、经济与社会建立理性、公平、正义、人道、有序发展的框架。例如：法律组织和协调科技活动，为科技活动和科技管理提供民主、科学的规则和秩序；法律利用激励原理促进科技发展；法律调节科技成果应用中产生的利益关系，保证和促进科技成果的合理使用和推广；法律确认和保障科技活动主体科学研究、发明创造的自由，为科技活动创造自由、宽松、安定的政治和社会环境；法律协调科学技术与人的各种关系，保证科学技术为人类福祉服务的正确方向；法律推动国际间科学技术合作，促进科学技术的全球共享和高效能运用。

（二）法律的抑制作用

法律限制行为的绝对任意性，即使科技活动这种最具有自由度的行为也不能例外。科技成果转化法就具有惩罚违法阻碍科技成果转化行为的功能和作用。除了要求违法主体承担责任之外，还通过法律的强制执行以及引导、教育功能为社会主体提供实现其愿望的规范化指引。法律的限制使科技活动保持正确方向和安全有效发展。科技成果转化法就是要使得科技创新、转化的主体，市场主体和国家管理主体的权利和自由受到合理限制，共同营造科技成果转化的法制环境，使其社会效用最大化，将科技成果转化中的风险性与不确定性限制在可控范围。但由于立法者对未来可能发生的风险与不确定无法全部预知，所以，法律在维护安全、秩序和整个社会效益的同时，会显现出一定的保守性，在一定程度上抑制科技成果的创新和转化，这是法律的特征。促进科技成果转化法在一定程度上也会体现出这种抑制性，抑制风险与提高效率的平衡是其永恒的追求，也是法律的公平价值的体现。

二、科技成果转化需要体系化的法律制度

学者奥斯丁曾经从界定法律概念的角度对法律体系进行过较为完整的理论研究，虽然来自他的关于法律体系的研究成果主要以法律概念为主要内容，但是并不影响我们对于法律及其相关制度的体系化的认知。他的理论研究成果主要倾向于认为，一个立法主体制定的所有法律可以被认为是一个法律体系。那么在这个体系之下，一个立法主体制定的所有的科技成果转化法律便可以形成一个体系，并且，在这个体系中不可忽视的是主权观念。另一位学者凯尔森可以被称为对法律体系这一概念进行充分研究的第一人，他没有使用与奥斯丁提出的主权观念相似的观点，他认为可以直接或者间接追溯到一个基本规范，运用被授予的权力创造出来的全部法律规范可以被认为是一个法律体系。那么在这个体系之下，当科技成果转化法律是由被基本规范授权的权力机关制定，并且在该基本规范授权下的其他权力机关制定的其他科技成果转化法律，都可以被认为是一个科技成果转化法律体系。在上述理论的标准之下，国家与地方科技法律应该被认为属于同一法律体系中的组成部分，因此应该具有相同的体系性目标。在相同的体系性目标之下，该体系需要外部的制度支持与协调一致，用以实现法律体系的整体性维系以及目标的实现。

（一）科技对法律及相关制度的需求

马克思曾指出“生产力中也包括科学”，并且认为“固定资本的发展表明，一般社会知识，已经在多么大的程度上变成了直接的生产力”。1988 年 6 月，邓小平同志根据当代科学技术发展的趋势和现状，在全国科学大会上提出了“科学技术是第一生产力”的论断。2001 年 7 月，江泽民同志在“七一”重要讲话中指出：“科学技术是第一生产力，而且是先进生产力的集中体现和主要标志。”2015 年 12 月，习近平同志强调：“从发展上看，主导国家命运的决定性因素是社会生产力发展和劳动生产率提高，只有不断推进科技创新，不断解放和发展社会生产力，不断提高劳动生产率，才能实现经济社会的持续健康发展，避免陷入‘中等收入陷阱’。”科学技术是第一生产力，既是现代科学技术发展的重要特点，也是科学技术发展的必然结果。科技不仅要转化，而且是要

将科技成果迅速地转化为现实生产力。法律应该为防止科技成果难以及时转化而造成的经济潜能衰减提供制度上的便利，“要深入研究和解决经济和产业发展急需的科技问题，围绕促进转方式调结构、建设现代产业体系、培育战略性新兴产业、发展现代服务业等方面需求，推动科技成果转移转化，推动产业和产品向价值链中高端跃升”，构建总体布局合理、功能定位清晰、具有中国特色的科技计划体系和管理制度，以此带动科技其他方面的改革向纵深推进，为实施创新驱动发展战略创立一个好的体制保障。

（二）法律对科技活动与管理制度的协调

科技成果转化需要税收、人力资源、教育等多种外部要素予以支持。首先，法律应该致力于引导高等学校、科研院所、企业等科研主体进行联动与交流，提高从研发到转化的实效，并为科技成果转化提供可以实现转化与资源有效配置的制度环境，体系完整、合理的法律制度将提升科技成果转化的实际效益，反之则会抑制其效益与进一步发展；其次，法律应该为科技成果转化中所面临的多重风险提供制度化的保障路径，探索风险分担、风险补偿机制，探索容错机制，为科技成果转化拓展生存的空间；再次，法律应该预测科技成果转化活动中可能产生的超越社会承载能力的风险，探索防范以及控制风险发生的制度框架，为可能出现的在高风险的科技成果转化中被淘汰的科技主体、各类市场主体提供退出机制，为人员及财产的安置提供保障路径；最后，用法律具有的公平、正义特性消解、淡化科技成果转化活动中的效率偏差，在法律的促进、保障、监管等活动中传递人文精神，限制违反人文道德理性的行为发生。

第二节　科技成果转化法律制度的完善方向

现行的科技成果转化法律制度作为一个开放的法律制度，其中容纳了承载着不同目标属性的多种法律规范以及与法律相伴而行的各类政策和精神，庞大的制度体系并没有为科技成果转化实践带来更为完善的法律制度支持，反而在实践中存在诸多尚未能完全破解的制度与需求的分层错位，法律制度与实践需求之间的差距体现在科技、产权、税务等多个领域。

一、科技促进类法律中存在的问题

（一）技术作价入股与国有资产管理

作为科技成果转让的主要形式，在技术转让、技术许可和技术作价入股之中，技术转让和技术许可的评估备案程序便捷、方便操作，作价入股则由于无形资产评估以及股权管理方案备案程序的存在而使得转让程序复杂很多，且办理国有产权登记是国有股权管理方案的前置程序，应当报同级国有资产监督管理机构会签财政部门。

我国新修订的《促进科技成果转化法》规定，职务科技成果是指执行研究开发机构、高等院校和企业等单位的工作任务，或者主要是利用上述单位的物质技术条件所完成的科技成果。并且，国家设立的研究开发机构、高等院校对其持有的科技成果，可以自主决定转让、许可或者作价投资。2016 年 2 月国务院《实施〈中华人民共和国促进科技成果转化法〉若干规定》中进一步规定，国家设立的研究开发机构、高等院校对其持有的科技成果，可以自主决定转让、许可或者作价投资，除涉及国家秘密、国家安全外，不需审批或者备案。这其中包含了国家对于科技成果转让中审批权的放宽与评估权的市场化引导。但是，2006 年财政部《事业单位国有资产管理暂行办法》（财政部令第 36 号）中规定，事业单位负责对本单位占有、使用的国有资产实施具体管理，办理本单位国有资产配置、处置和对外投资、出租、出借和担保等事项的报批手续。除本办法另有规定外，事业单位处置国有资产，应当严格履行审批手续，未经批准不得自行处置。2008 年财政部《中央级事业单位国有资产管理暂行办法》（财教〔2008〕13 号）中规定，中央级事业单位申报国有资产对外投资、出租、出借等事项，应当附可行性论证报告和拟签订的协议（合同）等相关材料，按以下方式履行审批手续：单项价值在 800 万元以下的，由财政部授权主管部门进行审批，主管部门应当于批复之日起 15 个工作日内将审批文件（一式三份）报财政部备案；800 万元以上（含 800 万元）的，经主管部门审核后报财政部审批。2012 年，财政部、科技部《科学事业单位财务制度》（财教〔2012〕502 号）中规定，无形资产是指不具有实物形态而能为使用者提供某种权利的资产，包括专利权、商标权、著作权、土地使用权、非专利技术以及其他财产权利。对外投资是指科学事业单位依法利用货币资金、实物、无形资产等方式向其他单位的投资。科学事业单位应当严格控制对外投资。在保证单位正常运转和事业发展的前提下，按照国家有关规定可以对外投资的，应当履行相关审批程序。科学事业单位以非货币性资产对外投资的，应当按照国家有关规定进行资产评估，合理确定资产价值。2015 年，《财政部关于进一步规范和加强行政事业单位国有资产管理的指导意见》（财资〔2015〕90 号）中继续沿用了前述规定的做法，要求资产处置应当遵循公开、公平、公正的原则，严格执行国有资产处置制度，履行审批手续，规范处置行为，防止国有资产流失。未按规定履行相关程序的，任何单位和个人不得擅自处置国有资产。处置国有资产原则上应当按照规定程序进行资产评估。且该文件发布日期为 2015 年 12 月 23 日，晚于我国新修订的《促进科技成果转化法》2015 年 8 月 29 日的发布日期，也并没有对职务科技成果转化的问题作出特殊规定，并且之后也并未就职务科技成果的属性及其配置、使用、处置等事项做出明确的进一步规范指引。财政部关于事业单位国有资产管理的各项规定与国家为推动科技成果转化出台的法律及相关政策，出现了明显的不一致，为科技成果转化法的落实造成了制度性困境。

（二）科技成果市场化与人事管理制度

习近平总书记在 2014 年两院院士大会上指出："科技成果只有同国家需要、人民要求、市场需求相结合，完成从科学研究、实验开发、推广应用的三级跳，才能真正实现创新价值、实现创新驱动发展。"但是，受"重研发、轻转化""重论文、轻专利"的传统思维方式影响，我国高等学校、科研机构的科研组织，科技成果的实施与市场需求的结合还不够紧密，研究成果与企业需求和产业技术发展有较大差距。目前，我国的科技管理多为政府主导型，科技资源主要集中在高校、科研院所，往往缺乏市场导向，加之科技评价机制不合理，造成科研成果与现实需求相脱节。我国《促进科技成果转化法》中规定，国家设立的研究开发机构、高等院校应当建立符合科技成果转化工作特点的职称评定、岗位管理和考核评价制度，完善收入分配激励约束机制。国务院《实施〈中华人民共和国促进科技成果转化法〉若干规定》（国发〔2016〕16 号）中进一步规定，积极推动逐步取消国家设立的研究开发机构、高等院校及其内设院系所等业务管理岗位的行政级别，建立符合科技创新规律的人事管理制度，促进科技成果转移转化。2017 年，中共中央办公厅、国务院办公厅《关于深化职称制度改革的意见》中指出，以职业属性和岗位需求为基础，分系列修订职称评价标准，实行国家标准、地区标准和单位标准相结合，注重考察专业技术人才的专业性、技术性、实践性、创造性，突出对创新能力的评价。探索以专利成果、项目报告、工作总结、工程方案、设计文件、教案、病历等成果形式替代论文要求。但是，同年，教育部、人力资源社会保障部《高校教师职称评审监管暂行办法》以"进一步落实高等学校办学自主权，做好高校教师职称评审权下放后的监管工作，激发教师教书育人积极性、创造性"为宗旨，并未对下放后如何落实应用型人才的评审条件进行特别说明，就专利成果等与科技成果转化相关的人才评价制度仍以探索为主。

除此之外，国务院《实施〈中华人民共和国促进科技成果转化法〉若干规定》（国发〔2016〕16 号）中规定，科技成果转化过程中，通过技术交易市场挂牌交易、拍卖等方式确定价格的，或者通过协议定价并在本单位及技术交易市场公示拟交易价格的，单位领导在履行勤勉尽责义务、没有牟取非法利益的前提下，免除其在科技成果定价中因科技成果转化后续价值变化产生的决策责任。但是，却没有相关政策、法规、法律可以参照明确如何认定勤勉尽责并作为免除后续价值变化产生的决策责任的依据。与之相反，国务院机关事务管理局《中央行政事业单位国有资产处置管理办法》（国管资〔2009〕168号）中明确规定，在资产处置过程中弄虚作假，低价转让、合谋私分或其他造成国有资产损失的，由国管局和相关部门责令改正，并按照《财政违法行为处罚处分条例》及国家有关规定处理，情节严重、涉嫌犯罪的，移送司法机关处理。《教育部关于加强直属高等学校内部审计工作的意见》（教财〔2015〕2号）中指出，以规范学校资产管理、提高资产使用效益、落实管理责任为重点，加强学校资产管理审计。重点审计资产的配置、使用、处置和对外投资是否合规。要坚持任中审计与离任审计相结合，适时开展任中经济责任审计。对承担重要经济责任的领导人员，任期内至少审计一次。根据审计内容和审计发现的问题，按照权责一致原则，依法依规对被审计领导人员进行责任认定。对审计发现的重大违法违纪案件线索，要依法移送纪检监察和司法机关。要将审计结果作为考核、任免、奖惩被审计领导人员的重要依据。除了高等学校、科研机构之外，科技成果转化的风险也在金融机构实施的科技金融行为中有所体现。信贷人员在科技成果转化金融信贷中应该遵循何种操作规则才能符合银行等金融机构中制定的尽职免责规定，避免在实际操作中由于贷款违约所涉及的多方面综合原因而对尽职与否造成界定困难。基于尽职、尽责在法律上缺乏可操作的认定标准，金融机构工作人员也同样面临着被追责的风险，影响了科技成果转化金融业务的进一步发展。

二、产权保护类法律中存在的问题

（一）职务成果与混合所有权改革

《促进科技成果转化法》将职务科技成果处置权下放给其持有单位，但并未明确规定成果为单位所有。《专利法》规定，职务发明创造申请专利的权利属于该单位；申请被批准后，该单位为专利权人。《植物新品种条例》规定，执行本单位的任务或者主要是利用本单位的物质条件所完成的职务育种，植物新品种的申请权属于该单位。《计算机软件保护条例》规定，由国家机关下达任务开发的软件，著作权的归属与行使由项目任务书或者合同规定；项目任务书或者合同中未作明确规定的，软件著作权由接受任务的法人或者其他组织享有。自然人在法人或者其他组织中任职期间所开发的软件，该软件著作权由该法人或者其他组织享有，该法人或者其他组织可以对开发软件的自然人进行奖励。因此，科研人员不具有获得职务科技成果所有权的明确法律依据。在科技成果转化领域试水的职务科技成果混合所有制改革，其职务成果权属仍存在法律依据上的争议。现阶段试点进行的混合所有权改革中将部分所有权赋予科研人员的做法，并不符合上述法律行为规范指引中的任何一种形态。

（二）专利实施与职务科技成果转化的报酬、奖励

《中华人民共和国专利法》（以下简称《专利法》）第十六条规定，被授

予专利权的单位应当对职务发明创造的发明人或者设计人给予奖励；《中华人民共和国专利法实施细则》（以下简称《专利法实施细则》）中进一步规定，发明创造专利实施后，未约定报酬方式与数额的，在专利权有效期限内，实施发明创造专利后，每年应当从实施该项发明或者实用新型专利的营业利润中提取不低于2%或者从实施该项外观设计专利的营业利润中提取不低于0.2%作为报酬。许可其他单位或者个人实施其专利的，应当从收取的使用费中提取不低于10%作为报酬。我国《促进科技成果转化法》中规定，未约定奖励和报酬方式和数额，将该项职务科技成果转让、许可给他人实施的，从该项科技成果转让净收入或者许可净收入中提取不低于50%的比例；利用该项职务科技成果作价投资的，从该项科技成果形成的股份或者出资比例中提取不低于50%的比例；将该项职务科技成果自行实施或者与他人合作实施的，应当在实施转化成功投产后连续三至五年，每年从实施该项科技成果的营业利润中提取不低于5%的比例。对比我国《专利法》《专利法实施细则》《促进科技成果转化法》可以发现：第一，《促进科技成果转化法》规定奖励和报酬的法定比例下限基本高于《专利法》的规定；第二，《促进科技成果转化法》规定无论奖励还是报酬均为职务科技成果转化后，《专利法》支付奖励的条件是专利授权后；第三，《促进科技成果转化法》要求对所有具有实用价值的科技成果给予奖励和报酬，而不限于任何形式的知识产权，即包括但不限于专利、植物新品种、集成电路布图设计、计算机软件著作权、技术秘密；第四，《促进科技成果转化法》规定的支付奖励和报酬的主体是科技成果完成单位，《专利法》规定的是被授予专利权的单位，在这里，“科技成果完成单位”与“被授予专利权的单位”有可能是同一主体，但当未申请专利的科技成果被转让或投资入股等情况下，它们就可能不是同一主体；第五，《促进科技成果转化法》规定完成以及对转化该项科技成果做出重要贡献的人员都有权获得奖励和报酬，《专利法》规定有权获得奖励和报酬的人仅包括职务发明人、设计人。

第三节　促进科技成果转化地方性立法的重点

促进科技成果转化是我国科技创新的重要制度，主要投入来自国家各级政府的财政资金与企业创新投资。其中，国家各级政府财政投入巨大成本委托科技创新主体创造出巨大数量的科技成果，如果不能转化为社会经济效益，将会造成人民财富和社会资源的巨大浪费。政府投入又分为国家、国家各部门和地方各级政府，所以，促进科技成果转化工作的法律、法规、规章的制定和实施也必须由国家、地方政府共同推动。由科技管理和教育、科研体制造成的科技与经济脱节的问题，需要通过强有力的法律“强制”科技成果走向市场，形成科技创新和市场转化的良性机制。同时，通过立法促进科技成果转化的历史经验告诉我们，立法必须关注科技成果的实际拥有人与市场中的各类转化主体，其作为科技成果转化的主力，需要通过立法给予保障与支持，用以解决这类主体基于我国科技体制长期将这两部分主体分割在不同领域而形成的互动融合困境。同时，分布在地方的科技成果的创造者和应用者更是最基层的科技成果转化实施主体，能否调动其积极性、主动性，是地方性科技成果转化政策与立法的要务。

一、加强地方性促进科技成果转化立法

1996 年《促进科技成果转化法》公布施行以来做过一次修订，从总的情况来看，这部法律对科技成果转化起到了重要作用，但该法的普及程度和实施状况还有待进一步加强。全国人大常委会于 2016 年进行过一次执法检查，发布了执法检查报告。检查报告指出：“从执法检查情况看，《促进科技成果转化法》的修订实施对科技成果转化的推动作用显著，但法律的全面贯彻实施仍然存在一些问题。科技创新能力不强，科技与经济紧密结合还存在一些制约因素，科技成果转化的体制机制仍需要进一步完善。解决这些问题需要综合手段，但调动地方的积极性是重要措施之一，加强地方性立法实现科技与经济密切结合。”

自 2015 年 9 月至 2016 年 6 月，各地方发布了 30 余项促进科技成果转化的配套政策。26 个省（区、市）先后制定了促进科技成果转化条例，说明各地方开始关注科技成果转化，认识到科技成果转化对当地经济的决定性影响。一方面，地方政府依赖国家有关促进科技成果转化的政策、法律法规的指导；另一方面，地方政府需要在国家法律法规指导下制定出具有当地特色的地方法性法规，促进政产学研结合，协同推进科技与经济的结合，为科技成果转化创造出良好的政策法制环境，使科技投入有效，科技成果有用，经济发展有依托、有后劲。

二、高校科技成果转化难的破解

地方科技成果转化的重点之一是突破高校科技成果转化难的顽固瓶颈。改革开放几十年来，市场形态发生了根本性变化，中国特色社会主义市场经济模式在推动经济发展中发挥了巨大的作用，成为社会经济发展的根本方式，但高校的体制机制却并没有随着外部环境的变革产生明显变化，距离经济主战场仍然很远。高校作为科技成果的主要生产场所，仅仅成为科研的高地，常常面临着“不接地气、远离经济、漠视市场、孤芳自赏”的尴尬境地。这种状况产生

的本身也背离了我国社会主义大学的办学宗旨，不符合新时期我国的教育方针。同时，我国大量高校属于地方政府管理，也是地方科技成果的主要产地，应当面向经济建设主战场，成为地方经济的科技支撑。但是，长期形成的高校管理考核体制造就了地方高校“只看科研，不问经济”的习惯，也至今没有得到明显改观。

科技成果转化的重点、难点在高校，为此，党中央、国务院、教育部出台了各类具有针对性的政策希望破解高校科技成果转化中存在的问题。2016 年国务院连续印发《实施〈中华人民共和国促进科技成果转化法〉若干规定》（以下简称《若干规定》）和《国务院办公厅关于印发促进科技成果转移转化行动方案的通知》（以下简称《行动方案》）。《若干规定》的第一条就指出要“促进研究开发机构、高等院校技术转移”，“国家鼓励研究开发机构、高等院校通过转让、许可或者作价投资等方式，向企业或者其他组织转移科技成果。国家设立的研究开发机构和高等院校应当采取措施，优先向中小微企业转移科技成果，为大众创业、万众创新提供技术供给”，并规定了各种对于科技成果转化的激励措施，其中最大亮点是对技术转化的奖励比例设定了下限，未设上限，“不低于 50%”，这是前所未有的突破。随后，各地纷纷出台了落实政策，对奖励比例不断加码。如陕西省出台了《陕西省促进科技成果转化若干规定（试行）》，被称为著名的“陕九条”，在国务院规定的奖励比例之上，将奖励比例上调到“不低于 90%”。但是，即使是这样优惠的政策，也并未带来科技成果转化的突破性发展，其主要原因有两点：第一，高校的基本职能是人才培养，教师的主要任务被定位于教书育人，并非科技成果转化，所有的科研活动和技术成果的作用主要为教育服务，主要用来作为高校老师和科研人员水平的评价标准，与科技成果的取向和市场价值几乎无关。第二，高校长期形成的与市场经济发展具有一定隔阂性的价值取向不易改变，科研活动并不以经济效益为主要追求目标，如果可以获得各级、各类学术奖励，便不愿过分追求物质奖励，尤其是通过参加经济活动而获取报酬性经济奖励。部分追求市场经济效益的教学和研究人员相对而言并不在教学、科研主流群体之中，且常与高校对教研人员的发展要求存在认识差异。第三，基于高校教研人员固有的思想认知体系，稳定有余而风险承担能力不足，因此，通常会对超出预期的过分优厚的政策的稳定性存在疑虑，持观望态度。

全国人大常委会执法检查报告这样描述高校、科研机构在落实《促进科技成果转化法》过程中存在的问题：“总的看，我国高等学校、科研机构的科技成果丰富且总量逐步增加，但科技成果运营实施数量仍然偏少。一是高等学校、科研机构对科技成果转化的认识还有待提高。‘重研发、轻转化’‘重论文、轻专利’等现象仍然存在。以湖南长沙市知识产权局的调研为例，在长沙的高等学校中，只有不到12%的发明人认为申请专利的目的是为了成果转化，32%是为了完成科研课题的结题任务，45%是为了职称评定或晋升。二是高等学校、科研机构的科研组织、实施与市场需求结合还不够紧密，研究成果与企业需求和产业技术发展有较大差距。”

三、职务成果转化收益权的突破

促进科技成果转化地方性立法的另一重点、难点是关于职务成果权益的处置问题。《若干规定》中突破的奖励政策主要是针对职务成果而言，但是对成果权属的归属问题并未突破，职务成果仍然属于单位，实际上就是属于国家。高质量的高等院校基本上都是国家举办的，所以，科技成果的权属导致高校的领导和科技人员缺乏积极性，同时对转化和获奖心存顾虑，担心承担法律风险。

全国人大常委会执法检查报告中指出：“部分高等学校、科研机构提出，尽管法律下放了科技成果的国有资产管理权限，事业单位国有资产处置、收益管理办法也进行了相应调整，但科技成果若以入股形式实施转化，各有关方面对国有无形资产的后续评估、考核管理看法尚难统一，单位负责人对法律相关规定的落实存在顾虑，‘持股难’‘变现难’的问题有待进一步解决。关于科技成果转化‘净收入’的计算在《促进科技成果转化法》修订实施后仍然存在认识差异，高等学校和科研院所的转化收益持续增加，但在确定收益分配基数时，相关方面对科技成果转化‘净收入’的理解不一致，影响了科技人员奖励和报酬的落实。”

《若干规定》在职务成果转化权和收益权方面做出重大调整：国家设立的研究开发机构、高等院校制定转化科技成果收益分配制度时，要按照规定充分听取本单位科技人员的意见，并在本单位公开相关制度。依法对职务科技成果完成人和为成果转化作出重要贡献的其他人员给予奖励时，按照以下规定执行：以技术转让或者许可方式转化职务科技成果的，应当从技术转让或者许可所取得的净收入中提取不低于50%的比例用于奖励；以科技成果作价投资实施转化的，应当从作价投资取得的股份或者出资比例中提取不低于50%的比例用于奖励；在研究开发和科技成果转化中作出主要贡献的人员，获得奖励的份额不低于奖励总额的50%。这三不低于50%的规定很具体，是国家和单位的授权行为和让利行为，奖励对象是对科技成果创造和转化做出贡献的人。但是，国家这些对科技成果转化几乎是极限奖励的政策，而且在各行业和地方贯彻落实过程中继续放大的奖励政策，所产生的效果却十分有限，法律效应在现实中减损严重。

综上，国家法律、政策的效益需要地方性立法和政策的贯彻落实才能全面实现。《促进科技成果转化法》是专门领域法制，具有专业性和地域性特点。有些问题的突破，需要各地方、各区域先行先试，创造经验，在实践中寻找突破口，经验成熟后可以复制，并为国家政策和法律的制定完善提供参考依据。促进科技成果转化地方性立法是国家促进科技成果转化法体系的有机组成部分，承担着施行、检验、总结、丰富和完善国家法制的职能，各地方应该加大重视地方立法的职能，尤其是在地方性科技成果转化立法中关注本区域面临的重点问题，例如，作为高校资源集中的陕西省应该重点关注高校在科技成果转化中面临的问题，从而实现地方法制效益的有效提升。

第二章
高校职务科技成果转化及其发明专利权属

知识经济时代，优质的知识产权具有强大的资源吸附能力，能够聚合技术和投资，实现社会资源的重组融合。这里蕴含着两层含义：一是优良的知识产权是一切经济价值创造的基础和源泉，如何激励科技创新成为这个时代科技立法和知识产权立法的重要议题；二是优良的知识产权需要依靠吸附大量的社会物质性资源来实现增值，换句话说，知识产权的商业化利用是其实现价值的重要手段，因此制度设计者应当格外重视如何提高知识产权的商业化利用效率。产权是技术运用和转化的权源，职务发明专利权属影响甚至决定着单位和发明人的创新和转化积极性。而高校作为职务科技成果产出重镇，与企业相比，职务发明专利创造和转化动力不足，如何充分调动高校及科研人员的创新积极性就显得尤为必要。高校每年产出海量职务科技成果，管理维持成本高，很多技术会因闲置而贬值失值。科技成果诸如专利、技术秘密等要投入生产、创造价值就必须依赖与第三方实体产业的合作，此过程中不仅需要专业的管理团队，更需要研发人员的配合，诸如寻求匹配的合作伙伴及合作全程的技术咨询服务。遗憾的是，科研人员并没有参与转化的热情。科研人员缺乏转化热情的根源在于激励不足，归根结底还在于缺乏独立的转化权。科技成果转化的权利是科技成果实现收益最重要的权利，也是科技成果权利人的专属权利，包括自己实施和许可他人实施。现有法律规定，职务科技成果权归属单位，科技成果转化的权利自然随之归属单位，高校科研人员并没有转化职务科技成果的法定权利。

长期以来，国外的大学管理体制与中国相似，公立大学的教职工在教学和科研活动中创造的科技成果归属于政府，大学和创造人均无权申请专利并获取专利权，更无权进行商业化利用。1980 年，美国发布《拜杜法案》，该法案将大学专利的“政府所有”转变为“大学所有”，即大学有权获得联邦政府资助科研项目成果的专利申请权和专利权，并且在两年内应当将此专利投入商业化利用，由此获得的收益由大学和发明人共享。20 世纪 90 年代中后期，丹麦、德国、日本等国纷纷效仿《拜杜法案》，也对大学职务发明采取“大学所有制”。

当前我国政策上逐步扩大职务成果完成人的权限范围，有突破股权和现金奖励等小产权奖励范畴，进行知识产权奖励的趋势。《关于实行以增加知识价值为导向分配政策的若干意见》中开始探索对科技人员进行著作权、专利权、植物新品种权、计算机软件权等产权激励，辅之以加大现金奖励和股权、期权激励，双管齐下，实现对科技人员的全方位、多角度激励。四川省发布《关于全面创新改革驱动转型发展的决定》，率先以改革科技成果权属为突破口推进科技成果转移转化。其后，密集发布《四川省激励科技人员创新创业十六条政策》《四川省职务科技成果权属混合所有制改革试点实施方案》，对高等院校、科研院所的职务科技成果权属实行混合所有制改革，允许此类单位与职务发明人约定职务科技成果权属，双方可以共同申请和享有知识产权。四川省的改革措施显然已经突破了现行《中华人民共和国专利法》（以下简称《专利法》）第六条关于发明创造专利申请权的配置原则，是对我国现有高校职务发明专利权"高校独享制"模式的挑战。四川省的"混改"具有革命性，突破单位独占权属模式，将成果完成人纳入职务科技成果权利体系之中，激发科技人员的创造热情和转化积极性。

第一节　高校职务发明专利权属制度

一、我国职务发明专利"高校独享制"引发的问题

现有法律规定，执行本单位工作任务或主要利用本单位的物质技术条件所获得的职务发明专利申请权归单位，单位一经申请则当然获得职务发明专利权。高校作为一种特殊类型的单位，职务发明专利权属经历了"国家所有"→"高校持有"→"高校所有"的转变过程，如今高校对除了影响国家安全或重大利益的特殊专利以外的其他专利均拥有完整的专利控制权，可以自主决定转让、实施专利。因此，毫无疑问，我国的高校职务发明专利采用的是"高校独享模式"，发明人仅享有署名权和获得奖励的权利。《专利法》第六条规定职务科技成果专利权属于单位，《促进科技成果转化法》则不谈权属，但在第十九条默认了其他法律的权属分配规则。当前国家政策上逐步扩大职务成果完成人的权限范围，有突破股权和现金奖励等小产权奖励范畴，进行知识产权奖励的趋势。

（一）高校专利转化率低下

我国高校一直以来都是科技成果集中产出的重要场所。近年来，随着国家创新驱动发展战略的提出，国家对高校的科研经费投入大幅增长，由此这些机构的职务发明创造数量也在明显提升。但是，高校的科技成果并没有带来与投入相匹配的经济效益。教育部数据显示，2016 年全年高校科研经费投入

115 263 522 千元，实际收入仅有 2 341 910 千元[1]，处于严重的入不敷出状态。大量成果被束之高阁，逐年过时，最终成为“死专利”。科技部的统计数据显示，2015 年，高校作为卖方在技术市场签订技术合同的成交金额为 314.3 亿元，仅占全国技术合同成交金额的 3.2%，见图 2-1。中科院科技政策与管理科学研究所副研究员在接受《中国经营报》专访时透露的信息更是让人心惊，在中科院针对全国高校科技成果转化运用的调研中发现，高校放弃的或认为没有转化价值的“死专利”占比本就高，而专利实际转化率仅占拥有转化价值专利的 2.03%，若是基数加上“死专利”，那么这一数据将会进一步降低。教育部 2016 年的数据则佐证了上述观点并非信口开河。《2016 年高等学校科技统计资料汇编》中的统计数据显示：2016 年全国各类高等学校专利授权量 121 981 件，交易量 2 695 件，仅占 2.2%。[2]

高校专利转化率低的原因具有综合性，既包括现有高校科技成果转化手续烦琐、转化机制不健全等因素，也包括高校转化激励不足、转化主体欠缺等因素。提高高校专利转化利用率需要多项制度的配合，其中专利权属制度将成为一切政策改革的基础。[3]

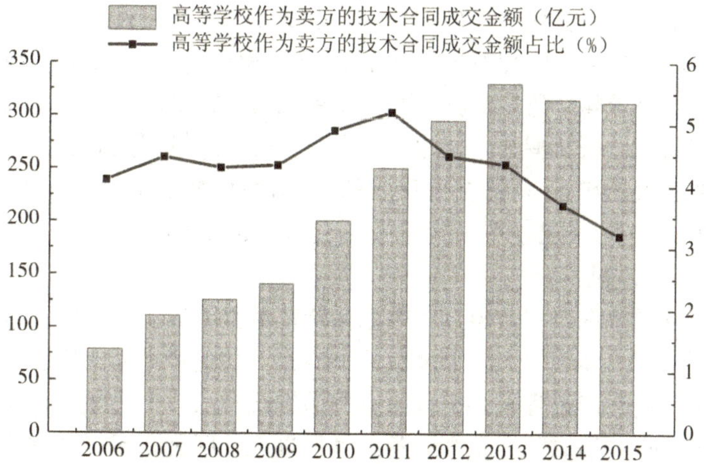

图 2-1　科技部对我国高等学校 R&D 活动分析：
高校作为卖方的技术合同成交金额及其占全国的比重（2006—2015 年）

---

[1] 教育部．2016 年高等学校科技统计资料汇编［EB/OL］．［2017-03-03］．http://www.moe.edu.cn/s78/A16/A16_tjdc/201703/t20170303_298076.html.

[2] 科技部．2015 年我国高等学校 R&D 活动分析［EB/OL］．［2017-08-08］．http://www.most.gov.cn/kjtj/.

[3] 中国科学技术协会．学科发展报告综合卷（2014—2015）［M］．北京：中国科学技术出版社，2016.

（二）"隐性知识"配合薄弱

发明专利属于知识产品，其中蕴含着科研人员研发创造的整个思维过程，最终的成果则表现为专利的技术特征，从这个角度来看，发明专利由保存在发明人脑中的"隐性知识"和表现在专利文本上的"显性知识"组成，二者互为补充，缺一不可。❶在我国高校专利制度体系中，上述以知识产权为表征的"显性知识"由高校所有，"隐性知识"由职务发明人掌握。科研人员可以自如运用所掌握的隐性知识自不在话下，可是显性知识若没有隐性知识的配合价值也只能流于纸面。❷专利转化权是专利权人实现收益最重要的权利，也是权利人的专属权利，包括自己实施和许可他人实施。

现有法律规定，职务发明专利权归单位，专利转化的权利自然随之归属于单位，高校职务发明人并没有转化职务专利的法定权利。从这个角度上讲，我国实行的是以高校为主导的专利转化体制，高校决定是以转让、许可还是作价入股的形式实施专利，高校决定合作对象，高校参与价格与利润分配方案谈判，高校掌握着整个转化过程的话语权和控制权。职务发明人则完全被排除在转化过程之外，加之缺乏相应的利益激励，职务发明人正好可以"置身事外"，对研究成果的利用和转化进展毫不关心。但是，今天的科技成果转化已然不能依靠高校的单打独斗，转化过程日益系统化、持续化，企业在看中科技成果价值的同时，更看重整个研发团队的持续创新能力、技术服务能力，而这些恰恰都离不开科研团队所掌握的隐性知识的配合。科技成果的内涵已然不再局限于外化的成果，而逐渐延伸到成果背后的技术团队。❸因此，没有职务发明人"隐性知识"和"售后服务"的配合，转化效率自然下降。

（三）创新激励不足

创新人才是知识产权产出过程中最活跃且最重要的生产因素。马克思称之为"活劳动火焰"的智力创造活动，在知识产品的生产中起决定性作用。

知识产品的生产过程在一定程度上遵循物质产品生产的投入产出规律，即知识产品的生产过程离不开资金设备的大量投入。区别在于，两种产品的生产过程虽然都离不开人力资源的投入（当然随着人工智能日益普及，传统的制造和服务业的劳动力逐渐为机器人所取代），物质产品生产需要的是能够持续进行简单重复劳动的人，而知识产品再生产则需要具有卓越创新能力、激情、锲

---

❶ 郭英远，张胜．科技人员参与科技成果转化收益分配的激励机制研究［J］．科学学与科学技术管理，2015，36（7）：146-154.

❷ Oscar H，Jeremy N．The Knowledge-Creating Company：How Japanese companies create the dynamics of innovation［J］．Technological Forecasting and Social Change，1997，55（1）．

❸ 胡罡，何健敏，刘薇薇等．论"售后服务"对高校科技成果转化的作用［J］．研究与发展管理，2016，28（5）：119-125.

而不舍和不屈不挠的精神、敢于接受失败和挑战的创新型人才。这样的人才可遇而不可求，具有很大程度上的唯一性和不可替代性，尤其是在高科技领域。同时，知识产品在生产过程中存在的隐性知识对成果产出有重大影响，智力投入与产出之间具有极大的不确定性。❶加之成果完成人的意志和情感投入也是影响产出的重要因素，因此，知识产权产品的生产过程需要格外关注科研人员的心理需求和利益激励。❷

高校职务发明过程，恰恰符合上述知识产品投入产出规律，也就是说，职务发明人是职务发明产出过程中最不稳定但最核心的参与者。为了激发职务发明人的创造活力，高校职务发明权属制度需要迎合创造性劳动提供者的物质和精神需求，需要通过合理的利益分配规则尽可能减少随机性和偶然性，增加产出概率。在"高校独享制"下，由于高校转化的体制机制问题，"休眠专利"众多，发明人无权实施利用，只能眼睁睁地看着自己的心血逐渐贬值、失值。即使专利有幸转化，那也与发明人无甚关系。高校主导着从选择合作对象，决定交易价格，制定实施收益方案到承担转化风险的全过程，发明人只需要机械地投入下一个研发中即可，这无疑挫伤着职务发明人的创造热情。

二、高校职务发明专利权属制度理论模式

国内理论界关于高校职务发明专利权归属共有五种理论模型：高校独享制，也即我国当前立法所采取的模式。此种模式下高校当然享有职务科技成果的专利申请权和授权后的专利权，体现出明显的高校利益主义倾向。发明人优先制，职务发明的专利申请权和授权后的专利权先天归属于创造人，高校拥有优先受让权和非排他使用权。这种模式与高校独享制的理念截然相反，其更加看中知识产权的智力劳动投入价值，侧重保护雇用关系中的弱势方利益。契约制，充分尊重高校和发明人的意愿，两方主体可就职务发明的归属、使用、收益分配等具体事宜进行约定，充分体现私法的意思自治原则。产权分离模式，即将职务发明专利权能分割为占有、使用、收益、处分的权利，高校作为本权人，发明人则享有使用、收益等部分权能。共享制，即高校和发明人共享职务发明专利权。

（一）高校独享制

我国法律并未专门规定高校职务发明专利的权属，而是在《专利法》中笼统规定了职务发明创造的专利申请权归属于单位，一经授权，专利权自然归属于单位。因此，无论高校、科研院所或企业，我国的职务发明专利权属"一刀

---

❶ 南振兴，温芽清．知识产权法经济学论［M］．北京：中国社会科学出版社，2010：60.
❷ 杜月升．论知识生产及其经济特征［J］．深圳大学学报（人文社会科学版），1999（2）：46-51.

切”地采取了“单位独享制”。综观世界各国的大学职务发明专利权属制度，以美国《拜杜法案》为模板形成了以“大学所有权”模式为主流，“修正的大学所有制”和“发明人所有制”并存的局面。其中，英国、西班牙等国最早实行“大学所有制”，并且一直沿用至今。德国、日本、希腊、捷克、丹麦及立陶宛等国虽然效仿美国采用“大学所有制”，但是却增设了“权利反转”，即权属首先归大学是有条件的，大学务必在一定期限内对发明进行实施转化，否则权利会再次反转回教授手中。只有瑞典、意大利等少数国家仍然坚持采用“发明人所有权”模式。高校职务发明专利“大学所有权模式”是指公立高校的职务发明归大学所有，这一模式流行于美国的《拜杜法案》。该法案规定：大学必须提前与发明人就研发成果的一应事宜进行预先约定，发明人有义务及时向大学汇报成果产出情况。大学在收到发明人通知后必须立即向联邦政府汇报，并在两年内进行专利申请，否则联邦机构则获得专利申请权。大学还有义务及时将科技成果通过转让或许可的方式投入商业化应用，若非如此，联邦政府即可以行使“介入权”，既可以要求大学将专利许可给第三方进行技术投产，也可以收回专利权。转让发明获得的许可费收入应当在大学和发明人之间公平分配。“大学所有权”模式旨在通过赋予大学科技成果权属激励其进行成果转化。

《拜杜法案》实施之后激发了大学的技术转化热情，大学的发明商业化率明显提高，大学与商业之间的关系愈加密切。美国模式的成功引发了世界各国的模仿热潮。20世纪90年代，欧洲许多工业强国、日本以及部分发展中国家纷纷效仿，若是本国高校科技成果权原属于政府，则将权利下放给大学，若是高校成果权本采取“教授优先权”模式，则纷纷放弃此模式转而将成果权赋予大学。“教授优先权”模式是指大学的职务发明专利申请权属于大学教授，教授取得专利权之后有权利用专利并取得收益。长期以来，欧洲各国的大学采取此种知识产权权属制度，但是大学的技术成果商业化水平却处于极低状态。受到美国《拜杜法案》的影响，欧洲各国开始从大学科技成果权属制度层面进行反思，认为或许长期采取的“教授优先权”模式并不能很好地促进大学科技成果转化。2000~2007年，丹麦、德国、挪威、澳大利亚、芬兰相继放弃本国大学科技成果所采取的“教授优先权”制度（教授拥有从其研究成果中获得知识产权所有权的权利），将知识产权所有权赋予大学。

英国自1977年开始，就一直“一刀切”地将雇员发明权属赋予单位，当然大学也不例外，大学与教授之间属于雇用关系，大学职务发明专利权理所应当属于大学所有，当然教授承担的政府出资科研项目也不例外。这在英国1977年《专利法》的第三十九条中已作出了规定，2004年《专利法修正案》对此条款并未做任何改动，仍然坚持职务发明雇主所有权模式。法国大学由国家出资设立，大学教师和工作人员属于国家公务员，其与职务相关的发明创造属于雇主即大学所有。其中，法国 2017 年 3 月 17 日最新修订版《知识产权法典》第 L611-7 中规定：雇员履行本职工作或雇主交办研发任务所获发明专利权属于雇主，此项权属规定也同样适用于政府雇员和公共机构。德国在改革之前属于典型的“教授优先权”模式。修订之后的《雇员发明法》对于高等院校的教授、讲师等雇员完成的发明，摒弃了“教授优先权”模式，采用了“大学所有权”模式。[1] 雇员在创造出某项科技成果之后，有权决定是否公开。若雇员决定公开成果，则必须在公开前 2 个月向雇主报告成果的具体内容，以便雇主申请专利。但雇员保留署名权以及收益权，若大学在一定期限内没有实施该发明，雇员发明人可以再次取得专利权。同样有“权利反转”[2] 的国家还有希腊、捷克、丹麦及立陶宛。

当世界各国大肆效仿《拜杜法案》所采取的高校职务发明专利权属“大学所有权”模式之时，世界各国学者尤其是美国学者们开始客观调研、理性分析这种权属模式的可行性和激励效果，并且对可能没有效果甚至反效果的“大学所有权”权属配置模式进行反思。主要集中在：是否应该让产权更接近于其实际完成人，进而削弱大学的产权？要不要将“发明人所有权”纳入未来的修改内容中去？

美国的部分学者提出，就提高学术科研成果的技术转移效率而言，“大学所有权模式”可能并非有利于大学技术转移的唯一行之有效的方式。[3]“大学所有权”模式本身缺乏灵活性，限制了大学教师自己通过天使投资、风险投资和社会网络来创立企业的可能性。其中还存在着信息不对称、激励机制不足等缺陷，会导致商业化推广的滞后和不确定性成本的增加，以及技术的灰色市场（教授没有专利权但是拥有技术的一切信息，可能会不经授权擅自进行技术的商业化利用）出现。部分学者通过大学调研采集采用“大学所有权”和“教授优先权”模式下大学技术成果转移数据，并进行对比分析后发现并没有确凿证据表明“大学所有权”模式更能激发技术成果转移效率；相反，部分大学（诸如剑桥大学）在转而采用“大学所有权”模式之后技术成果转化效率有所下降。无独有偶，这样的负激励在美国、日本和欧洲的部分大学中也出现过。[4] 早在 1963 年，时任美国卫生部专利顾问的诺曼 · 雷特科尔就提出美国大学专

---

[1] 杨筱. 德国雇员发明制度研究［J］. 学习月刊，2010（18）：133.

[2] 张寒. 中国大学技术转移与知识产权制度关系演进的案例研究［M］. 北京：经济管理出版社，2016：126.

[3] Aldo G，Federica R. Changes to university IPR regulations in Europe and the impact on academic patenting［J］. ResearchPolicy，2011，40（8）.

[4] Martin K，Donald P. Does inventor ownership encourage university research-derived entrepreneurship? A six university comparison［J］. Research Policy，2011，40（8）.

利制度应该实行“发明人所有权”归属模式，因为专利越接近于发明人越有可能对其进行未来的商业开发。当然，该观点在讨论《拜杜法案》之时遭到了多数学者反对，其原因在于相较于“大学所有权”模式，“发明人所有权”模式更加激进，更易遭到“政府所有权”模式拥护者的反对。由此可知，“大学所有权”模式只是妥协的结果，并不意味着它是提高技术转移效率的最佳制度安排。目前，在北美的大学中，加拿大的滑铁卢大学还在采用“发明人所有权”，他们认为这样能够给予发明人最大的激励，事实是学者们调研发现“滑铁卢大学相较于北美其他大学在成立衍生企业方面更有优势”❶。加拿大学者研究了加拿大大学的知识产权政策，发现当采取“发明人所有权”以后，学校教职员工提出专利申请的数量出现明显增长。❷ 域外学者们对美国《拜杜法案》下“大学所有制”的反思表明，“大学所有制”虽然被多国复制，但是并没有确切证据表明它是激励大学成果创造和转化的最优制度选择。

“高校独享制”的优势在于，权属明晰，职务发明创造的产权从诞生开始就属于高校，减少了确权产生的交易成本，将多项发明的所有权分散在不同雇员手中，会导致海勒所谓的反公地悲剧；而统一在雇主手中则可以避免。❸

有学者试图用经济学的方法论证我国现行职务发明制度的合理性。论证的依据主要有三个：第一，职务发明专利权归单位有利于充分利用企业的集中生产优势进行专利投产并实现规模效益，从而减少生产成本；第二，我国的职务发明权属制度蕴含着将产权赋予更大经济效益创造者的经济理性，即使在一定程度上不符合法律的公平正义理念；第三，企业掌握着充裕的市场信息，在职务成果转化中能够消解信息不对称带来的市场地位不平等。❹ 该论证的一个致命漏洞在于概念不对等。三个论据中的“单位”均默认为企业，明显忽略了高校这个专利产出重镇。若是将论证中的“单位”仅限定于高校，情况则会大不相同，甚至相反。高校并不具备企业规模化生产的先天条件，实现规模经济的理由不成立；在我国高校专利交易量只占 2% 的情况下，难以体现出高校是更大经济效益的创造者，同时忽略公平正义理念的制度必将产生大量的社会成本；高校中的发明团队往往掌握着所研究领域的海量信息，包括行业发展前景、市场运作模式等，相比于高校，其信息掌握量不遑多让，因此信息不对称的理由过于牵强。

---

❶ Dante DG，Scott S. Why do some universities generate more start-ups than others? [J]. Research Policy，2003，32 (2).

❷ Hoye KA. University Intellectual Property Policies and University-Industry Technology Transfer in Canada [D]. Waterloo：University of Waterloo，2006.

❸ 和育东. 美、德职务发明制度中的“厚雇主主义”趋势及其借鉴 [J]. 知识产权，2015 (11)：115-121.

❹ 孙春燕. 职务发明制度的合理性——以经济学为视角 [J]. 知识产权，2012 (4)：56-59.

高校独享制的最大问题在于不符合劳动价值论，无法激发科技人员的创造积极性。一定有人会提出质疑，高校与发明人之间的关系简单来说就是雇主与雇员的关系，雇主与雇员之间存在劳动合同，雇主雇用雇员进行智力创造活动，并向雇员支付工资和奖金，劳动成果归雇主所有如何不符合劳动价值论？在回答这个问题之前，我们首先要区分两组概念：高校与教职工发明人之间的关系能否类比为一般企业中雇主与雇员之间的关系？智力成果的创造过程能否等同于物质产品的生产过程？

首先，高校与教职工之间的关系本质上确实属于雇主与雇员的劳动关系，其区别在于，高校与教职工的关系比较松散，劳动内容的目的性不强。高校教职工的主要工作任务是教学和科研，一般情况下，高校不会下达具体到研发内容的科研任务，教职工可以根据研究方向、兴趣爱好和时间精力等自行申请课题或接受企事业单位的横向委托，研发活动的自主性较强，因此科研成果的职务依附性不强。

其次，物质产品的生产除了需要职工的重复劳动之外，更多依赖于单位的原材料、资金、设备和已有的设计方案等，整个过程中劳动的贡献率屈指可数，而且职工的劳动量可以通过成果直接计算，职工可以取得与所付出劳动量基本匹配的报酬。而智力成果的创造过程虽然也离不开单位的资金、设备条件，但是真正对成果产出起决定性作用的却是发明人的智力劳动。单位给予的低廉工资只是维持发明人持续劳动的基本保障，与发明人所提供的创造性智力劳动之间并不构成对价。单位剥夺智力劳动者所创造的额外价值是对他们剩余价值的严重压榨。[1] 同时智力劳动具有很大的偶然性，也许一次实验便可成功，也许需要上千次实验，这些都由发明人决定，此过程中存在着巨大的道德和情感因素，尤其是在研发自主性较强的高校科研当中。

因此，赋予职务发明人一定比例的知识产权不仅是安抚他们的心理，而且也是归还本该属于他们的权益[2]，同时还是激励发明人创新积极性的必要手段。

（二）发明人优先制

发明人优先制即发明人依法直接获得职务发明的专利申请权和专利权，单位拥有法定的优先受让权和非排他使用权。瑞典、意大利等国家的大学发明采用“发明人所有权”模式。瑞典从20世纪50年代开始一直坚持此权属模式，而意大利2012年修订的《工业产权法典》则特立独行，在欧洲各国纷纷效仿“大学所有权”模式之时，反其道而行之，果断放弃“大学所有权”，转而采用“教授优先权”。意大利之前的知识产权法规定雇员发明的知

---

[1] 王林，何敏．对职务发明成果归属的新思考［J］．南京师范大学学报（社会科学版），2002（2）：38-41.

[2] 卢世纲．论对职务发明人的权益保护问题［J］．知识产权，1997（6）：11，16-17.

识产权一律属于雇主，大学也不例外，新法的立法理念恰恰与采取“大学所有权”模式的国家相反，对大学的技术成果转化能力持怀疑态度，认为大学雇员更有能力进行技术成果的商业化应用。因此，其在新法中明确将包括大学在内的雇员发明知识产权赋予发明人，发明人有权对大学发明申请专利，获得专利权后必须在5年内进行专利转让、技术创业或合作投产，否则大学将获得专利普通实施权。

发明人优先制的优势有二：第一，发明人优先制与高校独享制虽然采取的是截然相反的立法理念，但是最大的相似之处在于权利主体只有一方，能够减少确权带来的交易成本；第二，发明人优先制下智力成果所有权天然归属于智力劳动提供者，极大激励了发明人的创造热情。我们都知道，知识产权制度建立的原始理性在于保护创造性方案提供者的智力劳动成果，用国家赋予的一定期限内的知识垄断权换取发明人向全社会的公开，从而在激发研发主体创造活力的同时提升全社会的知识积累和创新水平。

但是发明人优先制有违投入产出原理，高校的项目配套资金、实验仪器和设备、数据库、课题组研发人员的组织汇聚等资源的投入对知识成果的产出具有重大作用。具体而言，知识产品的生产过程是智力劳动与物质投入的有机结合，是科技人员利用物质条件进行“实验→测试→获取数据→总结经验→再实验”的循环往复并螺旋式上升的过程。此过程必然会涉及生产工具耗费，既包括发明人习得的逻辑生产工具，也包括物化了的投入成本和损耗，前者如显微镜、实验设备、进行数据处理与分析的计算器等，后者诸如实验耗材支出、中试费用。当然，有学者还提出了“隐性知识物化费用”。知识产品有质无形，其内涵和价值的凸显离不开一系列显形过程，而这个过程就是隐性知识的物化过程，其间需要耗费大量的资金投入和设备原料供给。基于此，高校投入了大量的资金和费用成本，若不能获得知识产权，显然会陷入“入不敷出”的状态，不仅会严重打击高校支持科研的积极性，而且是对国有资产的过分私有化，不利于国家和社会整体福利的提升。

同时，发明人优先模式剥夺了高校职务发明专利控制权将排除成果被聚集化商业利用的可能，于成果转化效率无益。“大学所有权”模式受到世界各国追捧绝非偶然，采取此模式的国家看中的正是大学科技成果的聚集效应。在科技飞速发展的今天，一项投产科技成果身上可能附着数项跨领域专利，被多个课题组分别研发的可能性极大，“发明人优先制”下权利主体分散，加之专利权“钉子户”的存在，高校聚权耗时耗力，不利于专利聚合转化。

（三）契约制

契约制即充分尊重当事各方的意思自治，高校职务发明专利的权属以约定为准。契约制下若有约定，按照合同处理，充分尊重意思自治，符合私法精神；而问题在于，若无约定当属如何？第一种情况是法定归高校或发明人，即会陷入高校独享制或发明人独享制的泥沼当中，其利弊得失不再赘述；第二种情况则是权属不明。

这种模式看似为单位和发明人赋予了较大的自主选择权，发明人至少可以通过行使契约请求权为自己争取更多权利，实则在实践中发明人怠于行使权利情况普遍。因此，约定优先往往停留纸面，没有约定成为常态。没有约定的后果就是权利归属处于不确定状态。产权不明必将增加交易成本，科斯定理的一层解释为：权利界定是市场交易必要的先决条件。根据当代产权经济学的租值消散理论，虽然各经济学家的解读存在差异，但都揭示了产权经济学中的一个重要规律，即权属不明必然导致租值消散。[1] 依此理论，高校职务发明专利的权属必须明确界定，否则将会导致国家、高校和发明人各个主体的利益减损，不符合经济学追求的效益最大化。值得一提的是，该理论中租值消散的根本原因在于产权界定不明产生所谓的"公共产权"被各个主体过度竞争，造成"公地悲剧"，从而引发租值消散。高校职务发明专利权属契约制下约定不明实践中专利被默认为高校财产，导致高校和发明人均缺乏专利增值热情，技术闲置过时从而造成价值消散。

任何一项民事法律制度都有其目的，要么为了定分止争，要么为了平衡利益，所以在承认契约自由的前提下都会有底线型条款作为补充，防止权利义务状态不明，以追求效率或平衡利益。比如，合同法被认为是意思自治的典型代表，当事人的约定只要不违反国家法律的强制性规定，不违反诚实信用原则和公序良俗均可被认定有效，合同权利受到国家保护。即便如此，《中华人民共和国合同法》（以下简称《合同法》）也考虑到了当事人对某些重要条款约定不明的情况，遂于第六十一条至第六十三条中规定了约定不明的补充规则，当事人对价款、履行地点等重要条款没有约定或约定不明的，可以协议补充，没有补充协议的，按照交易习惯或合同其他条款参照执行，如若还不能实现目的，则按照合同法中的法定规则执行。高校职务发明权属制度是对发明专利产权进行界定的制度，更应当防止产权处于权属不明状态，约定优先的前提在于配套了约定不明下的产权分配规则。综上，笔者认为约定优先作为某种权属模式的前置措施比较合理。

（四）产权分离模式

产权分离模式其实是将专利权看作一个多权利组合在一起的权利束，其中可以分离出所有权、使用权、收益权、处置权、质押权等。单位拥有所有权，

---

[1] 张五常．经济解释［M］．北京：中信出版社，2012.

发明人拥有使用权和处置权，国家、单位和发明人共享收益。[1] 笔者赞同将专利权权能类比物权进行产权分离，职务发明专利权可以分割为持有权、使用权、处分权和收益权，但是不同意将四项权能分开赋予不同的主体。理由如下：第一，丧失了使用权（包括专利实施转化权）、处分权之后的所有权还有何价值？专利权等知识产权天生服务于商业社会，其价值增值完全依赖于商业化，不同于土地等物权可以满足自用需求。无论将转化实施权和处分权赋予高校或发明人中的任一主体，都会造成严重的权利分配失衡。第二，如若按照上述学者的观点，高校保留所有权，而将使用权和处置权赋予发明人，高校是否有权对发明人使用和处置职务发明的活动进行监督？高校在仅保留名义上所有权的情况下如何制止发明人的不当使用和处置行为？不解决这些问题的产权分离模式则必将引发一系列纠纷，导致产权混乱。

学界还有一种观点是类比农村土地承包所有制，在职务发明专利本权仍旧归高校的前提下创设一个类似于用益物权的转化权赋予职务发明人，以此设计达到高校和职务发明人共享转化权，提高高校科技成果转化率的目的。按照物权本权与用益物权的关系来看，本权人通过契约的方式将物在一定期限内的使用权和收益权转让给用益物权人。完全类比的话，职务发明转化权相当于职务发明实施权，此转化权需得到专利权人的授予，但是这种约定制下的转化权并不符合制度设计的初衷。因此赋予职务发明人法定转化权，此权利不应当定性为职务发明用益权，而应当是一种类似于本权的权利，相当于法律将职务发明专利本权的使用收益权能进行剥离让高校与职务发明人进行共享，即共享职务发明的使用、许可、收益权。诚然，这样做可以提高高校科技成果转化率，但是在职务发明本权之外创设一个明显贬损本权价值却无须本权人同意的平行的转化权似乎欠缺法理上的依据，同时职务发明人如何规制高校的处分权？基于此，笔者认为创设职务发明专利法定转化权需要更加充分的论证。

（五）共享制

共享制将职务发明人纳入专利权本权体系中，赋予发明人专利共同持有权、使用权、收益权和处分权。

由于专利署名权等人身权具有附属性和不可转让性，“共享制”实质上是共享高校职务发明专利的财产权利，主要包含五个基本方面：第一，高校职务发明专利按照约定归属于高校或职务发明人；第二，高校和职务发明人可根据双方的贡献大小自主协商专利权的分配规则和行使规则；第三，无约定或约定

---

[1] 纪建强，黄朝峰，张继东．产权分离与产权分割——职务发明国防专利权归属的新思路［J］．科技进步与对策，2015（13）：106-110.

的不明情况下按照法定共有规则行使专利申请权、专利持有、使用、收益和处分的一应权利，当然任何一方具有转让或放弃共有份额的权利，但是该权利的行使以不损害其他共有人权利为界限，同时还应当及时通知其他共有人，协助其行使优先购买权利；第四，共有人保留不当损失请求权；第五，风险与收益并存，所有共有财产权人依照约定的财产权利份额或法定等分规则共同承担职务发明专利的转化风险。

于职务发明人而言，可以选择事先与单位约定专利权的归属或利益分配规则，从而监督单位的排他使用专利行为，单独实施或许可第三方非排他使用专利，参与专利转化的全过程，共享收益，共担风险。于高校而言，仍旧拥有专利权的持有、使用、收益、处分全流程权能，只是其处分权受到发明人的监督，减少不当处置的可能性。高校转化专利的全过程还能得到发明人的配合（发明人“隐性知识”的配合，并提供“售后服务”），提高转化效率，增加收益。于国家和社会而言，职务发明人对专利利用的全过程控制和参与能够提高高校专利转化率，缓解“专利休眠”现象。同时，赋予职务发明人专利权符合法的公平正义理念，能够有效激励发明人的创新活力，有利于科技进步。

当然，学者们对共享制的质疑主要集中在刻意关注公平降低了效率。比如说确定权利份额需要耗费过大精力，专利权本质上属于信息，形成过程中很难判断各个主体的贡献大小，价值评估困难，因此高校与职工的权利份额不好划分。再比如，过多的权利主体必然导致决策效率下降，而作为以新颖性为突出特征的发明专利极易被新技术取代，高校和发明人共同决策容易造成决策效率低下，贻误市场时机。[1] 鉴于“共享制”是本书采取的制度模式，在下章中笔者将从经济学的成本收益分析来论证高校职务发明专利权共享不仅注重法的公平价值，而且兼顾了效率。

（六）五种模式的比较分析

“高校独享制”是我国现阶段采纳的模式，它以美国《拜杜法案》为模板，与深受德国、日本等国家追捧的“大学所有权”模式有异曲同工之妙。不过，我国当时确立职务发明专利单位独享制却并未考虑到高校这类非以营利为目的主体的特殊性，而是完全秉承厚雇主主义的立法理念，侧重保护单位利益，以确保企业类主体的研发投入积极性。德、日等国摒弃“教授优先权”模式转而效仿美国采取“大学所有权”模式，其目的在于利用大学的专利产业化优势促进技术转移。我国的“高校独享制”在权属层面削弱了高校发明人的创

---

[1] 葛章志，宋伟，万民．职务科技成果单位优先转化权及其规则改进——兼评我国《促进科技成果转化法》第 19 条［J］．中国高校科技，2016（8）：15-18.

造和转化热情，导致高校专利转化率极低。国外学者们则通过调研发现，在同等条件下转而采用“大学所有权”模式的大学专利转化率并未出现明显提升，反而限制了大学教师利用职务专利进行融资创业的可能性。

“发明人优先制”是瑞典、意大利等国采用的高校专利权属模式，其优势在于发明人优先制与高校独享制虽然采取的是截然相反的立法理念，但是最大的相似之处在于权利主体只有一方，能够减少确权带来的交易成本。同时，发明人优先制下智力成果所有权天然归属于智力劳动提供者，极大地激励了发明人的创造热情。其最大缺陷在于忽略了高校的资金和技术投入，不适应科技成果协作化、集成化产出的经济背景。

“契约制”看似充分尊重意思自治而却忽略了无约定情况下的法定兜底，导致产权不明。有的学者则将约定优先作为“高校独享制”或“发明人优先制”的前置措施，可是难免陷入前两种模式的泥沼当中，实质上是披着契约制外衣的权属独享制。

“产权分离模式”在理论界有两种并存构想，一种是某些法学学者借鉴巴泽尔权利束和物权权能分离理论构建的所有权、用益权、处置权分离组合模式，即高校掌握专利所有权和处置权，职务发明人则拥有法定用益权；另一种制度模型是由某些公共管理学者提出，他们从促进高校成果转化的角度出发，在职务专利权之外设置一个与本权并行的法定转化权赋予职务发明人，高校所拥有的专利本权与发明人拥有的转化权并行不悖，高校和发明人均可单独实施或一般许可第三人实施专利。两种具体类型虽然在权能配置上有所差别，但是都为职务发明人创设了法定的转化收益权，增加了高校成果法定转化主体，促进成果转化。笔者认为，专利权权能分离具有一定的合理性，但是正如上述分析，学者们还仅停留在理论构想层面，合理性论证欠缺，具体措施构建还十分不成熟，可操作性差。

唯有“共享制”集前四种模式优点于一身，并在一定程度上克服了上述模式的缺陷：其一，共享制采用约定优先原则，将契约制作为前置手段，充分尊重权利人意思自治，同时又在没有约定的情况下采取法定共享，避免出现“契约制”下的权属不明；其二，共享制不论是约定还是法定均可做到权属明晰，同时充分尊重高校和发明人双方的物质智力投入，符合投入决定产出理论和劳动价值论，体现权属分配的公平正义，激励各方创造和转化积极性；其三，共享制也在权能上将专利权划分为专利申请权、专利实施权和专利处分权，并将所有权能纳入共享范围，从权源上解释了发明人拥有法定转化收益权的合理性，避免权能分配混乱和转化收益权受制于本权的可能性。唯一的缺陷在于权利主体分散引发的交易成本过高，但是却可通过具体制度设计予以降低。综上分析，“共享制”是五种模式中最理想的权属配置模型，见表2-1。

表 2-1　五种模型优劣对比表

	优　势	劣　势
高校独享制	权属明晰，权利集中，减少交易成本	1. 缺乏灵活性，限制大学教师通过天使投资、风险投资和社会网络创办企业的可能性 2. 高校技术转化水平处于低水平状态 3. 剥夺了发明人智力成果财产权，违背公平正义理念，创新激励不足
发明人优先制	权属明晰，权利集中，减少交易成本	1. 有违投入产出原理，忽略高校的物质技术投入，挫伤高校支持研发积极性 2. 不利于科技成果聚合转化
契约制	充分尊重意思自治，有利于利益平衡	1. 无约定或约定不明，产权不明，引发租值消散 2. 有违产权制度初衷，只适合作为某种模式的前置措施
产权分离模式	分割权能，在不变更产权的前提下，增加法定实施主体，提高转化率	1. 本权外创设严重影响本权行使的法定转化权，法理不通 2. 职务发明人如何规制高校处分行为以维护其转化权尚待思考 3. 易引发产权混乱
共享制	1. 约定优先，充分尊重意思自治，同时在无约定或约定不明下法定共享，将契约制作为前置措施又克服产权不明的弊端 2. 充分尊重发明人的创造性智力劳动价值和高校的物质技术投入，符合劳动价值论和投入产出原理，有利于调动发明人和高校双方的创造和转化积极性 3. 对专利权进行权能分离，高校和职务发明人共享专利申请权、持有权、使用权、收益权和处分权，从权源处将发明人纳入研发转化全过程，共享收益，共担风险，提高发明创造质量和转化效率	权利主体分散可能引发的交易成本

以上对比分析了国内外理论和实践中现存的五种高校职务发明专利权属分配模型的优劣，从而得出“共享制”是其中的最优模式。

第二节 高校职务发明专利权属的成本收益分析及制度建构

一、高校职务发明专利权属共享的成本收益分析

高校职务发明专利权属涉及的利益相关方主要是国家、公立高校和发明人。公立高校与国家之间的关系属于附属关系，公立高校属于事业单位法人，虽然有权自主管理教学科研事务、处分相关财产，但是受到国家的监督，职务发明专利虽然由高校进行管理和支配，但是属于国有资产。因此，高校自行将职务发明专利权属分配给成果完成人有任意处置国有资产之嫌。高校与成果完成人属于雇用关系，成果完成人在工作范围内完成的科技成果属于职务发明专利。简而言之，国家是科技成果最终出资人，公立高校属于法律上的所有权人，完成人是智力劳动提供者，高校职务发明专利权属在高校—发明人之间共享关系着国家利益，因此有必要论证其合理性和可行性。

成本—收益分析是经济学判断效率的重要手段，即在市场经济环境下，一个理性经济人通过货币手段计算经济行为得失的一种行为，是进行市场决策前评估必要性和可行性的重要手段，最终结果从一定程度上反映了一项经济活动的收益和风险。效益最大化是经济学评判事物好坏最核心的标准，功利主义法学兴起之后，部分法学家开始用效益最大化作为法律制度的评价标准，由此法经济学应运而生。传统法学主要运用价值判断研究社会现象和法律制度，把拥有一张普罗透斯脸的正义作为善恶好坏判断的核心标准。这种研究方法过于主观化，其论证过程和结果往往围绕着公平正义、伦理情感、道德等非客观的、无法量化的因素。法经济学则另辟蹊径，通过经济学的成本收益分析、博弈论等方法定量分析法学问题或法律制度，运用数据或模型对比不同法律制度得失，运用相对客观化的方式选择效益最大化的解决方案。当然，并非所有的法律现象和法律制度都能用成本收益的方式进行效益评价，诸如婚姻继承制度等。婚姻继承制度带有强烈的人身性，受到人的情感因素、社会伦理和公序良俗的影响颇深，并不能用单纯定量化的成本—收益方法进行分析。职务发明专利权属制度事关科技成果创造和转化效率，与市场活动密切相关，其中也并不牵涉伦理和道德因素，因此用法经济学的成本—收益进行相对客观的效率分析不失为一种可行方式。

当然，效益最大化作为法经济学的核心评价标准一直遭到学者们的质疑，法律最根本的价值是公平正义，而非效益最大化。在此，有必要澄清一下，本

书在对高校职务发明专利权属共享制度进行成本收益分析之前首先通过法律的公平正义理念进行了定性分析，得出“共享制”是五种理论模型中最体现公平正义的制度设计方案。本书中的成本—收益分析并非经济学意义上的单纯定量分析，而是融合了法学评价方法，将发明人心理因素、高校惰性心理、社会公平正义理念等主观化指标纳入成本收益分析全过程，从而保证分析结果的全面性。因此，本书对高校职务发明专利共享制的成本—收益分析建立在追求公平正义法律的理念的前提之下，旨在进一步证明“共享制”在追求公平正义的同时兼顾效益。

理性经济人假设是经济学分析的基础，即在分析一个经济现象之前假设做出行为的是一个理性经济人。理性经济人在进行任何事情之前进行成本收益分析，采取效益最大化的方案，尽己所能趋利避害。建立高校职务发明专利权属共享制度的目的之一在于激励高校职务发明人进行科技创新和成果转化，进行制度的成本—收益分析之前得假设职务发明人是经济学中所谓的理性经济人。共享制激励的核心在于鼓励职务科技成果发明人在转化中寻求利益，并帮助其实现利益最大化，以激励其在职务科技成果转化中的积极性。

（一）收益

高校职务发明专利的创造和转化过程大体可分为四个阶段：预研发阶段、研发阶段、转化阶段、后转化阶段。其中，研发阶段是成果产出最重要的环节，耗时长久，转化阶段则是发明专利从无形财产向有形财产，从潜在价值向现实价值飞跃的关键环节。下文的收益分析将围绕这四个阶段展开，对“高校独享制”与“共享制”的收益进行比较分析，着重突出研发阶段和转化阶段。

1. 预研发阶段

职务发明预研发阶段是指进行发明创造的准备阶段，主要包括技术前景调研、技术市场状况分析、研究的必要性和可行性分析、研发成本预算和风险预警、着手申报课题准备立项等。高校的特殊性在于研发前目的性并不强，课题申报采取广撒网的形式，有幸中标则会立即着手研发，基本忽略技术前景和市场调研、成本风险防控等环节。

上述高校职务发明预研发阶段现状是“高校独享制”权属模式下的真实写照。那么“共享制”下又会是一种怎样的情景呢？我们来假设一种情境：高校职务发明权属共享，职务发明人拥有发明专利的共享权，包括实施权和收益权，在国家政策鼓励科研人员创新创业的大背景下，发明人作为一个“经济人”，势必会在申报项目之前评估项目的必要性和可行性。发明人一想到产出成果之后，自己即会成为共有人，其在项目申报选择上会更加慎重。发明人会发自内心地充分考察各个项目的前景，不仅仅停留在关心这个项目能发表多少篇论文，能申请多少个专利，他更关心的是这个项目所出的成果市场前景如何，多长时间内能够投产应用，应用的范围有多大，几年内能够保证技术不被淘汰。在这种情境下，发明人研发前的种种疑虑正是一个项目开展前本应考虑的成本和风险，而这些恰恰关乎一个项目研发成果的价值回报率。可是，“高校独享制”下职务发明人却并没有多大兴趣考虑研发的成本和风险，反正成果是学校的，用与不用、能不能用均与发明人无关，既不会给他带来额外收益，也不会要他承担风险，有论文和专利产出量足矣。

上述分析得出，“共享制”较之“高校独享制”更能激发发明人进行高校职务发明预研发阶段的调研和风险防控的主动性，有利于国家科研资源的有效利用。

2. 研发阶段

一项科研成果的研发阶段需要社会要素、人力要素和资本要素的共同作用，其中，人力要素是最重要、最活跃的要素。“共享制”相较于“高校独享制”充分肯定了发明人创造性智力成果投入的价值，激发职务发明人的创造活力，并能有效促进社会知识产权分配的正义性，推动科技创新的可持续发展。

劳动具有“二象性”，任何一项智力成果的产出都离不开两类劳动，第一类是智力劳动，俗称脑力劳动，另一类则是体力劳动。❶ 脑力劳动也包括两种，一种是提出创造性方案，是成果的新颖性起到决定性作用的创新性智力劳动，另一种则是实现已有理论上技术方案的智力劳动。现代社会的体力劳动外延已经不再局限于传统意义上的物理性劳动，包括采集数据、记录实验等具有脑力劳动外表的简单重复劳动。这三种形态的劳动显然在智力成果的产出过程中缺一不可，但是相比而言创造性智力劳动具有不可替代性，需要拥有强大的知识储备和创新性思维的卓越创新人才进行。职务发明人往往是创造性智力劳动的提供者，其劳动对成果产出起着决定性作用。

“高校独享制”并没有意识到创新人才在知识产品生产过程中的特殊价值，产权归属仍停留在物质投入独大的思想层面。而“共享制”则尊重经济学的投入产出规律，在权属分配上充分关照提供不可替代劳动价值的创造性智力劳动提供者的权益。但是有学者可能会从劳动合同的角度提出质疑。有学者指出，高校与职务发明人之间存在劳动关系，发明人的职务创造活动是履行劳动合同义务的本职工作，其劳动价值已经从劳动报酬和奖励中获得了补偿。这种观点忽略了科研成果产出的随机性和射幸性。通过前面分析可知，知识产品的生产过程具有随机性、偶然性，其中还掺杂着研发人员的心理和情感因素，因此，一项科研成果的产出如何能提前用一纸合同进行概括和预知？一项创新性成果的产出从概率角度

---

❶ 何敏．知识产权基本理论［M］．北京：法律出版社，2011：1.

来看绝对称得上小概率事件[1]，劳动合同只能提前规划科研人员研发内容的大致范围，以及要求科研人员尽到科研勤勉的义务，其中的报酬仅仅是对科研人员尽职尽责、按时按点做实验等日常性科研活动的补偿。当然，奖励可以对科研活动取得的成果进行额外激励，但是，财产权利与物质奖励之间并不构成对价，并不能因为获取物质奖励而剥夺发明人获得专利权的自然权利。

当然也有学者从完善职务发明专利奖励制度的视角认为奖励制度也是激励创新的重要手段。笔者并不否认物质奖励和精神奖励的作用，但是经济学理论表明，奖励手段既存在成本大于收益的可能，而且还会存在边际效用递减现象，因此亟须建立知识产权奖励制度来突破这个"瓶颈"。

奖励手段本身存在成本大于收益的可能。单位之所以愿意支付劳动报酬之外的额外奖励给职务成果发明人，是因为发明创造劳动无法像其他有形劳动那样方便监督。发明创造活动本身具有极大的偶然性，单位无法通过有形的指标来衡量发明创造提供者的劳动量，这无疑存在着巨大的道德风险。奖励制度就是化解此类风险的重要手段，但是确定奖酬数额通常花费不菲，因为计算发明的社会价值并非易事。一项发明从研发到投入生产再到最终获得巨大的商业成功离不开发明人的努力和单位的物质资源投入，我们很难准确地计算出其中的投入增值，更何况是将发明人所付出的智力劳动价值从整个投入过程中"反向工程"出来。也就是说，企业运用奖励手段的本来目的在于鼓励发明人勤勉工作从而降低因偷懒等道德风险所造成的损失，但是奖励手段成本高昂，大有成本高于收益之势。此时，企业为何还要执着于奖励这种不划算的监督措施？企业的所有经济行为力求收益最大化，其不会过分纠结于监督的种类，而更关心监督手段的投入产出比。企业如此，作为本就对研发人员监督松散的高校就更加符合此种规律。由此可见，物质奖励手段成本高昂而收效甚微，单位有必要采取一种更加廉价的监督措施，而权属奖励恰恰是防范发明人道德风险的最佳手段。

奖励存在边际效用递减现象，如图 2-2 所示。边际效用递减是指一定时间内某一主体持续消费某种物品时，随着消费投入增加必然引起总消费收益的增加，但是平均每一单位消费投入收益比会出现递减趋势。[2] 将此规律代入职务发明专利奖励制度中我们就会发现，奖励比例增加到一定程度后，由于边际效用产生的递减，所增加的总效用将不足以抵消劳动的负效用（如劳动态度问题），从而有效劳动就会减少，创新积极性会减弱。职务发明专利权属共享是对成果完成人进行知识产权奖励，彻底改变传统的奖金、分红及股权等奖励方

---

[1] 何敏．新"人本理念"与职务发明专利制度的完善［J］．法学，2012（9）：65-74.

[2] 高鸿业．西方经济学（微观部分）［M］．北京：中国人民大学出版社，2011：55.

式，从本源上赋予成果完成人管理、实施、处分科技成果的权利，重新激发完成人创造活力，消解奖励边际效用递减产生的影响。

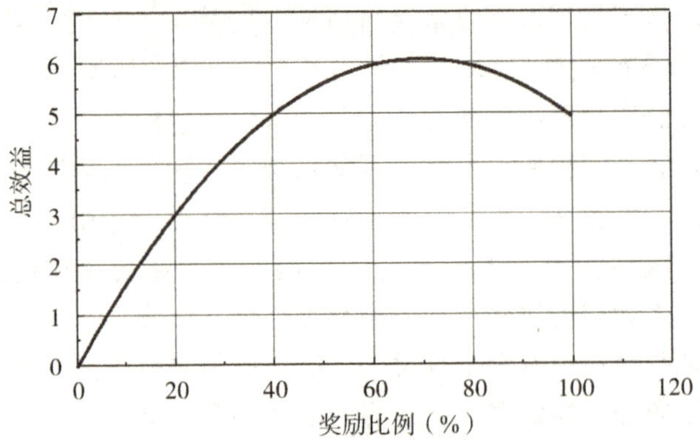

图 2-2　奖励边际效用递减

综上，“共享制”有利于调和高校与职务发明人之间利益分配的矛盾，构建体现个人价值、团体价值和社会价值互相激励、融合共生，财产分配各得其所，适应可持续发展规律的财产法律制度。

3. 转化阶段

专利转化权是权利人实现收益最重要的权利，也是其专属权利，包括自己实施和许可他人实施。“高校独享制”下职务发明专利权属归单位，专利转化的权利自然随之归属于单位，职务发明人并没有转化职务专利的法定权利。高校决定转化的具体形式，高校决定合作对象，高校参与价格或利润分配方案，高校掌握着整个转化过程的话语权。但是，专利的实施转化恰恰需要“显性知识”与“隐性知识”的紧密配合，转化过程日益环环相扣，专利的市场价值固然重要，企业更需要的是发明人所掌握的持续研发能力，技术指导和转化服务，成果投产之后的持续运作能力。“共享制”下职务发明人被纳入知识产权权利体系中，拥有了持有、使用、收益和处分专利的完整权利，转化专利自然不再只是高校的责任，更是发明人的权利。随着职务发明专利权本权的获得，发明人依照法理自然获得了法定的专利转化实施权，其不再置身事外，而是有机会参与专利转化收益实现的全过程。发明人有权决定专利转让还是技术入股，有权决定跟谁合作，有权自己实施专利或者利用专利开办企业，有权决定收益的分配规则。这些权利无疑能够极大激发发明人的转化热情，提高转化的质量和水平。

首先，“共享制”较之“高校独享制”最直观的好处在于增加了发明人这个重要的法定转化主体，有利于提高转化的数量和质量。实践中，高校多以转让的方式进行技术转化，而发明人多以技术进行“裂变型创业”，即发明人利用技术入股或作价投资创办的创业型企业，其中发明人所拥有的技术在其中占据主导作用。[1] 本书著者在上文中已指出我国现有权属体制造成了严重的资源浪费，高校大量职务专利闲置，“休眠专利”比例极高。“共享制”下发明人取得法定的转化权，可以单方决定自己实施或者许可他人实施发明专利。这里的职务发明人一般都是以高校教师为主导的科研团队，在不讨论科研团队的内部构成以及权益分割，只将科研团队整体抽象为职务发明人的情况下，该主体一方面是所研究领域的带头人，拥有强大的智库和科研能力；另一方面也掌握着包括所研究技术领域市场前景、投产收益率和风险大小、合作企业实力等信息资源。发明人若是自己已经拥有企业（高校项目带头人开办企业在现实中比较常见），则正好可以将科研成果投入生产。发明人若是拥有该技术领域的人脉资源（在高校中更为常见，因为技术垄断和学术会议都是笼络资源的快捷方式），则可以通过经验选定最有利、风险最低的合作伙伴进行转化合作。发明人也可以利用优质专利进行技术创业，利用优质专利吸引社会投资，聚合资源，实现优质专利的最大化利用。当然，即使发明人醉心学术无法自拔，对转化等实践活动毫无兴趣，但是至少希望自己多年心血能够实现价值增值，由此会监督学校的处置行为，提高转化质量。

其次，“共享制”将发明人纳入职务发明转化风险体系之中，其将会在研发过程中更加关注研究成果的市场导向，有利于倒逼科研成果产出质量升级。“高校独享制”下发明人不承担成果转化的风险，只需保证完成科研任务，发表一定数量的论文并申请专利，至于这个研究成果的前景如何，能否实现商业化投产均与发明人无关，发明人无须承担科研成本“打水漂”的风险。而“共享制”恰恰符合理性人的趋利避害心理，对发明人进行“威逼利诱”，双管齐下，从源头防范研发风险。“威逼”即发明人也将承受成果转化风险。试想，职务发明人利用自己的发明创造自主创业，专利的质量和市场契合度决定着其聚合资源的规模，同时也关乎创业的成功与否。我们总羡慕企业家赚钱多，却从来没有考虑到他们承受着多大的风险，收益与风险总是成正比的，市场上不存在不亏本的买卖。当发明人转换角色成为创业者的时候，他将为技术创业的一切风险埋单，在此巨大风险的“威逼”之下，发明人势必会在源头上即技术研发阶段就考虑到技术的应用价值、推广的可行性与持久性、市场前景等一系列问题，从而从源头上提高专利的质量。“利诱”即发明人有权进行成果转化并分享转化收益，而非现有政策上给予的象征性空头支票（现有政策虽然鼓励职务发明人转化高校技术，但是却并未赋予发明人任何法定权利，其任何转化

---

[1] 李志刚，刘振，于敏等．国外公司裂变型创业研究综述［J］．中国海洋大学学报（社会科学版），2012（1）：66-72.

行为均接受高校这个权利人的监督和控制，而且转化收益基本处于一种被给予的被动状态）。对于职务发明专利的转让和排他性许可，发明人享有监督权和参与权，其可以利用自己掌握的人脉和信息资源降低交易过程中信息不对称带来的成本；对于职务发明的自己实施和非排他性许可，发明人自主决定，独占收益。职务发明的质量决定转化的收益率，在巨大经济利益的驱使下，发明人很乐意将更多的精力倾注于提高成果质量上。

最后，“共享制”将职务发明人纳入转化全过程，有利于职务发明人和高校优势互补，强强联合，相互协作，提高转化效率。根据“协同论”分析可知，“共享制”下的转化较之“高校独享制”更加高效，能够实现“发明人”加“高校”1+1>2 的整体协同效应。协同论是 20 世纪在管理学、经济学等多学科基础上形成的交叉学科，主要研究一个系统内部各个组成部分的优化组合和运作规律。协同论认为，即使是两个组成要素完全相同的系统，只要要素之间的排列组合规律存在差异，那么系统的整体效能是不同的。正如煤炭和金刚石，明明都是由碳元素所组成的，却因排列方式的差异，所以在坚硬度和外形上都天差地别。协同论追求的目标就是探索系统内部各要素以及系统和外部环境之间的最佳组合规律，系统各要素之间相互协作，紧密配合，从而达到能够发挥系统最大效能的最优架构。

协同是高校科技成果转化的必然要求。在高校科技成果转化系统形成与演化中，科研人员扮演着不可或缺的角色。赋予科研人员基于专利权本权而获得的法定转化权能够激发高校成果转化系统内“隐性知识”系统的运作积极性，从而与高校“显性知识”系统进行兼容运作，相互配合，相互督促，相互监督，共同朝着转化利益最大化的方向发力。科研人员和高校都是职务发明转化系统的内部因素，我国现有的法律体系仍然延续着由单位主导科技成果转化的模式，但是正如前文所说，系统内单一要素主导显然是不符合事物发展规律的，只有多要素地协同配合才能达到一加一大于二的效果。因此有必要把科技成果转化权从单位主导模式向单位和科研人员协同行使的模式转变。

4. 后转化阶段

现代社会，企业日益看中科技成果的售后服务，即高校转让或许可的不仅是技术，而且更多的是后续的配套服务。高校科技成果向企业的转化，早已过了高校单向独立转化，一次性交易即定成败的一锤子买卖型简单转化阶段[1]，而是一个持续提供服务、不断输入新技术理念、不时更新技术、随时提供技术咨询和服务的系统化工程。产学研合作能够持续进行的技术源泉依赖发明人团

---

[1] 李玲娟，霍国庆，曾明彬．科技成果转化过程分析［J］．湖南大学学报（社会科学版），2014，28（4）：117-121.

队持续不竭的创新和技术服务能力，这也是企业愿意选择高校作为合作对象的重要原因。后转化阶段高校的任务其实包含两部分：一部分是经管运营，即高校需要专门部门对技术入股企业营运状况进行全过程监督，这里主要需要的是财务、法律和管理人才；另一部分就是所谓的“售后服务”，即高校派出发明人作为专利投产技术顾问，为成果转化后运营阶段提供全程优质的咨询服务。科技成果转化已经不再是转让、许可之后高校便可抽身离开，复杂的技术投产使用过程处处是技术门槛和难关，可能随时还伴随着小规模的技术升级。这项重要、烦琐且艰巨的任务只有发明人能够胜任。然而，“高校独享制”下没有任何激励手段来激发发明人的售后热情，也没有任何法律立场将此重任下达给发明人，这无疑成为技术转化升级的“绊脚石”。只有实行权属“共享制”，发明人全程参与技术转化，其有义务也有动力为企业提供售后服务。牛津大学、斯坦福大学、芝加哥大学等技术实力丰厚的世界一流大学都已经用实践证明完善的“售后端”和“服务端”对高校科技成果转化效率的重要意义。我国有必要借鉴先进经验，建立有利于充分调动职务发明人售后服务主动性的高校职务发明权属制度。

综上分析，对比“高校独享制”和“共享制”在高校职务发明转化全过程的激励效用，可得出结论，“共享制”的帕累托改进效益更甚，国家、社会、高校与发明人的福利均得到了提升。

帕累托改进是指人人受益、无人受损的一种局面，区别只是获益多少而已。[1] 因此，根据上文的分析可知，在“高校独享制”下，高校的成果利用率并不高，成果利用质量差，收益甚微。这里可能存在两种情况：一种是职务发明成为“死专利”，毫无用武之处，同时还要缴纳专利维持费，净收益是负值。于高校而言，此专利无疑成为负担，唯一的用处可能是在数据统计上贡献一个点数。于发明人而言，专利是否后续利用不影响其获得部分奖励，但是这种奖励势必微乎其微，远不能填补心理创伤，严重挫伤了其创造积极性。于整个社会而言，耗费了大量的人力物力之后仅获得了一个概念上的专利，资源就此闲置，逐渐贬值，全社会的创造积极性甚至有所挫伤，净收益为负。这种情形下，高校、发明人和社会的福利都受到了减损。在国家大力鼓励高校进行专利转化的背景下，还有一种情况就是高校对其所有的专利进行了转化，假设收益颇丰。于高校而言，扣除管理费用之后还有剩余；于发明人而言有可能额外获得转化收益奖励；于整个社会整体福利有所提升。即便如此，教育部《2016 年高等学校科技统计资料汇编》数据显示，2016 年高校专利授权量共计 121 981 件，交易量仅占 2.2%，高校科研经费投入 115 263 522 千元，实际收入 2 341 910

[1] 赵含宇．经济学视角下的法律成本与效益分析［J］．理论与现代化，2016（2）：110-114.

千元，除去基础科学研究，也是严重的入不敷出。

"共享制"下，高校和发明人成为发明专利的权利主体，均有权参与成果转让、实施的全过程。首先，共享制下的高校和发明人均可不经对方同意自主实施或普通许可他人实施职务发明（下文会详细论述），无疑增加了成果转化概率，达到物尽其用的效果。其次，发明人既然成为成果的共有人，在享受权益的同时必然需要承担相应风险，这既可以促使发明人谨慎进行转化，也可以激励发明人在研发之初就充分考虑市场需求，人为地降低转化的风险，提高成功率。最后，通过上文分析可知，发明人主导下的科技成果转化将充分利用其所掌握的"隐性知识"，同时"售后服务"也会更加到位，转化品质提升。总体对比，"共享制"明显是对"高校独享制"的帕累托改进，更加符合福利最大化的追求。

（二）成本

1. 经济成本

"共享制"长期以来遭受学者质疑，主要集中在其交易成本较高上。类比民主制度可知，权利主体过于分散会降低决策的效率，"共享制"较之"高校独享制"确实多了发明人这个权利主体，在职务发明专利的处分利用上必然会产生交易成本，降低利用效率。随着产品技术含量的增加，一个可商业化批量生产的商品上可能附着了数百或者数千项专利，而这些专利不可能均由一个科研团队（拟制的职务发明人）研发成功（假设此产品上的所有发明专利均来自同一所高校）。如此一来，"共享制"下，一个产品上可能有数个权利主体，这无疑给专利的转化带来极大困扰，高校欲将专利打包转让时将受到多个主体的制约，其需要耗费大量的时间成本进行协调和谈判，也许其间还会因利益分配不均而导致纠纷。在技术日新月异、淘汰速度极快的信息社会，也许高校的马拉松式的集权过程将贻误最佳市场时机，导致其中的专利贬值或过时。

当然，此处的例子比较极端，高校的很多专利还是通过个别化转让为主，但是"共享制"引发的交易成本却不得不引起重视。

2. 社会成本

洛克认为，所有人类用自己劳动获得的价值都应该天然归于人类自己，无论是物质劳动还是智力劳动，只要在自然形成的天然物上加诸了自己的劳动，那么劳动附加物便会成为劳动者的财产。该财产权利属于天赋人权。[1] 简而言之，洛克的劳动论认为人类会因自身的劳动而获得加诸此项财产上的所有权。智力劳动因其带有明显的创造性和个体差异性必然会创造特殊的价值，智力劳动者当然对自身智力劳动的成果享有所有权。从前文知识产品创造过程的分析可知，

---

[1] 约翰·洛克. 政府论（下册）[M]. 叶启芳，瞿菊农，译，北京：商务印书馆，1983：19.

创造性智力劳动在整个生产过程中占据重要的不可替代的作用，其决定着知识产品的内容和质量。当然知识产品的生产过程也离不开资金、设备等生产要素的投入。高校职务发明创造过程实质上就是典型的知识产品生产过程，因此，在设计职务发明权利归属制度时应当兼顾智力劳动和物质投入，两者缺一不可。

"高校独享制"明显侧重单位的物质投入，而忽略了发明人的创造性智力劳动价值，不符合人类对公平正义的原始渴望。而"共享制"将专利权公平分配给各方主体，符合经济学的劳动价值论，合乎法的正义价值。另外，法制改革必然破坏原有制度下长期形成的法治秩序和人们的守法习惯，违法成本也是法制改革所引发社会成本的组成部分。[1]"高校独享制"转变为"共享制"必然会在高校和职务发明人之间重新分配权利义务，高校会因为旧制度惯性而倾向于将发明专利的控制权牢牢掌控在自己手中，从而引发与发明人的管理使用纠纷，增加守法成本。但是综观法治变迁史我们就会发现，符合人类朴素的公平正义理念的法律制度也许会在改革伊始触动某些利益集团的利益，但是总会因为符合时代发展的潮流、符合公平正义理念而更易被民众接受，更易得到遵守。"共享制"不仅符合分配正义，而且高校已经在思想层面逐渐认识到给发明人赋权的重要性，所以此处的社会成本几乎可以忽略不计。

综上可知，任何一项法律制度在获得收益的同时，都会产生相应的成本，因此，我们在对比一项制度优劣的时候不能只关注是否会带来相应的经济和社会成本，而且更应当重点关注如何利用更加合理的制度设计来降低成本，并最终综合成本收益，选择一个"收益—成本"最大的制度。正如法学家们亘古讨论的法学命题，"民主制"与"集权制"谁优谁劣？我们都知道民主政治制度最大的缺陷就在于效率极低，民主制下的选举或决策往往旷日持久。而相反"集权制"下，领导者一言堂，甚至可以在几分钟之内就完成选举。单从效率的角度对比，似乎"集权制"更优。可是"集权制"的致命缺陷在于风险极大，即决策效率虽高，但是决策的"善恶"完全取决于领导者的人品和能力。如若是有幸碰上柏拉图《理想国》中的"哲学王"类的完美统治者，那么，"集权制"既能实现效率又能兼顾善治，是最完美的政治制度。倘若不幸遭遇希特勒式的集权者，那么"集权制"将成为整个人类的灾难，人类将会被推入"古拉格群岛"般的人间炼狱。因此，为了避免集权统治的灾难，人类即使牺牲部分效率也要选择"比较好"的民主制。以此类推，"共享制"作为一种产权分配模式，在兼顾公平正义并带来巨大社会收益的同时必然在效率上有所欠缺。我们不可能找到一种毫无瑕疵的完美制度，而且法律制度从来都是利益博弈的产物，我们唯一能做的就是尽力挑选相比而言较好的制度。

---

[1] 冯玉军. 法经济学［M］. 北京：中国人民大学出版社，2013：158，161.

（三）制度变革条件

法经济学理论认为法治变革必然引发“变法成本”，在分析一项法律制度变革时不能仅考虑静态成本和收益，动态的变法成本也会在很大程度上影响分析结论。变法成本大小是判断制度变革难易程度的重要指标，若一项制度改革虽然可以带来巨大收益，但是由于理念、政策和时机不成熟便会阻力重重，变法成本巨大，那么此种改革注定是没有效率的；而当社会理念、国家政策和实践层面已经开始破冰，出现了制度变革的契机，那么变法成本将会被忽略不计，这样的法治改革无疑会事半功倍。以下将从产权理念、国家政策和国内实践三个层面指出“共享制”的施行契机，从而在一定程度上消解所谓的“变法成本”。

1. 共享理念方兴未艾

随着社会的不断进步，共享经济日益成为炙手可热的经济模式。共享经济模式下，资源的优化配置和有效利用成为经济发展的核心目标。宏观层面，党的十八届五中全会提出五大发展理念，明确将“共享”理念作为“创新”“协调”“绿色”“开放”的终极归宿，发展成果由人民共享是经济发展、社会发展的最终目的，也是社会主义中国制度优越性之所在。微观层面，共享理念所追求的“物尽其用”逐渐渗透所有权领域，对以强调绝对性和排他性的物权法、知识产权法进行软化。对于越来越多的企业和消费者来说，所有权的概念将呈现出明显的局限性，甚至有些不合时宜。[1] 共享并非是私权公有化，而是从产权的角度出发寻求最佳的资源配置和利用方案，“在物的使用过程中渗透集体智慧，将每个个体都连接起来，更有利于提高物的使用效率”。发明专利作为知识产品，与生俱来就具有共享的先天潜质，其占有和利用均具有多重性。举例而言，高校的职务发明专利的非排他实施权可以同时被高校和职务发明人共享而价值几乎不会贬损，从资源利用的角度来看，无疑在特定范围内增加了专利权的利用可能性，同时在实施过程中渗透高校和发明人双方智慧，提高专利的利用效率，盘活国有资产。共享理念为高校职务发明专利权属制度提供了一种新思路，即通过特定范围内的权属共享来提升高校专利利用率，充分发挥高校的智库作用，实现高校知识资源的商业化共享。

2. 国家政策逐步松动

国家在高校科技成果管理政策上逐步松动。《教育部科技部关于加强高等学校科技成果转移转化》中规定：“高校职务发明专利完成人和参加人在不变更职务科技成果权属的前提下，可以按照学校规定与学校签订协议，进行该项科技成果的转化，并享有相应权益。”《关于实行以增加知识价值为导向分配政策的若干意见》中规定：“坚持长期产权激励与现金奖励并举，探索对科研人

---

[1] 杰里米·里夫金. 零边际成本社会［M］. 北京：中信出版社，2014：1.

员实施股权、期权和分红激励，加大在专利权、著作权、植物新品种权、集成电路布图设计专有权等知识产权及科技成果转化形成的股权、岗位分红权等方面的激励力度。”首先，国家在政策层面逐步放宽政府对高校科技成果的管控，国家将除涉及国家秘密和重大利益以外技术成果的持有、使用、收益和处分权完全下放高校，高校有权不经批准转让转化技术成果，其中省去了大量烦琐的审批手续。换句话说，国家已经转变了牢牢掌控知识产权类国有资产的陈旧观念，而更希望通过放权来盘活国有资产。其次，国家在政策层面鼓励高校科技人员利用高校科技成果创新创业，通过加大对科技人员的股权、期权等物质奖励激励他们的创造和转化热情。最后，国家政策有转化激励手段，加大对科技人员进行专利权、著作权、植物新品种权等知识产权奖励的趋势。虽然法律仍旧在知识产权方面坚持“高校独享制”，物质奖励更是一种自愿行为，创造人既没有法律上的奖励请求权，也没有救济权，这些规定都不足以激励创造热情，唯有给予科技成果权这种大产权，才能更好地激励创新，在高校中则更多地表现为创造人赋予科技成果转化的权限。但是至少可以看出国家政策开始松动，鼓励高校允许发明人转化职务专利，并获得相应的物质奖励。虽然政策中的产权激励还是在职务成果权属归单位的前提下对创造人进行的股权等小产权分配，但是足以看出国家已经开始放宽高校专利的处置条件和范围，开始试图通过让利来激励发明人的转化热情。

3. *地方实践取得突破*

当前地方政策上逐步扩大职务成果完成人的权限范围，有突破股权和现金奖励等小产权奖励范畴，进行知识产权奖励的趋势。2015 年 11 月 17 日，四川省发布《关于全面创新改革驱动转型发展的决定》，其中明确指出，“以明确科技成果权属为突破口”推进科技成果转移转化。2016 年 11 月，四川省发布《四川省激励科技人员创新创业十六条政策》，其中第九条明确指出，要推进职务科技成果权属混合所有制改革，允许高等院校、科研院所、国有科技型企业等单位与职务发明人约定职务科技成果权属，单位可以与发明人约定由双方共同申请和享有专利或相关知识产权。同一时间，四川省科技厅与知识产权局联合下发《四川省职务科技成果权属混合所有制改革试点实施方案》，明确了职务科技成果权属混合所有制改革试点单位及具体方案。具体做法包括：首先，试点单位应当制定职务科技成果产权归属和收益分配管理办法，明确职务科技成果产权共享的条件、程序、方式、份额，收益分配和双方的权利、义务、责任等内容；其次，单位与成果完成人（团队）通过协商确定职务科技成果（涉及国家安全、国家利益和重大社会公共利益的职务科技成果除外）的权属共享比例；再次，成果完成人可以无偿受让单位拟放弃知识产权的科技成果，单位有通知和协助义务。单位通过职务科技成果转让或许可取得的净收入，以及作价投资获得的股份或出资比例，成果完成人按照所占的职务科技成果产权份额取得相应收益比例；最后，单位对成果完成人转化职务成果享有控制权，即成果完成人实施职务科技成果转化，需经所在单位同意。同时设置异议程序使得成果完成人对单位使用和转让职务科技成果协议定价进行监督。

四川省的改革措施显然突破了我国现行《专利法》第六条“职务发明创造申请专利的权利属于该单位”的规定，现行专利法倾向认为职务发明创造的原始权利人应当是单位。四川省的“混改”具有革命性，探索职务科技成果“先确权，后转化”的模式，突破单位独占权属模式，将成果完成人纳入职务科技成果本权体系中，激发科技人员的创造热情和转化积极性。“‘混有’模式下一旦完成人与单位共同成为权利人，那么在成果使用、转让、收益分配等各个环节，完成人将彻底拥有‘话语权’。”❶ 无独有偶，修订版《浙江省促进科技成果转化条例》也支持开展职务科技成果所有权改革，在地方立法中尝试对高校科研人员给予科技成果权属奖励。

四川省的改革在部分高校和科研院所中已初见成效。西南交通大学在实施《西南交通大学专利管理规定》（以下简称“西南交大九条”）一年多的时间内，高校和科技人员对168项成果进行了约定确权，高校科技人员利用成果成立了9家裂变型创业企业，通过转让入股等方式转化成果净收益超过1亿元，技术融资超过4亿元。四川大学实施“混有”短短半年间，技术创业企业增加20余家，带动社会投资超过10亿元。❷ 不仅高校，改制的科研院所也释放了巨大的制度红利，截至2016年年底，21家科研院所科技转化收入近20亿元，同比增长20%。❸

（四）成本—收益分析

成本—收益分析的优势在于分析过程客观公正，所获结果可信度较高，所以，分析过程中的各项指标和影响因素均应当是客观存在的，而非个人的主管臆测和好恶。本书由于实证数据欠缺，很难进行精准的定量分析，从而无法定量判断效益程度。即便如此，从制度变迁的角度来看，我们看中的并非一项制度绝对的成本—收益分析，而是从动态上对比制度变迁过程中的收益损益，从而选择一个效益相对较高的制度模型。❹ “高校独享制”与“共享制”成本—

---

❶ 郝孟佳，赵竹青．四川：单位将不再独占职务科技成果产权［EB/OL］．［2017-01-24］．http://scitech.people.com.cn/n1/2017/0124/c1057-29045972.html.

❷ 国家发改委．四川省职务科技成果混合所有制改革成效显著［EB/OL］．［2017-01-10］．http://gjss.ndrc.gov.cn/gjsgz/201711/t20171110_866789.html.

❸ 四川省科技厅．四川将扩大职务科技成果权属“混改”试点范围［EB/OL］．［2017-04-20］．http://www.scst.gov.cn/zhuzhan/yqtb/20170420/26762.html.

❹ 黄辉．公司资本制度改革的正当性：基于债权人保护功能的法经济学分析［J］．中国法学，2015（6）：159-178.

收益对比见表 2-2。

表 2-2　“高校独享制”与“共享制”成本—收益对比表

		高校独享制	共享制
国家和社会	成本	1. 国家出资 2. 整个社会的知识积累	1. 国家出资 2. 整个社会的知识积累 3. 契合分配正义，制度条件成熟，变法成本低廉
	收益	国有资产牢牢掌握在国家手中	1. 对于国家而言，权属共享赋予职务发明人知识产权和实施权，激发成果完成人的转化动力，盘活国有资产，实现资产增值 2. 对于整个社会而言，权属共享能够通过赋予职务发明人大产权而激发其创造活力，提升整个社会的创新水平，有利于科技创新的可持续发展
高校	成本	1. 物质技术条件 2. 发明专利的维持和管理费用	1. 物质技术条件 2. 发明专利的维持和管理费用 3. 权利主体增加引发的交易成本
	收益	1. 独享职务发明专利权 2. 发明专利实施、转让、作价入股或融资所获利益(但据国家统计数据显示，高校的专利交易量和收益均处于低水平状态)	1. 职务发明共有人 2. 发明专利实施、转让、作价入股或融资过程中，职务发明人获得知识产权激励，首先，在研发上会考虑到市场前景和需求，提高研发成果市场契合度，从源头降低转化风险；其次，职务发明人增加为发明专利法定转化主体，享有独立实施和非排他性许可自主决定权，提升高校成果转化率；最后，职务发明人的“隐性知识”和“售后服务”更有利于科技成果的可持续转化，增加高校转化收益
职务发明人	成本	研发投入智力劳动	1. 研发投入智力劳动 2. 作为共有人对共有专利的管理、实施、处分 3. 专利转化风险
	收益	奖励	1. 职务发明专利共有人 2. 获得专利处置权和增值收益权 3. 激发创造活力，提升人生价值

通过两种模式下的职务发明专利权属模式的成本和收益分析不难得出，高校职务发明专利权属共享模式的产出比更高，更符合社会利益最大化原则。权属共享模式的额外成本主要是高校和成果完成人的转化成本，而与现有权属模式相比的额外收益却包括：第一，激发了成果完成人的创造活力，提升人的价值；第二，提升了高校的科技成果转化率，盘活高校留滞的知识产权资产；第

三，激发了国家研发主力的创造活力，提升了整个社会的创新水平。

一项发明专利的完成离不开三方面的条件：单位提供的物质技术条件，发明人的智力劳动以及国家和社会提供的延续性知识储备。发明人创造性的智力劳动是职务发明专利得以完成的决定性因素。人民群众是创造智慧的源泉，无法激发发明人继续进行职务发明创造的积极性与热情的权属分配模式将导致技术创新成为无本之木、无源之水，最终会失去发展的动力与契机。[1] 因此，国家应当建立能真正体现成果完成人智力劳动价值，并能有效促进智力资源充分开发和合理利用的高校职务发明专利权属共享法律制度，实现成果完成人、高校、国家社会的利益平衡。

二、高校职务发明专利权属制度构建

相较于物权，立法者则选择了“打补丁”的方式在诸多部门法中分别对技术成果的共有关系进行规范。[2]《合同法》明确合作开发技术成果实行共有制，合作开发各方共享科技成果专利申请权，并且确认了合作方放弃和转让份额的权利，但是必须尊重其他合作方的优先转让权和免费实施权。《专利法》则完全回避了专利共有的形成条件，对于合作开发的技术成果也只是规定就该技术成果申请专利的权利属于合作完成的单位或个人。首先共有人之间可约定权属和实施规则，在没有约定的情况下肯定了各方非排他实施权，并且规定收益共享。而《最高人民法院关于审理技术合同纠纷案件适用法律若干问题的解释》中共有技术秘密的非排他实施收益则规定由实施人独享。比如，《合同法》在技术合同一章中规定了合作开发技术成果的共有规则：“合作开发完成的发明创造，除当事人另有约定的以外，申请专利的权利属于合作开发的当事人共有。当事人一方转让其共有的专利申请权的，其他各方享有以同等条件优先受让的权利。合作开发的当事人一方声明放弃其共有的专利申请权的，可以由另一方单独申请或者由其他各方共同申请。申请人取得专利权的，放弃专利申请权的一方可以免费实施该专利。合作开发的当事人一方不同意申请专利的，另一方或者其他各方不得申请专利。”《专利法》则完全回避了专利共有的形成条件，对于合作开发的技术成果也只是规定就该技术成果申请专利的权利属于合作完成的单位或个人，而没有直接确认发明人共有该技术成果。第十五条直接假定当事人之间存在专利申请权（已经提出申请但未授权的状态）或专利权共有关系，然后对共有权利的行使进行规范。“专利申请权或者专利权的共有人对权利的行使有约定的，从其约定。没有约定的，共有人可以单独实施或者以

---

[1] 王迁. 知识产权法教程［M］. 北京：中国人民大学出版社，2009.

[2] 崔国斌. 中国专利共有制度述评（上）［J］. 电子知识产权，2010（6）：12-19.

普通许可方式许可他人实施该专利；许可他人实施该专利的，收取的使用费应当在共有人之间分配。除前款规定的情形外，行使共有的专利申请权或者专利权应当取得全体共有人的同意。”而《最高人民法院关于审理技术合同纠纷案件适用法律若干问题的解释》则规定技术秘密的共有人“均有不经对方同意而自己使用或者以普通使用许可的方式许可他人使用技术秘密，并独占由此所获利益的权利”。由此可见，我国的技术成果共有规则呈现出碎片化、相互矛盾的状态，使得职务发明专利权属共享难以落实。因此，有必要整合我国法律中的技术成果共享规则，借鉴物权法的共有理论来构建职务发明专利权属共有体系。

在借鉴物权法共有制度之前，我们首先要考虑知识产权共有与物权共有是否具有可比拟性。首先可以肯定的是，专利权作为一种知识产权首先是民事主体的重要财产权利。物权一般表现为现实占有，而知识产权则表现为社会性占有，因为，专利权是以向社会公开为代价来换取的技术垄断权，所以，对智力成果的社会性占有要求知识产权首先表现为排他性。专利权具有物权的排他性特征，权利人可对专利权持有、使用、收益和处分。从这一点来看，专利权所具有的绝对性、支配性和排他性与物权具有本质上的相似性。规范无形财产权利归属的知识产权法与规范物权归属的物权法在规制排他性权利归属方面具有本质上的相似性，因此，物权的共有规则当然可以为知识产权共有法律关系所借鉴。[1] 但是，专利权是财产权利和精神权利的集合体，从这一点上看，其与纯粹表现为财产属性的物权不同，物权法上的物并不包含精神产品。但是民法学者已经将共有关系延伸至知识产权甚至是隐私权、荣誉权等更加具有人身性的领域。[2] 在部分民法学者看来，共有关系完全可以突破物质层面上升到精神领域。民法学者们普遍认为，共有制度包罗万象，不仅可以应用在物权领域，而且也可以延伸至知识产权领域。发明专利作为知识产权，其中的财产权利当然可以成为共有制度的客体，而且在共有财产的管理和处分上可以适当借鉴现有的物权共有规则。

职务发明专利共有制度是以成果完成人与单位双方共有为主但又允许协商的新制度，包括专利申请一致决，共有科技成果的使用权、处置权和收益权的行使和配置规则。在制度设计上表现为职务发明专利法定共有，并可以通过约定排除法定共有，但仅限于科技成果的财产权益，发明人与设计人的署名权不适用共有规则，因为署名权等精神权利具有人身性、特定性和不可转让性。

（一）共享的权利内容

发明专利是人身权利和财产权利的集合体，其中署名权等人身权具有唯一

---

[1] 尹田．论物权与知识产权的关系［J］．法商研究，2002（5）：13-16．

[2] 杨立新．共有权理论与适用［M］．北京：法律出版社，2007．

性和不可替代性，因此只能属于真正对技术方案作出创造性贡献的发明人，而财产权利则可以成为共享的客体。《专利法》主要通过禁止性规定的方式限制了权利人以外的人对专利的使用，同时也是通过这样的方式确立了权利人对专利权的控制范围，即专利权人有权以营利为目的通过制造、使用、许诺销售、销售和进口等方式实施专利和以专利方法制造产品。因此，此处所谓的发明专利共享的权利内容即为专利权的财产权利内容。从法律规定来看，专利权的权能表现为一种专利事实上的排他权，即未经权利人许可其他任何第三人均不得实施专利。从立法技术上来看，专利法采用禁止性规范确定了专利权的消极权能。那么，专利权的积极权能包含哪些内容呢？

有学者将知识产权的权能概括为“标示权能、控制权能、复制权能、收益权能、处分权能”，并对知识产权的积极权能进行定义，即“知识产权人为实现权利、享有利益而可能行使的对知识财产的各种支配行为”。[1] 该种观点其实就是将《专利法》消极权能换了一种说法进行概括。也有学者从专利权的形成过程来总结专利权的积极权能，将专利权的形成过程分为四个阶段：第一阶段，专利申请提交前阶段，发明创造本身的完整所有权；第二阶段，专利申请的保密阶段，对发明专利申请权的持有权和处分权；第三阶段，发明专利申请的特殊阶段，即使在此阶段专利并未获权但是已经公开，那么发明专利申请人即获得向使用人索要使用费和许可费的权利，还可以拥有对该专利申请的收益权；第四阶段，专利申请被公告授予专利权后阶段，对专利权的占有、使用、收益、处分权。[2]

权能的过程划分法实质是参照物权的占有、使用、收益、处分“四权能说”进行的划分，但是在表述上过于烦琐。值得借鉴的是，过程划分法将专利申请权纳入专利权的积极权能体系。民法学者普遍认为，所有权的内容就是指所有权的权能，所有人对其财产依法享有的占有、使用、收益和处分权能是所有权的积极权能。用所有权权能进行类比，可推出专利权的积极权能包括占有权、使用权、收益权和处分权。但是由于无形物上法律拟制的所有与有形物上实际的所有两者存在差异，专利权的权能亦应当在表述上有所调整，即将“占有权”变为“持有权”，持有权、使用权和收益权合称为“专利实施权”，具体内容包括权利人单独实施和许可他人实施，许可他人实施还可分为独占许可、排他许可和普通许可。

结合学者们的观点，本书作者认为，职务发明专利共享的权利内容主要包括：专利申请决定权、专利实施权、专利处分权。

---

[1] 徐兴祥. 知识产权权能结构法律分析［J］. 法治研究，2014（7）：112-119.

[2] 张素君. 专利权共有的法律问题研究［D］. 南京：南京理工大学，2009.

（二）约定优先原则

高校职务发明专利权属共享规则并不剥夺当事人的意思自治，即职务发明人与高校可以在成果完成之后尚处于保密的阶段对成果的归属及后续的利用实施等事项进行约定，若无约定，则按照本章规则法定共享。

本书在制度设计上之所以采取约定优先原则，主要有以下两个方面的考虑：第一，约定优先充分尊重当事人的意思自治。也许有人会提出质疑，意思自治属于私法的基本原则，规范的主要是私人财产，而高校的职务发明在本质上仍旧属于国有资产，意思自治是否有肆意处置国有资产之嫌？《促进科技成果转化法》第十八条理顺了国家与高校在职务科技成果权属和管理上的关系，首先明确了高校是“持有”科技成果而非“所有”，言外之意高校的职务科技成果在本质上确实属于国有资产。但是同时也规定高校可以自主决定转让、许可或者作价投资的方式利用其所“持有”的科技成果。也就是说，国家是幕后所有人，高校才是真正拥有处分和管理权限的“所有人”。同时上文中提到的国家政策中也有类似的规定。因此，一旦共有制得到国家认可，那么便不存在任意处置国有资产一说。也有学者担心约定优先会变相沦为高校独享，因为高校与职务发明人存在雇用关系，高校在合同中处于意志强势方。笔者认为，高校中的职务发明人背后往往是一个强大的课题组或团队，其有与高校进行谈判的资本和实力，现实中高校沦为谈判的弱势方也不无可能。

第二，约定优先更利于平衡各方利益，符合效率原则。发明专利作为一种无形资产在形成过程中很难衡量投入的贡献比率，那么在实际共有过程中就只能采取最简便的对半原则。但是如此一来不能体现某一方的突出贡献，难以平衡各方利益。当然，上述情况属于职务发明人和高校均有取得专利权的意愿。与之相反的情况是，要么职务发明人一心科研，对专利权属毫不看中，要么发明人拥有现成的转化平台，能够实现专利升值，此时，约定优先正好可以为高校独享或职务发明人独占提供可能。

（三）特殊的权属共有类型

《民法通则》中笼统地将财产共有分为按份共有和共同共有，同时简要规定了共有财产的处分规则。《民法通则》第七十八条规定：“财产可以由两个以上的公民、法人共有。共有分为按份共有和共同共有。按份共有人按照各自的份额，对共有财产分享权利，分担义务。共同共有人对共有财产享有权利，承担义务。按份共有财产的每个共有人有权要求将自己的份额分出或者转让。但在出售时，其他共有人在同等条件下，有优先购买的权利。”虽然《民法总则》删除了该条，但是将财产权共有分为按份共有和共同共有属于民法理论界的通说观点。《物权法》中详尽规定了不动产和动产的共有形式、共有物的管理、共有物的处分和分割原则。基本思路是将物权共有分为按份共有和共同共有两种类型。理论界通说认为，按份共有和共同共有的差别在于：第一，共有关系的形成原因不同。共同共有以存在共同关系为前提和基础，而按份共有不以存在共同关系为前提和基础；第二，共有权的行使规则不同。首先，按份共有是确定份额的共有，共同共有是不确定份额的共有，按份共有人按照份额享有权利承担义务，共同共有人共同平等地享有权利承担义务；其次，按份共有人可以自由处分其份额，而共同共有人不存在份额的自有处分问题；最后，按份共有人享有随时实施的共有物分割请求权，而共同共有人之间只有丧失共有关系才能主张分割共有物。按份共有实质上反映的是所有权"量"上的分割。而共同共有以共同关系为基础，共同共有之"物"乃是实现共同目的，维系共同关系的纽带，因此不存在"量"上的分割。按份共有中的"份额"，系指对于所有权的份额，表现为所有权量上的分割，故称为"共有份额"；共同共有中的"份额"，系指对于财产的份额，表现为总财产价值上的比例，故称为"财产份额"。[1]

民法学界通说认为，按份共有与共同共有的本质区别在于共有人之间是否存在共同关系，一般情况下，法律对共同共有关系进行严格限定，实行共同关系类型法定化原则。在我国现有法律体系中，只有夫妻关系、家庭关系、合伙关系等被认为属于共同关系，因这四类关系形成的财产权共有关系属于共同共有。其中，夫妻共同共有，以夫妻共同体为基础，夫妻关系存续期间，夫妻共有财产没有具体份额之分，夫妻双方具有为了日常生活而自由使用共有财产的权利，共有财产一般不能进行分割，除非出现了《婚姻法》中的重大变故。合伙共同所有，建立在合伙人之间的特殊信赖关系之上，合伙财产用于共同的商事行为，与夫妻共同共有相异的是，合伙协议中约定了财产份额，以此作为合伙损益分配的依据，合伙关系存续期间各合伙人均有处置财产份额的可能性。遗产继承关系实质上并非严格意义上的共同关系，而只是由于立法的特殊规定学界才将其定义为共同共有。遗产的共同共有，基于复数继承人的共同继承关系而发生，但共同继承关系系以遗产清算和分配为终局目的，因此与夫妻共有财产及合伙共有财产有着本质不同。

在共有类型上，职务发明专利共有属于区别物权分类的特殊类型。首先，高校职务发明专利的共有主体应当是高校和成果完成人（完成人团队），这两者之间的关系属于雇用关系，并非物权法上共同共有要求的某种身份关系，因此高校职务发明专利共享权属模式不属于传统民法理论上的共同共有。其次，高校职务发明专利的共有客体属于智力财产，很难进行所有权量上的分割，因此也不符合按份共有的特征。最后，科技成果这种无形财产的"份额"表现为

---

[1] 戴永盛．共有释论［J］．法学，2013（12）：25-38.

总财产价值上的比例，与共同共有的“份额”含义有异曲同工之处。因此，高校科技成果的共有在分类上应当是一种类似于共同共有但又非共同共有，也非按份共有的特殊的共有类型。

（四）共享专利申请决定权

专利申请决定权是专利权形成过程中的重要权利。法律上对科技成果的保护有两种方式：商业秘密保护和专利保护。这两种方式各有利弊，商业秘密保护的优势在于只要保密措施得当，权利人就可以永久享有技术秘密，同时能够降低技术被复制的风险。成功的案例便是以商业秘密方式保存了 130 年之久的可口可乐秘方。但是商业秘密保护属于权利人的私力保护，保密成本巨大，而且权利人不能阻止通过反向工程获取技术者的合法利用。专利保护则是权利人为了获得法定的垄断权而将技术向社会公开，在获得公权保护的同时增加了技术被复制的风险。高校的一项科技成果研发成功之后，权利人便面临着商业秘密保护还是专利保护的重大抉择。而专利申请决定权则是启动专利保护的钥匙。当然，职务发明人有义务在成果完成后及时且毫不保留地将成果情况报告高校，保障高校的知情权。

因此，在高校职务发明是否申请专利的决定权方面应当采取一致决。《合同法》对合作开发的共有技术成果专利申请权采用一致决，即共有主体对科技成果是否申请专利均有否决权。《专利法》第十五条第二款也规定共有人行使专利申请权“应当取得全体共有人的同意”。专利申请权属于技术成果共有人的重要权利，其行使直接影响着共有技术的保护方式。科技成果作为无形的知识产品不能像物权一般通过占有宣誓所有权，其保护方式一般有两种，一种是通过保密措施独占技术，另一种就是通过申请专利的方式以公开换垄断权。一旦进行专利申请则意味着技术公开，该技术进入公知领域，则不再符合技术秘密的构成条件。因此，是否申请专利攸关技术成果命运，每个共有人都应当有决定权。

专利申请一致决的前提是，假设职务发明人和高校均有积极主动利用科技成果的自觉。可是实践中高校为节约科技成果管理成本，往往既没有对科技成果采取保密措施，也并未及时申请专利，导致科技成果大量流失。前面通过设置发明人报告程序保障了高校的知情权，可是高校在知情之后怠于行使专利申请权又该如何保护职务发明人利益呢？在职务发明人向高校如实报告技术成果并向高校提出申请专利的请求之时，高校需在一定期限内作出答复。若高校也同意申请专利则通过一致决原则向专利主管机关提出专利申请，若高校不同意申请专利，则必须书面告知其他共有人拒绝理由。高校在规定期限内未作出任何答复或无正当理由拒绝进行专利申请的，其他共有人可单独申请专利。

（五）共享实施权和处分权

职务发明的实施包括自己单独实施和许可他人实施，许可他人实施又可以分为独占实施许可、排他实施许可和普通实施许可。处分权则包括转让专利、共有人转让共有份额和放弃共有专利权。下文则对这些权利的行使规则逐一进行分析。

从行使权利是否会对其他共享人权利造成影响的角度，可将专利实施权简单划分为两种：第一种是不对其他共有人造成影响的自己单独实施和普通许可；第二种则是影响他方权利的独占许可和排他许可。

共有人具有单独实施或者普通许可共有专利的权利，并且实施人独占收益。《专利法》和《最高人民法院关于审理技术合同纠纷案件适用法律若干问题的解释》中都涉及了科技成果共享的简要实施规则，共有各方均有权单独实施或非排他许可第三人进行技术成果转化，区别在于，若是共有专利则收益要在共有人之间共享，若是技术秘密则收益由实施人独占。由此可见，我国立法上技术成果共有人均有单独决定自己实施或普通实施许可共有技术成果的权利，对于自己实施获得的利益处置立法态度一致，即收益由实施人独占，而对于普通实施许可的收益分配，专利和技术秘密的存在差异。理由在于，科技成果在本质上属于信息，其不同于物权的地方在于使用上不受占有排他性限制，信息是可以被多重占有和使用的。科技成果的自己实施和普通许可均不会影响到其他共有人行使同样的权利，因此共有人可以单独决定，同时本着劳动获利和有利于成果转化的理念应当独享利益。

共有专利的独占实施许可和排他实施许可应当经过全体共有人一致同意，但是，如若一方共有人向另一方发出独占或排他实施请求一段时间后，对方不作出任何反应或者无正当理由拒绝请求之后并没有任何实施动向，发出请求人则可自行进行独占或排他许可，所获收益应当在共有人之间等分。2011 年修订的《日本专利法》第七十三条规定专利权共有的，未经其他共有人同意，任何共有人不得转让或者就自己的份额设立质押权，任何共有人不得向第三人授予专利权的独占许可。也就是说，《日本专利法》在共有人转让份额、设立专利质押、独占许可等影响其他共有人权利的情形下也采取一致决。独占和排他实施人为地限制了共有人行使科技成果的权利，其他共有人理应享有监督权。

但是基于构建共享制度的重要目的之一就在于促进高校职务发明转化效率，过多的权利人在意见不一致的情况下反倒会限制转化，因此，设置了单独进行独占和排他许可的例外情况。至于权益为何采取等分规则则主要借鉴了物权的共有规则。共有专利权益的分割更多表现为对抽象的知识产权整体权益的分割，在没有约定所谓的权益份额的情况下，究竟应当简单地推定为共有人平均分配，还是要考虑各自的贡献（包括智力或者资本的投入等）以确定相应的份额实在法上尚无定论。我国《专利法》并未明确规定没有约定情况下的共有专利权益份额分配规则。在传统的民法领域，没有约定情况下推定共有人对共有物或相关利益享有相同的份额。共有专利也应当采取法定等分规则。因为约定优先原则已经赋予了共有人自主决定权，既然尚未约定收益分配规则，即可推定共有人默认了法定的等分规则。

至于处分权，转让共有专利当然采取一致决，但是在规则设计上可以参照独占和排他许可。至于共有人放弃共有权利则以不影响其他共有人权利为原则，同时协助进行专利的变更登记。高校职务发明专利共享制度下共有人是否有权转让共有份额是一个值得深思的问题。根据上文分析可知，此种共有是一种形成于雇用关系类似于共同共有的特殊共有类型。基于专利权的不可分割性特点，共有人当然不可能要求分割专利权，但是为了充分尊重共有人的意愿，允许共有人转让其份额，但是必须提前书面通知其他共有人以便其及时行使优先受让权，保证职务专利权属尽可能不落入雇用关系的主体外的第三人手中，从而确保专利实施的便捷化。

（六）高校职务发明专利权属制度

高校是职务发明专利产出重镇，与企业相比，其职务发明专利创造动力不足，转化效率不高。现有法律在高校职务发明专利权属制度上实行“高校独享制”，独享制下职务发明人的创造性智力劳动价值并未在产权分配上得到充分体现，其创造积极性受挫。高校专利休眠、不合理处置现象层出不穷，即使高校愿意进行专利转化，发明人的积极性和配合度不高也将导致专利转化效率低下。理论界并存的五种高校职务发明专利权属制度模型各有优劣，其中共享制在追求高效率的同时兼顾了公平，是五种模式中的最优方案。“高校独享制”的优势在于权属明晰，减少了确权产生的交易成本。其劣势则在于不符合劳动价值论，严重忽略智力劳动提供者的价值投入，与法律的正义价值相悖，严重挫伤研发人员的创造积极性。“发明人优先制”与高校独享制的理念截然相反，其更加看中知识产权的智力劳动投入价值，侧重保护雇用关系中的弱势方利益。但是却忽略了高校的物质投入，剥夺了高校职务发明专利控制权将排除成果被聚集化商业利用的可能，于成果转化效率无益。“契约制”充分尊重高校和发明人的意愿，两方主体可就职务发明的归属、使用、收益分配等具体事宜进行约定，体现私法的意思自治原则。但是却极易造成无约定情形下的权属不明，导致专利价值消散。“产权分离模式”下将职务发明专利权能分割为占有、使用、收益、处分的权利，高校作为本权人，发明人则享有使用、收益等部分权能，在一定程度上增加了转化主体，却在法理依据上有所欠缺。

“共享制”下，高校和发明人成为发明专利的权利主体，均有权参与成果转让、实施的全过程。首先，共享制下的高校和发明人均可不经对方同意自主实施或普通许可他人实施职务发明，无疑增加了成果转化概率，达到物尽其用的效果。其次，发明人既然成为成果的共有人，在享受权益的同时必然需要承担相应风险，这既可以促使发明人谨慎进行转化，也可以激励发明人在研发初始就充分考虑市场需求，人为地降低转化的风险，提高成功率。最后，发明人主导下的科技成果转化将充分利用其所掌握的“隐性知识”，同时“售后服务”也会更加到位，转化品质提升。当然，“共享制”下权利主体过多会增加交易成本，但是与制度收益相比则显得微不足道。同时共享理念呼唤产权制度改革，国内政策逐渐放宽高校科技成果权属，地方对高校职务科技成果权属进行“混改”实践，这些社会条件的成熟无疑削减了大部分制度的变革成本。因此，从法经济学的成本—收益角度可论证高校职务发明专利权属共享制度不仅有利于法治公正，而且符合效率原则。

高校职务发明专利权属共享制度借鉴我国现有物权共有理论，将专利权所包含的财产权利从权能上分解为持有权、使用权、收益权和处分权，并结合知识产权的特殊性，提出职务发明专利共享的权利内容主要包括：专利申请决定权、专利实施权、专利处分权。其中，专利申请决定权应当采取高校、职务发明人一致决规则，不影响其他权利方利益的自己单独实施和非排他性许可实施均由共有人单独决定并独享收益；独占和排他许可以及转让专利由于明显对专利权有所限制和处分因此原则上应当由共有人一致决。但是为减少权利主体过多意见不一致而造成的交易成本增加问题，在制度设计上增加了特殊情况下的单独决规则，即如若一方共有人向另一方发出独占或排他实施请求一段时间后，对方不作出任何反应或者无正当理由拒绝请求之后并没有任何实施动向，则发出请求人可自行进行独占或排他许可，所获收益应当在共有人之间等分。

高校职务发明专利权属制度涉及职务发明人、高校、国家和社会多方利益，制度变革阻力重重，因此在选择权属模式时必须慎之又慎。本书作者虽然从高校职务发明专利研发转化的全过程出发，对比了现行“高校独享制”和“共享制”的成本收益，但是由于调研不足和实证数据的匮乏，导致结论还仅仅停留在定性层面，定量分析论证不足。在今后的研究中还应当开展高校调研，广泛搜集实证数据，通过更加深入精准的定量分析来佐证结论。

提高高校专利转化效率，激发高校教职工的创新活力是一个复杂的系统工程，不仅需要权属制度的变革，而且还需要高校专利管理机制、高校专利转化孵化器培育、产学研合作机制，以及国家对高校成果转化的激励政策、高校教职工职称评定制度等一系列制度的配合。因此，今后的研究中还应当综合考虑各种制度的激励作用，运用系统性思维实现各项制度的无缝对接。

第三章 公办高校职务科技成果转化及其收益转化权

第一节　科技成果转化收益现状

高校、科研院所每年都会产生大量的职务科技成果，中共中央办公厅、国务院办公厅针对科技成果未能有效转化的问题，曾出台一系列指导意见，对科研人员实行长期的产权激励，对高校、科研院所不仅落实转化过程中的相关法律责任，而且还给予了一定的税收优惠政策；教育部、科技部通过简化相关审批手续、完善转化相关工作机制等不断探索促进科技成果有效转化的路径。对此，不少公办高校、科研院所都提出了积极的落实措施，但是，不少单位在采取试验性改革化解该困境的措施中，"一刀切"的做法与《专利法》和《促进科技成果转化法》的有关规定相冲突。为了促进职务科技成果的有效转化，西南交通大学于2016年1月4日通过了《西南交通大学专利管理规定》。为了奖励职务发明人，该规定对已经产生的专利和专利申请变更所有人，对新产生的专利实行共同申请。上述内容与上位法的规定相冲突：首先，对于既有的专利和专利申请，若是执行本单位的任务所完成的，其权属确定的归单位，即学校，不可通过约定改变；若是主要利用本单位的物质技术条件所完成的，仅可以就申请权和权利归属进行事前约定；否则，只能通过转让的方式实现权属变更。其次，根据《专利法》对新的专利申请的有关规定，若是主要利用单位的物质技术条件所完成，单位可以与发明人和参加人进行权属约定；若是执行本单位的任务所完成，由于其权属已由法律规定确定为归单位，即使单位与发明人和参加人进行约定，那么该约定也是无效的。

面对上述困境，构建转化收益权制度和重塑职务科技成果制度成为基于利益平衡、立法成本、科技成果法律制度体系综合考量下的优势选择。[1]"转化收益权"本应是职务科技成果权人所享有的权利，为了实现发明人利益与公办高

---

[1] 唐良智．下放处置权扩大收益权探索所有权——创新高校职务科技成果管理制度的思考与实践[J]．求是，2014（7）：53-54.

校、科研院所利益的平衡，在对“家庭联产承包责任制”（将土地的所有权、承包经营权分开，不改变土地所有权的前提下赋予家庭承包经营权）借鉴的基础上，提出了赋予公办高校、科研院所职务科技成果发明人“转化收益权”。“家庭联产承包责任制”改革之所以具有可借鉴性，在于它并未改变土地的权属，从“权能分离”的角度对土地所有权权能进行分离，尊重农民个人的作用，赋予其“承包经营权”，使得土地得以最大限度地得到利用，从这方面来讲，其改革对于公办高校、科研院所职务科技成果改革具有可借鉴性。它在未触动公办高校、科研院所实际权利的基础上为调动科研人员积极性探索出了新的路径。

一、公办高校、科研院所职务科技成果转化存在的困境

公办高校、科研院所职务科技成果转化中存在的问题很多，其核心问题主要表现在以下几个方面。

（一）科研人员成果转化积极性低

1. 法定权利的缺失

第一，成果所有权的不合理分配。所有权作为物的根本性权利，不仅影响着对物的实际利用，而且也影响着拥有者以物为核心的积极性，因此，对权利归属的合理分配是调动各方积极性的关键。对于公办高校、科研院所诞生的科技成果，大多属于职务科技成果，所有权法定性地属于高校、科研院所，然而，对于科研人员而言，他们为成果的诞生付出了大量的体力和脑力劳动，本应享有对成果的所有权，我国目前的科技成果权属制度使得科研人员对成果所有权这项法定权利缺失，缺乏原权利的激励使得科研人员在科技创新和转化上的积极性出现根本性的丧失，这不仅阻碍了公办高校、科研院所科技创新能力的有效提高，而且也根本性地限制了科技成果的高效转化。

第二，转化利用权的缺失。所有权作为最原始性权利，它包含了占有、使用、收益、处分等多项权能，所有权者可以根据对物利用的实际需要对自身权利进行分解，对多项权能进行合理分配，以期得到最大收益。科技成果的转化是对成果进行利用的核心，科研人员虽然没有对职务科技成果的所有权，但从提高科技成果转化率的角度考虑，可以给予其进行转化利用的相关权利。通过此种分配，不仅不会损害所有权者（高校、科研院所）的实际利益，而且还可以大大提高科研人员对科技成果的转化利用的积极性，然而，这种可以实现双赢的权利设计缺乏法律上的支持，这使得可以解决科技成果转化率低的良好对策只能停留在理论层面，阻碍了科研人员对成果的有效转化。

第三，报酬请求权的不可实现性。获得与付出成比例的报酬是最为有效的激励手段，《促进科技成果转化法》规定了对科研人员为完成、转化科技成果

做出贡献应给予的相应奖励和报酬，同时对奖励和报酬的比例也做了较为具体的规定，这本来可以成为促进科技成果转化的有效激励措施，然而，由于这种规定并非具有强制执行效力的规定，在科研人员为科技成果转化做出重大贡献之后，单位没有给予一定的报酬，或者给予的报酬与科研人员的付出不成比例，无法追究单位的相关责任，使得这种报酬请求权形式化，不能真正成为保障科研人员利益的有效措施，也使得高校、科研院所的科技成果依然面临转化率低的困境。

2. 激励措施的虚化

当现有制度无法调动科研人员积极性时，完备有效的激励措施将成为调动科研人员积极性、促进科技成果转化的有效手段，然而，在目前高校、科研院所以科研、教育为主的培养模式下，现有的激励措施很难真正发挥作用。其原因如下。

第一，未结合高校当前的评价体系。评价体系是影响高校发展的重要指针，就目前的考核指标而言，科研是影响高校评价的最重要指标，课题、论文的数量和质量直接决定了以此为标准的对于高校的外部评价。在这样的评价体系中，高校并不会把太多精力放在科技成果转化上来。国家层面不仅通过对科技成果转化的相关法律进行修订完善，不断扩大对科研人员的激励力度，而且还不断出台相关指导意见，不断落实高校、科研院所的相关法律责任，从而实质性地落实有关科研人员为科技成果转化做出贡献而给予奖励的规定，然而，大多数高校、科研院所并未采取实质性举措落实这一系列激励措施，这使得本应成为激励科研人员促进转化的良好对策虚化，使高校的职务科技成果转化依旧面临转化率低的困境。

第二，未结合科研人员实际工作。科研人员在工作中的实际贡献应当成为激励措施的出发点和落脚点，这样，才能产生有效的激励效应，然而，目前的激励措施对科研人员的实际工作情形泛化。例如，在《促进科技成果转化法》中，对科研人员给予奖励和报酬的情形是为完成、转化科技成果作出贡献的，但是，通过仔细分析可以发现，完成和转化是针对科技成果的两个不同方面，应根据成果的重要程度、价值、转化后的收益等不同标准分别给予奖励。法律规定的模糊化，增加了实际操作中的难度，使本该促进科技成果转化的激励措施反而增加了矛盾的产生。未结合科研人员实际所做工作的激励措施不能调动其积极性，这也是转化所面临的困境之一。

（二）公办高校、科研院所成果转化上的不作为

公办高校、科研院所作为职务科技成果的所有权者，他们本应积极采取有效措施促进成果的快速转化，但是，由于其主要工作在教学、科研上，没有太多精力促进科技成果转化。

第一，未认识成果转化对自身发展的重要性。科技成果转化是科技转化为现实生产力的过程，对国家的发展至关重要，成果转化所产生的社会推动力体现着成果对社会发展的重要程度，这种社会发展推动力对于高校的发展也具有至关重要的意义。首先，它影响着社会对高校的外部评价，这种社会评价会直接反映到学校招生过程中考生们的选择，从而影响学校持续性的发展；其次，它影响着国家对高校、科研院所的关注，经费是影响高校发展的关键性因素，公办高校由国家出资，科技成果的高效转化会增强国家的关注度，从而为高校发展提供更多机遇。对于高校、科研院所而言，大多还尚未意识到科技成果转化的重要性，使本应成为促进自身发展的行为被忽视，只能靠国家敦促来推进转化的进行。

第二，自身评价体系的客观限制。科技成果转化所产生的社会推动力作为影响社会发展的重要指标，本应将其作为对公办高校、科研院所考核的重要性指标。然而，基于科技成果转化率的统计标准在现阶段尚不统一，因此并未纳入对高校、科研院所的考核之中。基于高校自身发展的现实需求，高校、科研院所便更多地将精力放在需要考核的指标范围内，即使国家已经出台了许多指导性政策以加强高校、科研院所对科技成果的管理，积极采取措施促进成果转化，然而，这些措施并未对高校学科建设、课题立项产生任何实质性的影响，因此，这种非强制性措施只能导致高校科技成果转化不作为现象的产生。

二、破解公办高校、科研院所职务科技成果转化困境的国内尝试

（一）现有措施

1. 政策性支持

中共中央办公厅、国务院办公厅不仅通过出台相应的指导意见，重视在科技成果转化过程中对科研人员的直接激励措施，而且还出台了强化高校的法律责任、税收优惠政策等间接激励措施。这些措施一方面通过敦促高校、科研院所落实与激励有关的制度激发科研人员的积极性，即通过使科研人员对转化后的科技成果拥有一定的权利来激发其转化、创新的积极性；另一方面通过税收方面的优惠政策减少科研人员获益的损失，从而进一步激发科研人员创新与转化的积极性。教育部、科技部也出台了相应的指导意见，通过简化相关审批手续、完善转化相关工作机制等不断探索促进科技成果有效转化的路径。这些措施一方面通过给予高校一定的自主权来发挥其自身的主观能动性，从而调动高校进行科技成果转化的积极性；另一方面通过加强高校转化工作机制和转化能力的建设来提高高校进行科技成果转化的相应能力和水平，为高校更好地进行科技成果转化奠定相应的基础。

从上述国家政策不难看出，为破解科技成果转化的低效率，政府从自身职

能出发，采取了各种可以采取的措施来提高高校进行科技成果转化的能力，不断提高科研人员在科技成果转化方面的积极性。这些政策性支持在一定程度上提高了科技成果转化率，但不能从根本上破解其转化率低的困境。原因在于：首先，它忽视了高校目前的评价体系，高校并不会把太多精力投入科技成果转化上来，它只能在有限范围内提高自身转化能力。其次，上述对科研人员的激励措施中都只是事后激励，这些措施的实现以科技成果的成功转化为前提，而大量科技成果在现实转化过程中会有一定的风险，对于无法定权属的职务科技成果，科研人员在转化过程中必定会进行风险和收益的比较分析，这使得真正进行转化的只是收益把握较大的科技成果。最后，政策仅具有一定的引导作用，没有太多的强制力，就高校目前的评价体系而言，很难得到全面系统的落实，只有进行相应的立法才能从根本上解决问题。

综上，目前的政策性支持虽在一定程度上调动了高校进行科技成果转化的积极性，提高了其进行科技成果转化的能力，有利于提高公办高校、科研院所职务科技成果的转化率，但我们也应看到这些政策本身的局限性，它们尚不足以破解公办高校、科研院所目前所面临的困境，有必要探索新的治理对策。

2. 专门法律规定

我国的《专利法》对职务发明创造的权属作出了明确规定：对于执行本单位任务或者主要利用本单位物质技术条件所完成的发明创造，本单位拥有申请该专利的权利；对于利用本单位物质技术条件所完成的发明创造，该单位和发明人享有对该权属的事先约定权。公办高校、科研院所不同于其他单位，其科研经费完全由国家出资，对于上述第二种情形，此种单位大多不会对其权属进行事先约定，单位享有最终的科技成果权，所以，公办高校、科研院所每年都会有大量职务科技成果。《促进科技成果转化法》第四十四条、四十五条对为职务科技成果转化作出贡献的相关人员的奖励作出了较为具体的规定，从条文具体内容来看，科研人员从职务科技成果转让、转化中获得奖励和报酬的权利主要源于两个方面：一是为职务科技成果的完成作出重要贡献；二是为职务科技成果的转化作出重要贡献。

通过对既有专门立法进行深入分析可以发现，以《促进科技成果转化法》为例，虽然充分考虑了发明人的利益，给予其很大比例的奖励和报酬，却依然未改变转化率低的现状，原因在于真正的权利人缺乏进行转化的积极性、主动性。发明人对职务科技成果的诞生作出了重要贡献，在职务科技成果转化上由于其自身对成果较为全面的了解也可以发挥很大作用，然而，是否促成职务科技成果转化的决定权并不在发明人，是在单位。在这样的情况下，发明人并不能对促成转化而获得的奖励有所预期，对个人来说，无法预期的利益并不能调动积极性。国家就科研人员在转让、转化中作出贡献从而获得奖励的规定并不会在很大程度上促进公办高校、科研院所职务科技成果的转化。

3. 试验性改革

为了提高科技成果的转化率，将科技成果转化为切切实实的生产力，西南交通大学从2010年起进行职务成果混合所有制的探索与试验。2016年1月，在对过去五年“职务科技成果混合所有制”试验进行总结的基础上，审定通过了《西南交通大学专利管理规定》。西南交通大学“职务科技成果混合所有制”改革的核心是变职务科技成果的国家所有为国家、发明人共同所有，以所有权来激励发明人进行职务科技成果转化的积极性，从而提高职务科技成果的转化率。相关报道指出，在该规定推行的半年内，超过120项的职务发明被进行了权利分割，有7家高科技公司借此而成立。此外，以磁浮二代转向架技术为核心，不仅西南交通大学与中车集团对工程样车进行了联合设计，还在短短3个月的时间内完成了制造，为后续试验和运营做好了充足的准备。更为重要的是，凭借同相供电技术成果，西南交通大学已签订1亿元的相关转化合同。而在西南交通大学进行改革探索之前的2010~2012年，三年内只转化了7项专利。

但是，该规定中“对既有专利和专利申请，学校通过专利权人和专利申请人变更的方式实现对职务发明人的奖励；对新的专利申请，学校通过共同申请实现对职务发明人的奖励”的规定，与我国《促进科技成果转化法》和《专利法》的相关规定存在不一致。首先，对于既有的专利和专利申请，若是执行本单位的任务所完成，其权属确定归单位，也即学校，不可通过约定改变；若是主要利用本单位物质技术条件所完成，虽然可以就申请权和权利归属进行约定，因为事前无约定，其权利已归属学校，根据相关法律，已不可再变更职务科技成果权属。其次，根据我国《专利法》，对于新的专利申请，若是主要利用单位的物质技术条件所完成，单位可以与发明人和参加人进行权属约定；若是执行本单位的任务所完成，由于其权属已由法律规定确定的归单位，即使单位与发明人和参加人进行约定，该约定也是无效的。另外，《促进科技成果转化法》虽然赋予了公办高校、科研院所对其持有的科技成果转让、许可或者作价投资的自主决定权，但也对交易的方式作出了具体规定，只能采取协议定价、在技术交易市场挂牌交易、拍卖等较为透明的定价方式，而且，完成人或参加人进行科技成果的转化必须不能变更职务科技成果的权属。该规定为提高科技成果转化率而采取“一刀切”的做法与《专利法》和《促进科技成果转化法》的相关规定相冲突，是否会在一定程度上损害国家利益，值得进一步思考。

（二）可采取的研究对策

1. 以“科研人员”为主体的对策

有学者提出，设置科研人员对职务科技成果转化权的法定继受取得规则，即在不改变科技成果权属的前提下，科研人员可对本单位在任何时刻提出实施尚未进行转化的职务科技成果。[1] 就目前公办高校、科研院所职务科技成果转化的现状而言，该对策具有一定的可行性，原因在于，职务科技成果闲置是目前公办高校、科研院所职务科技成果转化率普遍偏低的重要原因，而这一现状产生的原因，一方面在于公办高校、科研院所由于承担众多国家课题，职务科技成果较多，缺乏专门的机构或者人从事相关转化工作；另一方面在于单位自身对其所产生的职务科技成果的了解有限，科研人员或者团队对职务科技成果最为了解，而他们却没有相应的实施转化的权利。但仅仅赋予科研人员法定继受取得职务科技成果转化权的方式也很难保证可以大幅提高公办高校、科研院所的职务科技成果转化率，原因在于，这种继受取得的转化实施权并未排除单位自身因所有权所应有的转化权，在科研人员取得转化实施权之后高校的介入行为如何认定，从权属的角度来讲，应当以所有者高校的行为为准，然而，若不给予科研人员相应的补偿，必定会挫伤其继续进行转化的积极性，反而不利于这一制度发挥其应有的作用。

有学者提出，应对科研人员的角色进行重新定位，明确科研人员的四种角色，即完成者并非参加者、转化参与者、利益共享者、责任承担者。通过对科研人员角色进行相应的定位，明确其相应的权利和义务，最大限度地减少科研人员与所在单位因转化利用不当所产生的矛盾，激发其创新热情，最终实现职务科技成果质量的大幅提升。[2] 但是，此种角色定位所明确的科研人员的权利和义务并非法定意义上的，科研人员不能凭借此种角色定位要求获得相应的权利，如参与转化、利益共享，它只能凭借公办高校、科研院所与科研人员的诚实信用来得以遵守，这种缺乏相应保障机制和约束机制的措施很难在实际操作中得以落实。

有学者提出，在科技成果转化过程中，根据具体情形，采取有效措施激励科研人员推动科技成果转化的顺利进行，比如进行转化后的利润分配提成、股权激励等。[3] 这种模式是在现实操作中较为常见的做法，通过对转化后收益的许诺来换回科研人员进行转化的高积极性，但是，这种许诺对科研人员作用有限，原因在于：一方面该激励措施为事后激励，以利润的实现为前提，缺乏一定的可预见性，科技成果从转化实施到营利具有过程性；另一方面在于该种激

---

[1] 葛章志，宋伟，万民．职务科技成果单位优先转化权及其规则改进——兼评我国《促进科技成果转化法》第 19 条［J］．中国高校科技，2016（8）：15-18.

[2] 金希．职务科技成果转化中科技人员角色的再定位——以促进科技成果转化法为视角［J］．农业网络信息，2016（4）：121-124.

[3] 肖宝，顾新，王涛．不同转化方式下科研人员参与收益分配研究［J］．科学管理研究，2016（10）：21-24.

励措施缺乏相应的保障机制，如何在科研人员和高校之间进行利益分配以及转化失败后的责任分担是其需要解决的问题。此外，该种激励措施具有不稳定性，并非所有的单位都愿意给予科研人员相应的奖励来激发其转化的积极性，也并非所有的单位都愿意给予科研人员满意的利润分配比例或者股权比例来提高其转化积极性。科研人员对职务科技成果本身最为了解，科研人员也最担心转化过程中的风险。如何发挥科研人员的积极性需要在促进转化和风险分担这两个方面上进行平衡。

2. 以“高校”为主体的对策

有学者认为应完善有关职称考评的相关体系，可以将对职务科技成果的评估价值作为目前考核的一项要素，以此来激励科研人员以市场为导向，创造便于转化的高质量成果。❶ 恰当的激励机制是提高效率的关键，这种应对机制真正重视了职务科技成果本身，可以极大地激发科研人员进行创新的热情，为越来越多高质量科技成果的诞生奠定良好的制度基础。但是，我们也应认识到，过分注重这种激励机制会引导科研人员只重视具有高市场价值的成果研究，忽视基础科学的研究。

有学者认为职务科技成果带有知识产权性质，不同于一般有形资产，应实行不同的资产管理政策，方便对成果的利用，而实实在在的奖励是最佳的激励方式，科研人员为职务科技成果的产生和转化作出重要贡献的，应及时给予奖励。❷ 这种通过直接奖励的方式来激发科研人员的创新和转化热情，是一种可行的激励方式，它可以在很大程度上直接调动科研人员的积极性，提高职务科技成果的转化率。同时，我们也应认识到，这种重奖应以促进转化为前提，而非转化后取得利润，因为市场具有不确定性，从激发创新和促进转化的角度来看，这种不确定性不能由科研人员来承担。❸

有学者基于高校的职务科技成果转化意识薄弱的基本现状提出：① 应从观念出发，强化有利于促进转化的意识，通过转变原有的科研立项观念，实行以应用加效益为动力的基本观念，摒弃单纯的以论文为主、研究为重的思想观念；② 重视科技成果转化在高校评价体系中的作用，围绕职务科技成果这个核心，建立多重评价机制；③ 优化对职务科技成果的投资环境，完善风险防控体系，促进成果向产业化发展；④ 通过以高校为核心的科技园区建设以及促进转

---

❶ 李小田. 完善我国高校科技成果转化激励机制的思考 [J]. 中国轻工教育，2011（5）：52-54.

❷ 谢敏芳，林修凤，连文. 关于高校等事业单位职务科技成果收益权和处置权改革的若干设想 [J]. 科技管理研究，2016，36（1）：79-84.

❸ 齐昕，曹新安，张萌. 我国激励科技人才创新创业的实践及路径选择 [J]. 科技管理研究，2013（15）：151-155.

化实施的平台等也是较为可行的选择。[1] 这项举措虽然从强化职务科技成果转化意识的角度出发，却十分具体地指明了高校在促进职务科技成果转化方面改革或建设的方向，它从评价制度改革、风险投资体系完善、转化平台建设等全方位地为促进科技成果转化服务，可以极大地提高职务科技成果转化率。但是，我们也应注意到，科技成果转化承载平台的建设需要投入大量人力物力，并非大多公办高校、科研院所都可以做到，此外，评价制度的改革需要自上而下来完成，而且具有一定的过程性。

3. 以"政府"为主体的对策

从管理的角度，有学者提出：专利申请费和年费在高校科研经费中占有一定比重，可以通过对已转化实施职务科技成果给予相应的减免优惠以及税收优惠政策来提高其进行转化的积极性。这种实实在在的优惠政策彰显了政府积极鼓励公办高校、科研院所进行职务科技成果转化的态度，高校每年都会为专利申请费和维持费投入大量资金，这些以转化为前提的优惠政策可以在很大程度上吸引高校、科研院所积极投入人力物力进行转化，因此，在可预见的时期内，可以在一定程度上提高公办高校、科研院所的职务科技成果转化率。

从保护的角度，有学者提出：中介机构在科技成果转化中发挥着重要的纽带作用，政府可以通过扶持、引导的方式积极促进中介机构的健康发展，以便为高校科技成果的转化发挥更大作用。[2] 高校本身以科研、教学为主，科技成果的转化需要投入专门的人力物力，在一定程度上会影响学校正常的教学、科研，在教学、科研压力如此巨大的竞争环境中，很少有高校可以成立专门机构从事科技成果转化。面对高校、科研院所在科技成果转化上的不足，政府通过扶持、引导的方式积极促进中介结构的健康发展，以便为高校科技成果的转化创造有利条件，弥补高校、科研院所的短板，实现高校、科研院所的资源与市场需求完美对接，从而更好地发挥科技在推动国家发展中的作用。

从服务的角度，有学者提出：首先，对高校、机构因科技成果转化所得的收益完全由单位自己支配，以提高单位转化积极性；其次，把科技成果转化的事前审批制度变为事后备案，减少因审批程序所导致的转化弊病；最后，给予高校有关职务科技成果的充分自主权，让高校自主决定是否进行相应的价值评估，是否进入专门的交易市场进行交易。这些便利性举措简化了公办高校、科研院所职务科技成果转化过程中的一些程序性要求，便于高校、科研院所进行转化，在很大程度上可以提高高校、科研院所的积极性，更加主动地投入转化中去。无须上缴职务科技成果转化后的收益对高校、科研院所而言具有极大的

---

[1] 陈东林，张晶晶．高校科技成果转化及促进对策［J］．企业经济，2011（12）：114-117.

[2] 张胜，郭英远，窦勤超．科技人员主导的职务科技成果转化机制研究［J］．科技进步与对策，2014（21）．

吸引力，对于市场前景好、风险小、收益高的职务科技成果，高校、科研院所定会积极投入人力物力进行转化。总之，学者从服务的角度所提出的这些治理对策极大地扫除了高校在转化过程中的程序性障碍，便利了科技成果转化，可以使部分市场相对成熟的科技成果能迅速得到转化，从而提高公办高校、科研院所职务科技成果转化率。[1]

第二节 转化收益制度

一、国外科技成果转化制度的比较

通过对国外发达国家科技成果转化制度的研究可以发现，就该领域而言，国外科技成果转化同我国一样，并没有对高校作出制度上的区别对待，只是区分了职务发明和非职务发明。然而，无论是职务科技成果还是非职务科技成果，国外发达国家都有着较高的科技成果转化率。面对我国公办高校、科研院所职务科技成果转化存在的困境，十分有必要对国外发达国家的科技成果转化制度进行细致研究，总结其有益经验，为我们国家公办高校、科研院所职务科技成果转化率的提高提供借鉴，从而真正发挥科技成果在推动经济发展、社会进步中的重要作用。

经过对美、德、日、法等为代表的发达国家科技成果转化制度进行研究发现，这些国家的职务发明的权属制度并不相同，有“发明人主义”模式的，也有“雇主主义”模式的，但他们都有着较高的科技成果转化率，所以，十分有必要对这些国家的职务发明权属制度进行深入剖析，探寻影响其科技成果转化的真正因素，在结合我们具体国情的基础上，为公办高校、科研院所职务科技成果转化率的提高寻找最佳的法律治理对策。

（一）“发明人主义”模式

该模式下将职务发明的权属直接归于发明人，但给予单位可以无偿普通实施的权利。典型代表国家是美国和日本。日本为保护雇员利益，在其2004年修改后的《日本专利法》第三十五条中直接把职务发明的权利赋予了雇员，但允许雇主享有法定的无偿普通实施权。此外，为充分尊重雇员和雇主的意愿，就职务发明而言，允许雇员和雇主就申请专利的权利、专利权等进行平等协商，除此之外，任何事先规定由雇主享有专利申请权、专利权或独占实施权的协议、工作规程等均无法律效力。美国为保护雇员利益，规定了雇员发明创造

[1] 刘江涛. 基于政策工具视角的科技成果转化政策分析［J］. 中国轻工教育，2014（3）：26-29.

的原始权利一律归于雇员，即使在雇主与雇员事先约定发明专利权归雇主的情况下，雇主也只能通过继受取得专利权，即只能要求雇员把取得的发明专利权转让给他。但雇主也无权要求雇员把申请专利的权利转让给自己，这种权利只能天然地归雇员所有，不允许转让。❶

在发明人主义的模式下，对于职务发明所具有的财产权和成果权，美国和日本都交给了发明人，唯一的区别在于日本允许雇员和雇主之间进行协商，充分平衡了雇员和雇主之间的利益，这种以发明人为主的模式把专利申请权和专利权牢牢地交给了发明人，以法律形式保证了发明人的相关权益，同时也照顾到了雇主的利益（可以无偿普通实施），有了这些保障，发明人可以最大限度地发挥自己的主观能动性，作为对科技成果最为了解的人，他最知道这些成果适合什么产业，也最知道如何拿这些科技成果进行谈判，因此，美、日两国在"发明人主义"的模式下，不仅职务科技成果转化率不断提高，专利申请量也保持着较高水平。美、日的发明人主义模式最大限度地调动了发明人的积极性和创造性，真正把科技成果转化为了切实的生产力，有力地推动了本国经济发展、社会进步，也为解决我们国家公办高校、科研院所职务科技成果转化的困境提供了有益借鉴。

（二）"雇主主义"模式

该模式下将职务发明的权属直接归于雇主。典型代表国家是德国和法国。德国在 2009 年专利法修改前采取的是"发明人主义"原则，修法后采取的是"雇主主义"原则，虽然其仍将职务发明的原始权利在形式上归于雇员，但雇主的"归属请求权"基本排除了雇员原始权利实现的可能性，雇主才是真正的职务发明的所有权者。❷ 与德国相比，法国的"雇主主义"则更加具有彻底性，对于职务发明而言，雇主享有绝对权利决定是采取专利还是商业秘密的保护方式。

对于职务发明权属而言，德国和法国虽然都遵循"雇主主义"原则，两国的专利申请量及科技成果转化率却始终保持在较高水平，这很大的原因在于德国和法国通过完备的制度设计来保障雇员的报酬请求权，充分保障了雇员的相关利益。根据《德国雇员发明法》的有关规定，雇员享有法定的报酬请求权，可以根据职务发明在经济上的可利用性、雇员在单位中的具体职责，以及单位在实际的职务发明过程中所参与的相应份额来具体计算报酬。此外，德国还颁布了《私务中的雇员发明报酬规章》作为计算报酬时的辅助手段。德国不仅确

---

❶ Challener C A. Advanced Technologies Facilitate Scale-Up and Technology Transfer［J］. Biopharm International，2015，28（6）：20-23.

❷ Audretsch D B，Lehmann E E，Paleari S，et al. Entrepreneurial finance and technology transfer［J］. Journal of Technology Transfer，2016，41（1）：1-9.

立了雇员获得报酬的合理标准，而且还确立了雇员在报酬请求权发生争议时较为完善的救济途径，例如，雇员和雇主未能在合理期间内达成有关报酬的协议，雇主可以书面说明理由确定报酬，雇员不同意该确定的，可以在2个月内书面提出意见进行反对，否则，雇主的确定具有约束力；雇员在提出书面反对意见后，可以向德国专利与商标局下设的调解处申请调解，调解不成的，可以向法院起诉，但未经调解不得向法院提起诉讼。[1] 根据《法国知识产权法典》，雇主对职务发明拥有完全的处分权，既可以申请专利也可以通过商业秘密的形式进行保护，但无论采用何种保护方式都应以双方对发明所做的贡献、对发明的实际利用程度、企业因此所获得的相关利益、发明的实际工商业价值等来确定雇员的报酬。

（三）两种模式的对比分析

通过对美、德、日、法等发达国家相关制度的比较分析可以发现，职务发明的“发明人主义”原则和“雇主主义”原则决定了其科技成果转化演变成由发明人主导和雇主主导两种模式，在这两种模式下，科技成果转化率都保持在较高水平，从这一角度来说，权属制度并非是影响转化的决定性因素。再对这四个典型国家进行对比，我们可以发现，他们虽然对职务发明的权属制度作了不同的规定：以美国和日本为代表的国家将职务发明的原始权利归于发明人，以德国和法国为代表的国家将职务发明归于雇主。但从这四个国家整个职务发明专利权属制度的设计来看，他们都有着相似的诉求，他们都在寻求雇员和雇主之间的利益平衡点，美、日两国虽然把职务发明权属归于发明人，却允许雇主可以进行无偿普通实施，德、法两国虽把职务发明的权属归于雇主，却依靠完备的报酬请求权制度保障了雇员的智力付出得到应有的回报。因此，从科技成果的可持续产生来讲，应在雇员和雇主之间建立一个利益平衡的机制，使双方都能获得与付出相称的回报，充分发挥双方的积极性。对于公办高校、科研院所，无论是提高职务科技成果量还是转化率，都应重视平衡科研人员和单位之间的关系，一方面要充分发挥单位在科研资源方面的巨大优势，另一方面也要充分发挥科研人员在技术方面的优势，我们可以基于利益平衡的考量，在现行权属制度的基础上探索能够调动双方积极性的新的可行的机制，从而大大提高公办高校、科研院所职务科技成果转化率，充分发挥制度在推动科技进步和经济社会发展中的重要作用。

---

[1] Lewis J I. A comprehensive look at technology transfer ［J］. Climate Policy, 2014, 15 (1).

二、国内外借鉴

通过对国内有关高校、科研院所职务科技成果转化的相关理论进行研究，以及对国外职务科技成果转化权属制度进行比较分析可以发现，为提高公办高校、科研院所职务科技成果转化率，有两种路径可以选择：一是在不改变职务科技成果权属制度的基础上探索新的机制，以求平衡科研人员和高校、科研院所两者之间的利益；二是彻底改变原有的职务权属制度以最大限度地激发科研人员的积极性。基于这种路径的考虑，本书拟通过构建"转化收益权"制度或者重塑职务科技成果权属制度来解决公办高校、科研院所职务科技成果转化率低的困境。[1]

（一）构建"转化收益权"制度

通过对美、日、德、法等西方发达国家职务发明权属制度的研究可以发现，雇员和雇主之间良好的利益平衡机制是提高科技成果量和转化率的关键。西南交通大学职务发明创造的混合所有制改革充分尊重了科研人员（即发明人）的利益，通过让他们与高校共享职务科技成果权属的做法来奖励其在发明过程中的重要贡献。然而，这些以提高职务科技成果转化率为目的的改变职务科技成果权属的做法却忽视了国家利益和学校的长远利益。首先，对于公办高校，职务科技成果属于国有资产，学校不能没有依据就随便对其进行处置，缺乏相应的约束机制极易导致国有资产的流失；其次，教育和科研是国家办学的主要目的，科技成果转化固然可以推动社会发展，但一味地强调学校的科技成果转化功能定会弱化学校的教学、科研功能，没有系统完备的人才培养体系是不利于学校的长远意义发展的；最后，"西南交大九条"与《专利法》和《促进科技成果转化法》的相关规定并不一致，虽然，只是试验性改革，但是也在一定程度上有违改革的出发点。

所以，在提高公办高校、科研院所职务科技成果的转化率时，由于公办的特殊性质，所以在平衡单位（高校、科研院所）和科研人员利益的同时，还必须考虑国家利益。只有三者利益达到平衡，才是最佳的解决对策。尊重国家的利益就不能盲目改变国家出资设立的高校、科研院所职务科技成果的权属，应继续保持职务科技成果归单位所有；尊重学校的利益就应在不损害学校教学、科研正常秩序的前提下来提高职务科技成果的转化率，以此来吸引更多优秀人才，提高学校竞争力；尊重科研人员的利益就应重视其智力付出，保证其获得与投入相适应的补偿或者报酬的权利。基于上述三个层面的

[1] 杨正宇．高校学生科技创新成果权属的职务发明制度之殇［J］．科技进步与对策，2016，33（17）：100-106.

考量，应赋予公办高校、科研院所职务科技成果发明人“转化收益权”。此种法律治理对策在考虑国家利益的基础上，可以极大地激发科研人员的创新热情，提高公办高校、科研院所的科技成果转化率，实现国家利益、单位（高校、科研院所）利益和发明人利益的总体最大化。所以，可以考虑将其写入《促进科技成果转化法》，为了使该制度与现行法相衔接，可增加在该法第十九条，见表3-1。

表3-1　《中华人民共和国促进科技成果转化法》修订建议

《中华人民共和国促进科技成果转化法》（现行）	《中华人民共和国促进科技成果转化法》（修改建议）
第十九条	第十九条
国家设立的研究开发机构、高等院校所取得的职务科技成果，完成人和参加人在不变更职务科技成果权属的前提下，可以根据与本单位的协议进行该项科技成果的转化，并享有协议规定的权益。该单位对上述科技成果转化活动应当予以支持。 科技成果完成人或者课题负责人，不得阻碍职务科技成果的转化，不得将职务科技成果及其技术资料和数据占为己有，侵犯单位的合法权益。	国家设立的研究开发机构、高等院校所取得的职务科技成果，单位未对其转让、转化前，发明人或团队享有实施转化并获得收益的权利。 科技成果完成人或者课题负责人，不得阻碍职务科技成果的转化，不得将职务科技成果及其技术资料和数据占为己有，侵犯单位的合法权益。

（二）重塑职务科技成果权属制度

通过对美国和日本职务科技成果权属制度的研究可以发现，其直接赋予发明人职务科技成果权的做法充分尊重了发明人作为科研主力的作用，可以极大地调动发明人进一步进行发明创造以及实施转化的积极性，这种将职务发明的专利申请权和专利权直接赋予发明人的做法虽然与我国目前的职务科技成果权属制度相悖，却将实实在在地提高我国高校的科技创新能力和科技成果转化率。

改革是发展的不懈动力，制度性改革是推动当下科技发展的又一动力，公办高校、科研院所作为国家最核心的科研、教育中心，它承载着引领国家科技腾飞的梦想，为彻底改变公办高校、科研院所职务科技成果转化率的现状，十分有必要从现有的职务科技成果权属制度出发，变职务科技成果权由单位所有为发明人所有，以此来作为解决公办高校、科研院所职务科技成果转化率低这一问题的新法律治理对策。基于此，可以考虑对现行《专利法》进行修订，见表3-2。

表 3-2　《中华人民共和国专利法》修订建议

《中华人民共和国专利法》（现行）	《中华人民共和国专利法》（修改建议）
第六条	第六条
执行本单位的任务或者主要是利用本单位的物质技术条件所完成的发明创造为职务发明创造。职务发明创造申请专利的权利属于该单位；申请被批准后，该单位为专利权人。 非职务发明创造，申请专利的权利属于发明人或者设计人；申请被批准后，该发明人或者设计人为专利权人。 利用本单位的物质技术条件所完成的发明创造，单位与发明人或者设计人订有合同，对申请专利的权利和专利权的归属作出约定的，从其约定。	执行本单位的任务或者主要是利用本单位的物质技术条件所完成的发明创造为职务发明创造。职务发明创造申请专利的权利属于发明人或者设计人；申请被批准后，该发明人或者设计人为专利权人。单位享有对职务发明创造的无偿普通实施权。 非职务发明创造，申请专利的权利属于发明人或者设计人；申请被批准后，该发明人或者设计人为专利权人。单位与发明人或者设计人订立的排除其非发明创造专利申请权的合同无效。 利用本单位的物质技术条件所完成的发明创造，单位与发明人或者设计人订有合同，对申请专利的权利和专利权的归属作出约定的，从其约定。

（三）对两种制度的比较分析

通过对国内高校、科研院所职务科技成果转化的相关理论进行研究，以及对国外职务科技成果转化权属制度进行比较分析，为提高公办高校、科研院所职务科技成果转化率，提出了构建"转化收益权"制度和重塑职务科技成果权属制度，不仅充分对国内外相关理论进行了研究分析，而且还充分结合了转化率低的现状以及法律条文的现状。

"转化收益权"制度的优势就在于其充分考虑了国家、单位（高校、科研院所）、科研人员这三个主体的利益，通过制度设计在三者之间达到较为理想的平衡点，既维护了国家利益，又保障了高校、科研院所作为权利人所应有的利益，更为重要的是赋予科研人员转化收益的权利充分激发了其转化和进一步创新的积极性，在可预见的时期内，这一制度可以相应地提高公办高校、科研院所职务科技成果的转化率。

重塑职务科技成果权属制度的优势就在于将转化的主动权彻底交给了科研人员，能够最为充分地发挥其进行科技成果转化和进一步创造的积极性，在可预见的时间内可以实现公办高校、科研院所职务科技成果转化率的大幅提高。然而，这一制度也存在一定劣势。首先，它忽视了国家、单位（高校、科研院所）的利益。公办高校、科研院所完全由国家出资，所有资产都归国有，即使发明人对科技成果的产生作出了重要贡献，直接将职务科技成果权属归于发明人的做法也是变相将国有资产私有化，这需要采取相应的机制来弥补该缺点。其次，我国的职务科技成果相关制度是一个系统的制度体系，不仅包括《专利法》上的权利归属，而且还包括《促进科技成果转化法》上的转化实施、奖励等，此外，还有相关配套条例、政策等，彻底颠覆原有的职务科技成果权属制度需要摒弃原有的许多制度，还要建立新的制度体系，这种系统工程的完成仍需进行必要性论证。

在对上述两种治理对策的优劣进行考量的基础上，结合我们全民所有制的特点，以及公办高校、科研院所在我们国家所占据的重要地位，职务科技成果权属制度的选择应充分考虑国家利益、单位（高校、科研院所）利益和发明人的根本利益和我们的历史国情，更为重要的是，在法治化的今天，更要重视维护法的稳定性。因此，构建“转化收益权”制度是符合我们当下国情的理想选择。

第三节　“转化收益权”制度的建构

一、“转化收益权”的合理性分析

（一）“转化收益权”的理论起点

“转化收益权”制度并非凭空产生，它不仅要对国内外有关职务科技成果转化的相关理论进行细致研究，而且还要结合我国的基本国情，更为重要的是，它离不开一些经典理论的支撑：承包经营权理论为转化收益权制度的构建提供了操作上的先例，使权属进行适当分割以适应经济发展需求成为可能。英美法系的权利束理论为转化收益权制度的构建打开了新的思路，为了使物尽其用就必须根据各主体对财产利用的特点对权利进行恰当分配；巴泽尔产权理论为转化收益权是否限制了原权利提供了新的支撑视角，并非所有对产权的限制都会导致价值最大化受损，需要从理论上去分析何种限制是必要的，不会影响产权实现最大限度的价值，何种限制根本性地稀释了产权，从而妨碍了价值最大化。

1. “承包经营权”理论

20世纪80年代，为了最大限度地调动农民进行农业生产的积极性，解决人民最迫切的温饱问题，我们国家对土地政策进行了改革，在农业领域实行了家庭联产承包责任制，该制度对农村土地的权属进行了权能分离，即在土地权属不变的前提下，赋予家庭对集体土地的承包经营权[1]，这种所有权与承包经营权相分离的改革措施充分调动了农民进行农业生产的积极性，为我国农业快

---

[1] 陈沫，杨帆．农地“三权分置”实现机制探析——以黑龙江省为例［J］．知与行，2016（2）：107-111.

速发展开辟了新的道路。

然而，到了21世纪，经济发展已不再倚重农业，农业领域普遍出现了产值过低的现象，这再次降低了农民生产的积极性，为了更好地发挥农民在生产领域的主观能动性，追求农业产值的最大化，国家又在农业领域实行了新的改革。为方便农村土地进行流转，将经营权从土地的承包经营权中分离出来，实行农村土地的所有权、承包权、经营权“三权分置”。[1]这次农村土地改革未触动原有的以农户家庭经营为基础的生产模式，却赋予农户更多的选择权，既可以自己经营，也可以在承包权不变的前提下让有意愿者经营，更为重要的是，这种改革模式使土地的规模经营成为可能，在现代化程度越来越高的今天，它为立体式、复合型的现代农业经营体系的建立创造了有利条件，为我们国家农业的现代化发展再一次创造了有利条件。

我国的土地制度虽经历了两次变革，但无论是20世纪80年代的双层经营体制改革，还是刚刚进行的“三权分置”改革，都是在不改变我国农村土地权属的基本前提下，通过对农村土地权属进行适当分离而实现所有权与其他权利的优化配置，把“承包经营权”赋予生产积极性较高的农民，在不触动国家根本利益的前提下，让土地的价值得以最大限度地开发利用，从而极大地提高了农业生产力，真正做到了国家利益与农民个人利益的统一。以“家庭联产承包责任制”为基础的土地方面的改革之所以具有可借鉴性，原因如下。首先，它并未改变土地的权属，从“权能分离”的角度对土地所有权进行权能分离，把权利分配给最需要的人，充分重视了农民个人在农业生产中的作用，这也符合巴泽尔产权方面的相关理论；其次，改革前后国家利益不仅没有受到损害，反而得到了实实在在的受益，粮食产量的大幅提高不仅养活了越来越多的人口，而且还为国家的发展提供了充足的税收。从以上两个方面来讲，以承包经营权理论为指导的土地制度改革对于公办高校、科研院所职务科技成果转化方面的改革具有极高的可借鉴性。在不改变职务科技成果权属的前提下，从调动科研人员的积极性和不损害国家利益两个方面考虑，有条件地赋予发明人可以进行转化收益的权利，充分发挥其主观能动性，在提高其进行职务科技成果转化和投入科研工作积极性的同时，提高公办高校、科研院所职务科技成果转化率。

2. 英美法系“权利束”理论

“权利束”理论是英美法系财产法的相关理论，它从财产最大化程度的利用出发，主张应从对物的排他性归属到分解所有权。该理论的核心观点是，财产权不应是简单的抽象的概念，而应该是由多种具体范畴所组成的一个结构，

---

[1] 郑亮，杨燕菱. 农地“三权分离”制度的土地权能构造——基于马克思土地产权权能理论[J]. 安徽农业科学，2016（9）：318-320.

也就是一系列权利的组合，对某一财产拥有所有权就代表着对该财产拥有一系列的权利，即“权利束”。[1] “权利束”理论的产生伴随着西方经济的不断变革，随着社会经济的发展，不同主体由于需求不同对同一财产产生了不同的利用特点，为了使财产价值得以最大限度的利用，根据不同主体对财产利用的特点对财产进行了不同的权利分配。

随着科技在国家发展中的作用日益增强，对科技成果的利用显得越来越重要，提高公办高校、科研院所职务科技成果转化率就是对公办高校、科研院所职务科技成果权的利用。职务科技成果权作为一种财产权，也是由转让权、转化权等不同的权利内容所组成，因此，它也可以适用英美法系“权利束”理论，从权利组成的角度对公办高校、科研院所的职务科技成果权进行权利束分析，探讨如何对各项权利进行分配可以使该种职务科技成果权达到最大限度的利用，也就是说，我们需要考虑在高校、科研院所和科研人员之间就原本属于高校、科研人员的财产权进行束的分配，使该项财产权得以最大限度地发挥其在经济发展、社会进步中的作用，此外，我们还需要考虑这种分配是否损害了原有的对这项财产权的利用，妨害了原财产权利用的行为是不符合权利束理论的原则的。

公办高校、科研院所职务科技成果转化率之所以在低位徘徊，除了科技成果本身难以转化的原因外，主要在于高校、科研院所的不作为。这种不作为与高校、科研院所自身以科研、教育为本的宗旨有关，除以北京大学为代表的少数高校成立了专门的转化机构外，许多高校、科研院所的转化完全靠被动接受，科研人员在科技成果诞生之前已经投入了许多精力，他们最了解这些成果的应用领域、市场前景、国内外发展现状等，他们虽然不能自己利用职务科技成果这一财产，但他们知道谁可以最大限度地利用好这一财产。根据英美法系权利束的相关理论，应该对职务科技成果权进行权利束分析，结合科研人员的特点，赋予其一定的权利范畴，在发挥他们自身优势的同时也充分调动其积极性。具体来说，可以考虑把职务科技成果权利束中的“转化收益权”分配给发明人（科研人员），使发明人与本存在联系的科技成果权再次进行权利和利益层面的关联，以此来提高科研人员的积极性，最大限度地发挥其优势，进而提高公办高校、科研院所的职务科技成果转化率，最大限度地发挥该项财产权的效用。

3. 巴泽尔产权理论

巴泽尔产权理论由美国经济学家巴泽尔教授提出，首先，他从产权的相对性出发，认为必须对法定权利与经济权利进行区分，在他看来，法定权利与经济权利有关联但也有区别，法定权利是实现经济权利的依据，但由于存在着交易成本，法定权利很难在经济生活中完全实现，只有人们相信他所拥有产权的

---

[1] 梅夏英. 财产权构造的基础分析［M］. 北京：人民法院出版社，2003：227-228.

收益将超过它的成本时才会运用该权利，反之，则会放弃该权利而使其置于公共领域内。[1] 其次，巴泽尔教授指出，对产权施加约束的行为，其实是通过绕过价格机制来分配资源，个人财富的最大限度实现与个人产权所受到的约束，虽然存在矛盾，却是非真实的、表面的，因为在市场经济中，个人的行为会受到政府有关规定的限制，并不能任意使用他们的财产，而且，在经济往来过程中还存在一些个人自愿接受的限制。[2] 最后，巴泽尔教授认为，对权利形成的研究必须考虑个人所具有的作用。因为产权并非绝对的，它能够通过个人的行动来改变，这一方面在于个人的目的清楚，另一方面在于任何组织的功能都可以归结为各种不同的权利由一个与它有关的个人向另一个人的让渡。

从巴泽尔教授有关产权的相关理论中，我们可以归纳出一些值得借鉴的精髓：①产权具有相对性，人们运用产权的前提是相信它所带来的收益会大于其成本；②并非所有对产权的约束都会实质性地损害产权所蕴含的经济价值的最大化，我们需要从理论上对该约束进行认真分析，何种是有必要的，不会影响最大限度地实现其价值，何种真正限制了产权，妨碍了最大限度地去实现其价值；③任何权利的形成都离不开个人的作用，为了实现产权价值的最大化，必须重视个人的作用，尊重个人产权。

公办高校、科研院所职务科技成果权作为一种产权，提高公办高校、科研院所的职务科技成果转化率在一定程度上来说就是实现其价值最大化。公办高校、科研院所的职务科技成果之所以普遍面临转化率低的困境，其原因在很大程度上来讲，在于只重视组织，即单位的作用，而未真正重视对职务科技成果权的诞生发挥重要作用的个人在转化过程中的作用。任何组织都是由人组成的，离开了个人何来组织，然而，重视个人并非单纯地重视每一个个体，而是应重视与组织联系最为密切的个人，就职务科技成果而言，发明人对其最为了解，最知道该成果适用于哪些领域，也最知道该成果所蕴含的经济价值，因此，应重视发明人的作用。重视发明人的作用，是为了最大限度地发挥其主观能动性，就职务科技成果转化而言，可以考虑赋予其“转化权”，这是巴泽尔产权理论给我们的启示之一。然而，发明人所拥有的“转化权”的实现存在着一定的交易成本，即使其作为发明人的一项法定权利，基于“理性经济人”假设，发明人也不会去主动行使这项权利，因为只有“当人们相信拥有产权的收益超过成本时才会运用它”，所以，在赋予发明人转化的法定权利的同时还要保障其相应的收益权，这是巴泽尔产权理论给我们的启示之二。赋予发明人转化权和收益权从某种程度上来讲其实是对公办高校、科研院所职务科技成果权

---

[1] 程民选．巴泽尔产权理论的独特视角及其现实启示［J］．河北经贸大学学报，2014（5）：41-45.

[2] 巴泽尔．产权的经济分析［M］．上海：上海人民出版社，1997：119-120.

的一种限制，基于对巴泽尔产权理论的分析研究，我们需要考虑的是这种对职务科技成果权的限制是否必要，是否真正稀释了职务科技成果权，这是巴泽尔产权理论给我们的启示之三。

（二）“转化收益权”的必要性分析

1. 基于加快科技成果转化的角度

影响国家出资设立的高校、科研院所职务科技成果转化的原因多种多样，包括政策、制度、转化机制、转化主体等方面。西南交通大学的改革之所以在较短时间内取得了一些成效并引起了一些轰动，最主要的原因在于他们把改革的重心放在了转化主体上，极大地重视了科研人员在转化过程中所应发挥的重要作用。各个高校和地方政府都在贯彻中央关于科技成果转化的相关政策，不断完善相应的配套措施，他们大多通过给予科研人员一定奖励的方式来鼓励其积极投入科技成果转化，然而，该措施虽普遍推行，却仍不能很好地解决现存的职务科技成果转化率低的问题，这除了奖励方式和力度方面的原因外，很大程度上在于科研人员能否获得收益存在不确定性。因为科研人员本人并无转化并获得收益的“权利”，不能对自己的行为有好的预期。[1] 而通过赋予科研人员“转化收益权”，使其可以通过自己的努力获得转化收益，即赋予其可以实际行动获得预期收益的权利，相比单纯的事后奖励，这种激励会大大提高科研人员的积极性，从而加快职务科技成果的转化。

2. 基于提高科技创新的角度

科技的不断创新是中国跻身世界强国的重要武器，公办高校、科研院所是我国科技创新的重要力量。根据现有法律，科研人员为成果的诞生和转化都作出一定贡献的，可以分别获得相应的奖励，然而，基于这两方面的奖励都以职务科技成果的成功转化为前提，因为职务科技成果本身无法创造价值，在未进行转化的情况下很难给予科研人员很高奖励，因此，无论是科研人员为职务科技成果的产生作出了贡献，还是为其转化作出了贡献，他所获得的奖励的实现都以职务科技成果的转化为前提，但是，科研人员没有对职务科技成果进行转化的决定权。此外，根据目前高校以教学、科研为主的评价体系，很少有高校愿意投入大量人力物力来专门进行科技成果转化，如此来看，科研人员基于为职务科技成果的诞生和转化所获得的奖励将有名无实。

缺乏与付出相匹配的激励措施，不仅会影响科研人员进一步科技创新的积极性，更会影响国家科技创新能力的持续提高。通过赋予科研人员以“转化收益权”，将会大大改善缺乏活力的科技创新环境。因为科研人员能否获得相应

---

[1] Debackere K, Veugelers R. The role of academic technology transfer organizations in improving industry science links [J]. Research Policy, 2005, 34 (3): 321-342.

的奖励完全取决于该职务科技成果能否得到转化，当科研人员有实施转化的权利时，若客观条件允许，定会实现这种权利。更为重要的是，在权利行使过程中，科研人员会反思职务科技成果与社会实际需要之间的对接性，当再次投入科研工作中进行科技创新时定会注重社会的现实需要，这也很好地解决了高校科研工作与社会实际需要相脱节的状况，这对于提高我们整个国家的科技创新能力具有非凡的意义。

3. 基于公办高校、科研院所发展的角度

国家出资设立的高校、科研院所的发展离不开人才的培养，而人才的培养需要有不断创新的环境，营造良好的创新环境，不仅需要高校、科研院所自身管理方式的创新和改善，更需要科研人员不断上涨的科研热情。为了提高科研人员的积极性，为科研活动营造良好的环境，高校、科研院所都在不断提高自己的管理水平，尽可能地满足科研人员的需求，然而，许多高校和科研院所只是不断满足科研人员的硬件方面的需求，没有意识到职务科技成果转化在给科研人员带来奖励的背后所隐含的满足感的不断提升。因为如果没有他们所参与的职务科技成果的转化，科研人员将会感到其智力的付出并没有对社会产生太多实质上的增益，因而对自己所做的科研工作的价值判断会受到影响，这将直接影响其投身科研的积极性。对于公办高校、科研院所本身来说，一方面，职务科技成果的转化将决定他们对社会的影响力大小，这种影响力将会刷新人们对高校的认知，最终提高高校的知名度，知名度的不断提升将会吸引更多的优秀人才，这对于高校、科研院所的进一步发展意义非凡；另一方面，由国家出资设立的性质决定了这些高校、科研院所的发展更多地依赖国家的支持，科技成果的转化符合国家的科技强国战略，转化率的不断提高会吸引更多的项目和资金支持，这对于高校、科研院所的发展具有深远意义。因此，从促进高校、科研院所发展的角度来说，赋予科研人员（发明人）“转化收益权”是十分必要的。

（三）“转化收益权”可行性分析

1. 理论支撑——“权能分离论”

根据传统意义的所有权理论，如果所有权人未损害社会和他人的相关利益，他可以任意支配其权利，但这样会出现两个问题：首先，如果所有权人不想为了实现一定的利益而对其权利进行分割，即使其财产会长时间闲置，甚至出现某种程度的浪费，法律也不能干涉，这将会使所有权人的占有欲和分配欲直接对资源的优化配置和运动过程中的增值可能性产生制约；其次，若想资源最大限度地发挥其应有的作用，需要由对资源最有能力利用者以最恰当的方式对资源进行合理的配置，然而，所有权人并非是最有能力利用资源的人。“权能分离论”基于对传统所有权理论的反思，把权利和权能的关系作为出发点：

首先，它把权利细致地分解成各种各样的权能，例如，把所有权分解成占有、使用、收益和处分等权能，已经被分解的这一项或几项权能被设定为他物权；其次，在权能和权利之间进行连环的转化，例如，在所有权被转化成他物权之后，又对他物权进行分解，例如，分离成占有、使用、收益或处分的某一项或几项权能。[1] 通过对权利进行权能分离，把一项权利分解为具体的多项权利，在不改变权属的前提下，为实现资源最大限度的自由运动提供了一定的可能，极大地促进了资源的合理利用和优化配置。

公办高校、科研院所职务科技成果转化率之所以始终保持在较低水平，主要在于所有权人长期不作为所导致的资产长期闲置，科研人员作为有能力利用该资源的人既缺乏一定的途径，也缺乏相应的制度保障。“权能分离论”作为促进资源流动的合理途径，以该理论为基础，把公办高校、科研院所职务科技成果权中的转化收益的权能分离出来，使发明人拥有对成果的“转化收益权”，一则可以避免公办高校、科研院所职务科技成果权长期闲置的状态，避免资源浪费；二则发明人对该职务科技成果最为了解，由其实施转化可以达到以最佳方式进行转化的目的，可最大限度地发挥职务科技成果权的效用。该种权能分离的方式以“权能分离论”为支撑，从理论层面来讲具有可行性。

2. 转化权的可行性

赋予发明人（科研人员）转化收益权并不会实质损害高校、科研院所的职务科技成果权。因为发明人所拥有的只是转化并获得一定收益的权利，并无转让的权利，而且，发明人所行使的转化收益权并不排除单位对成果仍拥有的转让或转化的权利。然而，令人担心的是，高校、科研院所在行使转让或转化时的效果会受到一定影响。因为科技成果转化后的市场有限，参与主体的数量直接影响转化后的效益，这种影响将会直接反映到转让或转化的收益上来。基于此种考虑，“转化收益权”会在一定程度上影响原权利行使的效果。但此种影响是表面的、不真实的，而且是有必要的，原因在于以下两个方面。

首先，目前公办高校、科研院所普遍存在成果转化率低的问题。极低的科技成果转化率与数量庞大的科技成果不成比例，这不仅反映出高校、科研院所自身并无太多的转化积极性，而且也反映出成果与社会之间的契合度不高。赋予发明人职务科技成果“转化收益权”不仅可以提高职务科技成果转化率，也可以在一定程度上敦促高校、科研院所在进行科研立项时更加关注社会需求。对于高校、科研院所这种虚置的权利来说，赋予发明人职务科技成果的“转化收益权”并不会对其利益造成损害，高校反而会从转化中获得一定的实际收益。

---

[1] 秦伟，杨占勇. 论所有权及其权能分离的双向性［J］. 东岳论丛，2001（7）：111-115.

其次，公办高校、科研院所的科研经费主要来源于国家资助，国家资助的目的在于建设成高水平的教学、科研单位，在于为国家发展提供智力支持，这些都需要高校、科研院所积极完成国家相关立项任务，不断为国家贡献新的发明创造，提高我国的科技创新能力。赋予发明人的“转化收益权”是有条件地去行使，也就是当高校、科研院所行使相关权利（如转让、转化）时，以高校、科研院所的权利优先，虽然发明人行使转化权之后会影响原权利行使的效果，但相对于高校、科研院所而言，发明人行使转化权能够获得最大限度的收益回报，而且，这种成果转化后的收益权并非绝对权，高校、科研院所也将从收益中获得一定比例的回报，更为重要的是，以发明人为主进行转化并获得收益的模式有助于激发科研人员在转化和实际工作中的积极性。因此，对于实现国家需要的科技成果产生和提高国家科技创新能力来说，“转化收益权”具有非常重要的意义。

3. 收益权的可行性

《促进科技成果转化法》和《教育部 科技部关于加强高等学校科技成果转移转化工作的若干意见》等都对为职务科技成果的完成和转化作出重要贡献的科研人员规定了给予一定的奖励和报酬，它包括对职务科技成果的完成所给予的奖励和促进职务科技成果的转化所给予的奖励两个方面。前文已论证了给予发明人“转化权”的必要性。发明创造和转化实施是职务科技成果的两个不同阶段，发明人在这两个阶段作出贡献的，应分别有获得奖励的权利。发明阶段给予奖励的原因在于其为职务科技成果的诞生作出了巨大的智力贡献；转化阶段给予奖励的原因在于他为职务科技成果的转化创造了一定条件，让科技转化为了生产力，带来了实实在在的收益。我国目前实行的是“按劳分配为主体、多种分配方式并存”的分配制度，发明人的智力要素应当参与到职务科技成果转化后的收益分配中来，就此而言，相关法律所规定的获得奖励和报酬的权利实质上是一种“收益权”，它体现出的是智力要素对职务科技成果的回报，由此，赋予发明人“收益权”是可行的。发明人既享有在职务科技成果完成中的“收益权”，也享有在转化过程中的“收益权”。

4. 基于利益衡量角度——实质上增进了国家利益

对于公办高校、科研院所，国家每年都会投入大量科研经费，其目的在于促进更多的科技成果的诞生，让科技成为带动国家发展的核心力量，科研人员在从事科研工作的过程中不仅贡献了自己的智力，也投入了大量的精力，因此，对于职务科技成果来说，由单位（国家）享有所有权理所应当，但也不能因此忽视发明人的利益，所以，利益衡量成为是否赋予发明人转化收益权的又一重要原因。

科技成果最终是要转化为社会生产力的，现实中若无成果的转化，国家利益和发明人利益都将难以保障。因此，只有国家出资设立的高校、科研院所职务科技成果的不断转化，才符合国家发展的根本利益，才能实现发明人诉求的利益。通过赋予发明人“转化收益权”的方式，一则该方式并未损害国家已经对公办高校、科研院所投入的利益，反而在科技成果的不断转化过程中实现了经济、社会快速发展的目标；二则该方式保障了发明人为职务科技成果诞生和转化过程中付出的收益，这种权利激励方式比任何其他方式都更能提高科研人员积极投入科研工作的热情，这也符合国家重视发展科技的目的。基于对国家利益的考量，赋予发明人“转化收益权”是可行的，也是有效的。

二、“转化收益权”制度的具体设计

经过对转化收益权进行合理性分析，它作为职务科技成果权的一项权能，不仅符合公办高校、科研院所职务科技成果转化的现实需要，而且实际上有利于国家利益和高校、科研院所利益的实现。为了使该权利更加符合我们国家的客观需要，更好地发挥其应有的作用，十分有必要从内涵、属性等方面对转化收益权进行具体的制度设计。

转化收益权是指发明人所享有的在职务科技成果产生后，职务科技成果权人未实施转让、转化前，将该职务科技成果进行转化并获取一定收益的权利。“转化收益权”的对象主要是职务科技成果，特指执行公办高校、科研院所的工作任务，或者主要利用此种单位的物质技术条件所完成的科技成果。这里的科技成果与《促进科技成果转化法》中的含义相同，即通过科学研究与技术开发所产生的具有实用价值的成果，其涵盖了转化权与收益权两部分内容。

第一，转化权。转化权是指发明人有在职务科技成果产生后，成果权人未实施转让、转化前，将该成果进行转化的权利。转化权是“转化收益权”的核心，是为了提高公办高校、科研院所职务科技成果转化率而采取的赋予发明人在科技成果权人未实施转让、转化前进行科技成果转化的权利，没有职务科技成果的转化就不会有发明人和科技成果权人利益的保障，更不会有科技成果转化率的不断提高。

第二，收益权。收益权是指发明人有在职务科技成果转化后获取一定收益的权利。发明人在职务科技成果的转化中付出了时间成本、体力成本和脑力成本，根据我们国家的基本分配原则，理应有收益作为回报。收益权是“转化收益权”的重要组成部分，是为了使发明人的付出和回报成正比，从而激发其进行科技成果转化的热情和进一步创新的积极性。

（一）权利属性

1. 主体层面——限定为自然人

公办高校、科研院所的职务科技成果大多是一个团队的智慧结晶，也有单独个人智慧的结晶，但总的来说都只能依靠个人的智慧而诞生，所以，发明人可能是个人，也可能是一个团体，但总的来说只能是自然人，法人不能成为“转化收益权”的主体。将转化收益权的主体资格限定为自然人，可以避免在实际操作过程中虚化发明人的这一权利，反而不利于职务科技成果的转化。

2. 客体层面——公办高校、科研院所的职务科技成果

第一，若是非职务科技成果，发明人本人即为科技成果权人，权利内容本身就包含“转化收益权”，发明人可以充分地发挥其主观能动性去促进科技成果转化，转化率低的问题不突出。

第二，对于职务科技成果而言，有公办性质单位和非公办性质单位的职务科技成果。非公办性质单位主要是大型公司、企业，这种单位对自身所产生的职务科技成果都较为重视，会以积极自我转化利用的方式或者寻找专门中介机构的方式进行转化，科技成果转化率较高。对于公办性质的单位而言，往往在转化上缺乏一定的积极性，科技成果转化率低。

第三，公办性质的单位承载着更多的国家利益，对于其职务科技成果更应重视发挥其在引领经济、社会发展中的作用，目前，公办性质的单位职务科技成果转化率低的现象在公办高校、科研院所表现得较为突出，而且，公办高校、科研院所的职务科技成果拥有庞大的基数。基于上述考虑，“转化收益权”的客体限于公办高校、科研院所的职务科技成果。

3. 内容层面

第一，“转化收益权”属于科技成果权。科技成果权包含转让、转化、许可实施、收益等权能，“转化收益权”是从科技成果权中分离出来的一种权利，是为了促进公办高校、科研院所职务科技成果转化而赋予发明人对该成果进行转化并获取相应收益的权利，从本质上讲，它仍属于科技成果权。

第二，“转化收益权”具有相对性。“转化收益权”的设立是为了促进公办高校、科研院所职务科技成果转化而赋予发明人的一项权利，其行使从本质上讲应当受到原权利人即职务科技成果权人对权利行使的限制，当职务科技成果权人已经对该成果实施转让、转化等利用行为时，发明人就不能再行使“转化收益权”，从这一点来讲，“转化收益权”具有相对性。

第三，“转化收益权”含有直接财产收益。“转化收益权”不同于一般的权利，它直接包含“收益”的内容，这跟促进职务科技成果转化这个特殊目的有关。为了促进我国科技成果的转化，国家出台了相应的政策、法律、法规，虽然取得了一定效果，然而，对于公办高校、科研院所而言，仍普遍存在成果转化率低的问题。仅仅赋予发明人转化权这种单一的权利激励并不能很好地调动其积极性，原因在于缺乏收益保障，只有“财产加权利”的激励才能最大限

度地激发发明人的积极性，所以，直接赋予发明人收益权，使“转化收益权”直接含有财产收益。

（二）法律保护形式——直接保护

“转化收益权”作为促进公办高校、科研院所职务科技成果转化的一项重要权利，采取何种保护形式将直接影响“转化收益权”的实现。就目前公办高校、科研院所职务科技成果转化率普遍较低的现状而言，应当采取直接的法律保护形式，即法律应承认“转化收益权”作为职务科技成果发明人的一项独立的权利，当发明人的“转化收益权”受到侵害时，发明人可以侵犯该权利作为独立的诉因诉诸法院请求保护和救济。

第四章
促进科技成果转化立法体系与地方立法需求

经济的可持续增长离不开科技进步，科技进步对经济增长的贡献在很大程度上表现为科技成果转化为现实生产力的程度。世界各国为了提高科技对经济的贡献率，纷纷采取多种措施疏通高新技术成果向生产力转化的渠道，推动高新技术成果向产业化发展，而立法措施是其中至关重要的促进措施之一。

第一节 促进科技成果转化国家立法现状

立法自觉或不自觉地受到一定原则的支配或影响，在研究的早期，学者提出的科技立法主要原则包括效益原则、实事求是原则、吸收古今中外有益经验的原则、协调原则和激励原则[1]，有的学者还专门强调在新的经济形势下应更加注重效益优先原则，促进科技领域秩序的建立，实现科技发展的效益最大化[2]。这些讨论丰富和发展了我国的科技立法理论，为指导和改进我国的科技立法工作提出了理论方向。在不断变化的经济形势下，各地方政府必须有效利用地方立法权，细化和完善国家科技立法；加强科技法规的创新力度，明确经济效益在科技制度中的地位；注意地方科技立法的区域特色，突出与本区域经济发展战略的结合。随着科技立法的不断发展，学者对科技立法在我国法律体系中的作用也逐渐重视起来[3]，并且不断明确科技立法的定位，以把握世界科技发展的趋势，促进知识经济为目标，提升科技前沿领域的重要立法的预见性和系统性。

学者对科技立法体系的研究也有多种观点，在横向上，罗玉中较早提出科技立法体系应包括：综合性立法、研究开发法、科技成果法、技术贸易法、条件保障法、科技奖励法、专门领域科技法、国际科技交流与合作法[4]。事实上，我们目前科技立法体系尚不健全，而且存在一些争议之处，比如对于科学技术

---

[1] 罗玉中．我国科技立法概况及立法原则［J］．中外法学，1991（4）：1-8.

[2] 王冬梅，曹大庆．论科技立法的效益优先原则［J］．法制与社会，2011（2）：26-27.

[3] 范晓峰．科技立法在我国立法工作中的地位和作用［J］．科技与法律，2001（4）：1-6.

[4] 罗玉中．科技立法体系刍议［J］．科技与法律，1997（1-3合刊）：1-12.

混同立法的批判❶、对于科技立法和政策的协调等❷。这些基础性的研究，为科技立法奠定了理论基础。

实践中，为了进一步促进科技进步与科技成果转化，我国陆续出台了一系列法律、法规。2002年，为了实施科教兴国战略和可持续发展战略，加强科学技术普及工作，提高公民的科学文化素质，推动经济发展和社会进步，制定了《中华人民共和国科学技术普及法》（以下简称《科学技术普及法》）；2003年实施的《中华人民共和国中小企业促进法》（以下简称《中小企业促进法》），在鼓励中小企业按照市场需求，开发新产品，采用先进技术、生产工艺和设备，提高产品质量，实现技术进步的同时，鼓励中小企业与研究机构、大专院校开展技术合作、开发与交流，促进科技成果产业化；2007年，为促进科学技术进步，发挥“科学技术是第一生产力”的作用，促进科学技术成果向现实生产力转化，推动科学技术为经济建设和社会发展服务，再次修订了《科学技术进步法》；2009年，为鼓励发明创造，推动发明创造的应用，提高创新能力，第三次修订了《专利法》；2012年修订的《中华人民共和国农业技术推广法》鼓励和支持科技人员开发、推广应用先进的农业技术，也鼓励和支持农业劳动者和农业生产经营组织应用先进的农业技术；2015年修订的《促进科技成果转化法》从下放成果处置收益权、强化对人的激励、完善考核评价体系、加强技术交易服务、促进成果信息公开等多方面入手，规范科技成果转化活动，促进科技成果转化为现实生产力。

一、《中华人民共和国促进科技成果转化法》及其修订

1996年通过的《促进科技成果转化法》共有六章三十七条，但其中的许多条文都已不适应现代社会发展的需要。如今科技、经济、社会环境都已发生了巨大变化，除了需要进一步强调该法在“社会服务”与“人才培养”两大方面的调整作用，以提供科技成果转化过程中所需要的社会支撑与人才支撑之外，涉及“保障措施”和“法律责任”的两大部分内容也有必要根据社会需求加以扩充，以便为科技成果转化活动提供更加全面的法律保障和救济。同时，该法现行规定中的一些科技成果转化模式、奖励方式与奖励标准也需要适时作出改变。“技术权益”部分随着国家对知识产权保护力度的加大，以及普通群众对智力成果保护意识的加强而变得愈发重要，亦应加以完善。

整体而言，新颁布的《促进技术成果转化法》坚持党的领导，贯彻党的路线方针政策，依法立法、科学立法、民主立法。

---

❶ 杨丽娟，陈凡．科学技术能混同立法吗？——对我国当代科技立法的思考［J］．科学学研究，2005（8）：449-454.

❷ 郭文泽．关于我国科技立法与政策制定的思考［J］．中共郑州市委党校学报，2012（2）：57-59.

一是全面贯彻落实党的十八大和十八届三中、四中、五中全会精神，加快实施创新驱动发展战略。当前，我国正处于全面建设小康社会的关键时期，实施创新驱动发展战略、加快转变经济发展方式、破解经济发展深层次矛盾和问题，急需发挥科技的支撑和引领作用。新颁布的《促进科技成果转化法》在坚持原法立法宗旨的基础上，着重体现新时期实施创新驱动发展战略对科技成果转化的新要求，完善和丰富促进科技成果转化的法律措施，为加速科技成果转化、实现科技支撑经济社会发展提供法律保障。

二是准确把握科技进步和成果转化的客观规律，充分发挥企业在促进科技成果转化中的主体作用。科技成果转化是一个涉及领域广泛、环节较多、关系复杂的系列化活动，既要遵循科技发展规律，又要符合当前条件下完善社会主义市场体制的要求。准确把握科技进步和科技成果转化的客观规律，进一步突出企业在科技成果转化中的主体作用。在赋予国家设立的研究开发机构和高等院校成果转化自主权、明确其成果转化的义务、促进产学研合作、科技和金融结合等方面都充分体现了科技成果转化的市场导向。同时，正确处理好政府和市场的关系，在充分发挥市场在科技成果转化中的决定性作用的同时，更好地发挥政府的服务功能。即政府主要通过制定政策、加强公共服务等，为科技成果转化营造良好环境。

三是认真总结科技体制改革和科技成果转化的实践经验，立法为改革的顺利推进提供法制保障。1996 年，《促进科技成果转化法》颁布实施以来，国务院及其有关部门、各地方先后出台了相应的地方性法规、政府规章或者其他规范性文件，进一步贯彻落实法律规定。尤其是 2011 年以来，财政部、科技部等部门在中关村国家自主创新示范区进行中央级事业单位科技成果处置权和收益权改革试点，逐步下放中央级事业单位科技成果处置权和收益权，并在改革过程中逐步扩大改革试点地区和试点单位，取得了明显成效。

四是对现行法进行有益的补充完善，进一步增强法律规范的可操作性和与相关法律的衔接。新颁布的《促进科技成果转化法》，尽管从条文数量上看，修改的内容比较多，但主要是对现行法律规定的补充完善，此次修改采取的是部分修正的模式。切实解决各方面广泛关注、制约科技成果转化的关键性制度问题，增强法律的可操作性、可执行性。

二、促进科技成果转化的国家立法体系

根据新修订的《促进科技成果转化法》，国务院于 2016 年 2 月印发了《实施〈中华人民共和国促进科技成果转化法〉若干规定》，用于促进研究开发机构、高等院校技术转移，激励科技人员创新创业，营造科技成果转移转化良好环境。同年 4 月，国务院办公厅印发了《促进科技成果转移转化行动方案》，

从八个方面，合计二十六项重点任务，在重点领域和关键环节提出针对性措施，推动实施一批具体任务。与之前修订《促进科技成果转化法》、制定《实施促进科技成果转化法若干规定》合成“三部曲”，目的是将已经出台的法律规定“抓实、落地、生根”。

除了上述法律以及围绕新修订的《促进科技成果转化法》而进行的“三部曲”，我国多年来还出台了多项法规、政策用于促进科技成果转化。如《中共中央 国务院关于深化体制机制改革加快实施创新驱动发展战略的若干意见》《中共中央关于深化人才发展体制机制改革的意见》《中共中央办公厅关于印发深化科技体制改革实施方案的通知》，以及财政部、国家税务总局发布的《关于促进企业技术进步有关财务税收问题的通知》、财政部等部门发布的《关于促进科技成果转化有关税收政策的通知》和《关于鼓励软件产业和集成电路产业发展有关税收政策问题的通知》，科技部、国家计委、国家经贸委、财政部、人民银行、税务总局、证监会发布的《关于建立风险投资机制的若干意见》等。在此基础之上，2016 年 2 月，为进一步激发广大技术和管理人员的积极性和创造性，促进国有科技型企业健康可持续发展，经国务院同意，科技部在中关村国家自主创新示范区股权和分红激励试点办法的基础上，制定了《国有科技型企业股权和分红激励暂行办法》；2016 年 8 月，教育部、科技部结合高校实际，印发了《关于加强高等学校科技成果转移转化工作的若干意见》，提出：高校对其持有的科技成果，可以自主决定转让、许可或者作价投资，除涉及国家秘密、国家安全外，不需要审批或备案，在对完成、转化科技成果作出重要贡献的人员给予奖励和报酬后，主要用于科学技术研究与成果转化等相关工作等多项指导意见；中国科学院、科技部为进一步提升中国科学院科技成果转移转化能力，充分发挥科技对经济社会发展的支撑和引领作用，印发了《中国科学院关于新时期加快促进科技成果转移转化指导意见》。

综上所述，我国正在逐步完成促进科技成果转化的基础法律支撑体系，通过法律、法规以及政策协同促进科技成果转化，这个体系中主要涵盖了以下三个方面的主要内容：

第一，保障科技成果转化具有稳定的、多元化的资金投入，用以满足 R&D 的投入及成果转化中的资金需求。2006 年 8 月，国务院办公厅转发，财政部、科技部发布的《关于改进和加强中央财政科技经费管理的若干意见》中就曾指出：“加大财政支持力度，改进国家科技计划（基金等）支持方式……综合运用无偿资助、贷款贴息、风险投资等多种投入方式，加大对企业、高等院校、科研院所开展产学研合作的支持，积极推动产学研有机结合。”新修订的《促进科技成果转化法》通过法律形式进一步在第四条中进行了“国家对科技成果转化合理安排财政资金投入，引导社会资金投入，推动科技成果转化资金投入的多元化”原则性规定，第三十五条、第三十七条、第三十八条、第三十九条则分别从银行业金融机构（特别是政策性金融机构）、保险机构、多层次资本市场（包括股权交易、依法发行股票和债券等直接融资方式）、创业投资机构（特别是国家设立的创业投资引导基金、国家鼓励设立科技成果转化基金或者风险基金）等不同资金支持路径对科技成果转化资金的投入进行了法律形式的引导。

第二，加快促进科技中介服务机构发展，建立成果所有者和成果需求者之间的联系。2002 年 12 月，科技部发布的《关于大力发展科技中介机构的意见》中指出：“面向社会开展技术扩散、成果转化、科技评估、创新资源配置、创新决策与管理咨询等专业化服务的科技中介机构，是国家创新体系的重要组成部分”；2006 年 3 月，科技部发布的《关于加快发展技术市场的意见》中指出：“开拓技术市场是我国科技体制改革的重大举措之一”；2007 年 12 月，国家发改委、科技部、财政部、国家版权局、国家知识产权局发布的《建立和完善知识产权交易市场的指导意见》中指出：“要推进知识产权交易市场的合理布局和功能多元化，完善交易规则和制度，引导专业中介组织参与交易活动，促进知识产权公开公正有序交易。”新《促进科技成果转化法》通过法律形式进一步强调：“国家培育和发展技术市场，鼓励创办科技中介服务机构，为技术交易提供交易场所、信息平台以及信息检索、加工与分析、评估、经纪等服务”，并“支持根据产业和区域发展需要建设公共研究开发平台”“支持科技企业孵化器、大学科技园等科技企业孵化机构发展”。

第三，对成果转化中的“三权”、收益分配、人才培养、奖励与报酬等问题给予明确的规定，并从法律的高度构建推动科技成果转化发展的大环境。《国家创新驱动发展战略纲要》和 2015 年 3 月发布的《中共中央 国务院关于深化体制机制改革加快实施创新驱动发展战略的若干意见》中均提出了建立技术创新市场导向机制，完善成果转化激励政策等相关措施，其中，后者进一步指出要“尽快将财政资金支持形成的，不涉及国防、国家安全、国家利益、重大社会公共利益的科技成果的使用权、处置权和收益权，全部下放给符合条件的项目承担单位”，也提出了对科研人员进行成果转移转化的奖励“可以从现行不低于 20% 提高到不低于 50%”等鼓励性措施。在这些相关政策出台的背景下，新《促进科技成果转化法》通过法律形式打破了研究开发机构、高等院校科技成果转化的主要体制障碍，第十八条规定：“国家设立的研究开发机构、高等院校对其持有的科技成果，可以自主决定转让、许可或者作价投资，但应当通过协议定价、在技术交易市场挂牌交易、拍卖等方式确定价格。通过协议定价的，应当在本单位公示科技成果名称和拟交易价格。”第四十三条进一步规定：“国家设立的研究开发机构、高等院校转化科技成果所获得的收入全部留归本单位，在对完成、转化职务科技成果作出重要贡献的人员给予奖励和报酬后，主要用于科学技术研究开发与成果转化等相关工作。”上述两条规定放权于研究开发机构、高等院校，确保了其真正拥有科技成果的使用权、处置权和收益权。在奖励与报酬方面，新的《促进科技成果转化法》规定了“两个50%”，从法律上对科研人员的利益给予保障，在激励科技人员创新创业方面比许多发达国家的力度更大。

第二节　促进科技成果转化地方立法体系

一、促进科技成果转化地方性立法理论与立法现状

相较于国家层面的科技立法研究，地方科技立法的研究开始较晚，而且经历了从单纯理论研究到理论与实践相结合的发展过程。

从地方科技立法研究来看，也有学者更为全面地指出地方性科技立法应当从起草主体开始规范，明确制定思路，突出焦点问题，规范表达等。当然，针对不同类型的地方性科技法规，也有学者指出，随着立法数量的日益增多，法律、法规和规章之间的重复和互相抄袭现象时有发生，特别是地方立法就更为严重，并指出地方性法规不能体现本区域经济发展的特色需要，未能充分利用地方立法权，缺乏可操作性。这些问题几乎是所有地方科技立法的通病，于是便有了注重社会环境变化、实用性和科学性等建议，也有学者强调了通过强化科技行为和主体立法来加强地方科技立法的可执行性。

也有学者通过结合当前经济发展形势，从具体经济效益的目标出发，提出地方科技立法的改进和创新动力，比如将低碳经济作为世界主流经济发展趋势，在地方科技立法中结合低碳经济及产业结构升级和转移的大背景，从本区域的资源禀赋、经济战略任务出发，加强地方科技立法的创新，从而引导地方科技创新的方向。

有的学者从地方科技管理和促进中小企业创新能力发展的角度，概括性地总结了地方科技立法存在如地方特色不明显、立法宗旨片面化、立法主动性欠缺、立法精细化程度不高、立法程序较为封闭等问题。并认为创新地方科技立法，需要用足地方立法权，强化协同或统一立法；以绿色发展为宗旨，构筑以扶持新技术开发为核心的规范体系；坚持立法机关为主导，健全专家论证与公众参与机制。

有学者专门就科学技术进步地方性立法进行了深入研究[1]，科技进步立法可以说是科技立法群里居于核心地位的立法。在这一方面，各地新颁布的科技进步地方条例在立法理念、立法环节和具体内容等方面的科学性、合理性，都得到了很大提高，如在“宗旨目标明确”“顾及全面，重点突出”“针对性强”“总结政策实施经验”等方面比较突出的《广州市科技创新促进条例》。但是，总体上仍存在许多需要改进之处，具体而言，如目的性与合规律性的结合，确立客观、中立的制定起草主体，规范条文表述，形成可操作的激励制度、保障制度和责任制度，着力解决制约当地科技发展的核心问题等，都是需要重点关注的内容。

有学者从立法体系角度针对北京市地方科技立法提出了问题和建议，认为地方科技立法也应当有统有分[2]，注重科技法规群的体系性和协调性，并且强调法律制度设计的科学性。在地方科技立法的评估制度和指标体系的建立方面，也有学者开始从地方实践出发进行了研究，如以天津市为例，研究认为对地方科技立法实施评价的原则应当是客观、科学、公开透明、实效和体现特色[3]，评估的标准也基本上分为合法性、合理性、可操作性、效益性、技术性和协调性等几个方面，以这些指标可以较为全面地作出评估。但是另一方面，这些指标并不能单独说明什么问题，也就是如何进行综合的问题。从技术上说，只需要对各个因素赋予一定的权重，即可综合得出总的评价结论。但是，各指标的权重如何确定，使得这种权重比较合理同时又能被社会各界广泛接受，仍是一个尚未解决的理论和实践难题。

我国地方性科技成果转化立法整体上开始于20世纪90年代末期与21世纪初期。立法的背景是党的十五大强调，实施科教兴国战略，使经济建设真正转移到依靠科技进步和提高劳动者素质的轨道上来，科教兴国成为我国的基本国策。各地方以国家科技进步法、促进科技成果转化法为依据，结合各地区的实践发展需求，纷纷制定了本地方区域的科技成果转化条例（规定、办法），但是，基本上都是在率先完成了各地方发展亟须的其他地方性科技法规的制定工作之后，地方性科技成果转化条例（规定、办法）并未在各地方性科技法规体系中发挥明显的先锋性作用。以江苏省为例，江苏省于1990年率先制定了《江苏省技术市场管理条例》，随后于1992年制定的《江苏省科学技术进步条例》早于《科学技术进步法》一年，不仅为推进其本省的科技进步工作起到重

---

[1] 马治国，李晓鸣．科学技术进步地方性立法比较研究［J］．科技进步与对策，2013（3）：91-95.

[2] 刘曦子．北京市科技立法体系简论：现状、不足与完善［J］．科技与法律，2013（1）：34-37.

[3] 段素玲，薛智胜．地方科技立法实施评价制度与指标体系的构建——以《天津市科技进步促进条例》为视角［J］．天津法学，2013（4）：19-23.

要的法律促进作用，更是为国家制定《科学技术进步法》积累了经验[1]。1996年和1998年，江苏省又分别制定了《江苏省发展高新技术条例》和《江苏省科学技术普及条例》，而《江苏省促进科技成果转化条例》则于2000年才依据《促进科技成果转化法》制定。再以广东省为例，1986年，广东省制定了全国第一部关于技术市场管理的地方性法规——《广东省技术市场管理规定》，20世纪90年代又陆续制定了《广东省民营科技企业管理条例》《广东省促进科学技术进步条例》《广东省专利保护条例》《广东省技术秘密保护条例》等地方性科技法规。到2000年，则由广州市人大常委会制定了《广州市促进科技成果转化条例》，适用于广州市行政区域内进行的科技成果转化活动。整体而言，全国大部分地方均在21世纪初期完成了地方性科技成果转化法规的制定，并且江苏省、陕西省等不少地方在本次国家转化法修订之前，已经根据地方需求对法规进行了修订。而本次转化法的修订则促进了各地方对于科技成果转化法规的新一轮立法与法规修订，并较之早期的地方立法有了更为积极和深远的意义。

现阶段，国内尚缺少对于地方性科技成果转化法规修订的专门研究。在地方法规修订方面，有学者指出，地方立法数量庞大，是宪法、法律的细化，地方立法由于立法主体多元、程序各不相同，容易出现立法质量难以保障的情况，并直接导致上位法效力难以实现；[2] 因此，任何法规的制定或者修订，都应该本着科学与实事求是的精神，坚持以依法治国为导向，注重维护社会稳定，保障地方管理工作，并且与上位法相冲突的地方，都应该进行相应的修订；[3] 有学者则在研究中，以自治地方法规修订为视角，进一步指出法规修订需要遵循地方自治权最大化、具有操作性、吸收借鉴优秀立法经验这三大原则；[4] 同时，修订后的地方法规应该在条文表述上更加严密规范、巩固被规范对象的发展基础、可以为区域经济和社会发展服务、有利于推动相关被规范对象的社会化与市场化程度。[5] 在地方科技立法方面，有学者指出，加强地方科技立法是有助于加强地方科技管理的最佳手段，优化地方科技立法应该在维护法制统一的前提下坚持体现地方特色、制定科学的立法规划、建立合理且开放的立法程序、提升地方科技立法的规范性、做好地方性科技法规与规章在内容

---

[1] 谢军. 地方科技立法综述 [J]. 科技与法律，2001 (1)：63-69.

[2] 史建三，吴天昊. 地方立法质量：现状、问题与对策——以上海人大地方立法为例 [J]. 法学，2009 (6)：94-107.

[3] 李明冬. 略论《决定》的实施与司法鉴定地方法规的修订 [J]. 中国司法鉴定，2007 (2)：70-71，74.

[4] 李宝奇，赵静波. 自治法的修改对自治地方立法提出的新课题 [J]. 东疆学刊，2001 (3)：16-19.

[5] 刘迎红. 我国地方档案法规修订若干问题探究 [J]. 兰台世界，2008 (24)：10-11.

上的合理分配；[1] 地方性科技立法的重点在于通过调整和规范政府及相关部门的行政行为来引导社会创新行为；[2] 并且，着力解决地方科技立法重复与冲突严重、从部门利益出发、重数量轻质量等影响法规效益的突出问题。[3]

实践中，本次《促进科技成果转化法》修正是按照党的十八届三中全会关于促进科技成果资本化、产业化的总体要求，就增进社会各级对科技成果信息的了解、充分调动科研机构转化科技成果的积极性并且增强科研机构和科研人员从事科技成果转化的动力、强化企业在科技成果转化中的主体地位进而推进产学研合作、创造良好的科技成果转化服务环境四个重点问题而展开的。各地则在贯彻、落实《促进科技成果转化法》、若干规定的前提下，依据《中华人民共和国立法法》（以下简称《立法法》）的规定，结合各地创新发展实践，积极地制定或修订了本地的科技成果转化法规。

二、陕西省科技成果转化区域立法需求与修法必要性

为落实习近平总书记关于当前经济形势的重要讲话精神以及陕西省委关于进一步落实追赶超越要求，推进陕西省创新型省份建设，促进陕西省由“科教大省”向“科教强省”的重大转变，促进陕西省与“一带一路”丝路沿线国家开展国际科技合作和交流，开展陕西省军民科技资源开放共享并加快军民两用技术转化和产业化，陕西省亟须根据国家新修订的《促进科技成果转化法》和国务院《实施〈中华人民共和国促进科技成果转化法〉若干规定》，及时修订《陕西省促进科技成果转化条例》。

国外学者曾经指出区域体系下的法律框架应该是介于国际体系与民族国家之间的具有全球意义的次级国际体系[4]。国内学者则从民族国家的意义上，将区域立法限定在“一个主权国家的范围内，以特定行政管辖层级为基础的地区单元，或者以一定地缘关系为纽带而形成的若干个行政管辖层级所组成的地区单元集合体”的立法[5]，还有学者进一步指出在区域立法方面，应该根据区域发展需要，能动地对国家已经实施的法律、行政法规进行更为具体的规定，或者对国家尚未立法的事项，在其立法权限之内进行区域立法[6]。

---

[1] 张耕．地方科技立法初探［J］．科技与法律，2000（3）：78-80.

[2] 陈桂中．地方科技立法的理念创新与实践［J］．科学咨询（决策管理），2009（12）：1-2，28.

[3] 成应平，佟春燕．关于我国地方科技立法工作的思考［J］．知识经济，2009（16）：17-18.

[4][5] 公培祥．区域法治发展的概念意义：一种哲学方法论上的初步分析［J］．南京师范大学学报（社会科学版），2014（1）：60.

[6] 夏锦文．区域法治发展的法理学思考：一个初步的研究架构［J］．南京师范大学学报（社会科学版），2014（1）：74.

（一）陕西省科技成果转化区域立法需求

在当下创新政策时期，区域创新立法建设，不可能继续套用国家创新法治建设中关于国家创新体系之核心目的的规定，而应该通过系统促进本地化学习过程的激励创新，提高区域经济的竞争优势。[1] 陕西省现有的与科技成果转化相关的法律体系体现着一定的陕西省区域特色，但是在解决陕西省科技成果转化能力不足的问题上，仍显得针对性不强、深入性不足。促进高校、科研院所科研成果转化，推动了科技成果产出率的提高，却没有解决科技成果质量逐步下降的问题；促进科技创新型企业的规模化、量化发展，却没有解决现有企业面对科技成果转化的参与热情、参与能力逐步下降的问题；促进区域创新发展优化创新环境为方向的相关立法，有效解决了城市创新建设中的具体问题，却没有形成科技成果转化的区域立法体系化。故此，针对陕西省区域保障对象单一化、保障领域单一化、立法体系单一化问题，相关区域立法可以从促进科技成果的多元化产出、促进多元化市场主体的参与意识、促进区域立法的体系性建设的角度入手，调整未来科技成果转化的区域立法方向，为科技成果转化提供立法促进与保障，从而推进陕西省区域建设的创新发展。

首先，提升科技成果质量。上海市针对如何能通过区域立法建设，促进并保障科技成果质量的提高，曾提出：可以通过政府多元化引导，促进科技成果与本地产业发展需求挂钩、结合的手段，有针对性地精简促进科技成果转化的法律体系，降低强制性法律比例，进而达到促进科技成果质量，提升其转化效率等方法，并且在实践中取得了较好的效果。[2] 陕西省根据现有科技发展现状，区域立法可以从以下三个层面入手促进科技成果质量的提高：第一，以基于市场导向的科技成果转化新模式为目标，完善、规范现有科技成果转化体系，更加深入地引导科技创新成果与市场发展的有机结合，为科技成果在数量、质量上的双重提升提供发展空间，也可以引导科技创新并将其成果推向市场需要关注的重要领域；第二，建设文化与科技发展并重、文化创意产出与科技成果共同促进的区域立法促进与保障体系。以深化国家级文化和科技融合示范基地建设为方向，调整现有针对文化科技保障的地方性规范，加大对于重大文化创新项目的支持与保障，保护文化科技的品牌效应，从而促进文化科技创新成果的产出与转化。作为中华文化的主要发源地之一，陕西省拥有广泛的文化发展资源，但是过往科技创新发展重视技术性发展，而忽视文化发展可以为科技创新提供的有效资源；第三，尊重科技创新的基本规律，保障科技创新的自由发展空间。除了通过地方立法结合政府与市场导向，提高科技成果的转化率之外，

---

[1] 董笃笃．论中国区域创新立法的理念缺失与制度缺陷［J］．改革与战略，2012（6）：20.

[2] 马忠法．科技成果流转法律制度与上海创新型城市建设之研究［M］．北京：知识产权出版社，2012.

相关立法还应该保障其他非政府、非市场引导、规划科研项目的自由发展空间，在具有一定数量可以顺利转化的优质科研成果的基础上，遵照项目人研究方向以及研究意愿，尊重科技创新的自身发展规律以及自由发展广度，即使现有市场转化需求不足，也保障科技创新的广泛性与丰富性，使之具有在未来可以引导市场发展、科技发展的先导力，成为在未来可能促进区域经济发展的有生力量。

其次，提高企业在科技成果转化中的主体地位。企业是科技成果转化的主要受体，各类事业单位、社会团体和其他组织是科技成果转化的潜在受体。同时，企业也是科技成果产出的主要主体，各类事业单位、社会团体和其他组织是科技成果产出的潜在主体。因此，一方面，应该提升企业、事业单位、社会团体和其他组织的科技创新意识，鼓励其根据自身优势参与科技成果产出；另一方面，应该提升企业、事业单位、社会团体和其他组织的科技成果转化能力，鼓励其根据自身优势参与科技成果转化。鼓励不同规模、不同发展形态、不同结构优势的企业、事业单位、社会团体和其他组织在陕西省创新省份建设中发挥更为积极的作用，促进一批在功能上可以互利互补的联合，并最终形成功能完善的企业、事业单位、社会团体和其他组织体系。对此，第一，应进一步加强针对企业、事业单位、社会团体和其他组织知识产权的日常管理与保护的细则规定；第二，明确规划，强调科研成果转化本地优先的原则，使科技成果转化，在横向上，满足本地经济创新发展、科技进步的要求，在纵向上，应具有起点较高的科研水准；第三，推进科技成果在一些政府支持的重点发展行业中先行转化，同时根据本地需求，鼓励容易市场化的科技创新成果形成；第四，进一步细化企业、事业单位、社会团体和其他组织科技成果的市场转化评价机制；第五，为产业联盟的形成，提供科技成果共享、风险共担的开放式法律实施细则和规定；第六，积极发挥风险投资行业在科技成果转化中的作用，鼓励各行业协会在企业间加强横向联系，联合消化、吸收科技成果；第七，加强地区科技政策与产业政策，以及区域立法中的层级衔接，分批分类，有重点、有目标地促进科技成果转化的立法体系的区域化实施。

最后，促进区域立法协调。2000 年，欧盟在里斯本召开会议，会议提出将“研究与技术开发”（RTD）政策作为欧盟经济体未来的经济发展战略，在 RTD 政策指导下制定欧共体框架协议，依据科技发展的不同阶段设定阶段任务。以第四框架协议为例，提出以技术领域为主的管理方向以及对于研究成果的应用与推广的重视，更重要的是将科学发展与技术创新引入了社会科学的研究范畴，为自然科学与社会科学的协同发展提供了方向性指引。第一，注重科技成果转化立法体系与创新型区域立法体系的协同发展。科技成果转化立法体系的建设应该与陕西省创新型省份的区域法治建设实现协同发展，一方面与陕西省创新型区域立法体系建设宗旨一致，另一方面将科技成果转化立法体系分层次与外部立法体系接轨。建立以促进科技成果转化为主的核心立法体系，同时协调外部与创新性成果转化相关的财政、税收、知识产权、市场经营、企业管理等地方立法之间的关系，并与陕西省区域法治建设融为一体。也就是说，形成一个“促进科技成果转化立法体系→财政、税收、知识产权、市场经营、企业管理等领域立法体系→陕西省创新型城市区域立法体系”循序渐进的立法促进与保障链条。第二，加快在陕西省跨区域的立法协调与体系完善。一方面，深入理解自身的区域立法需求。地方立法是否有效地贯彻了国家法律的基本精神，是否很好地结合本地发展特征与特殊需求。在实现跨区域联合发展的情况下，认清陕西省自身发展的特征与特殊需求是跨区域的立法协调与体系完善的基础。另一方面，深入理解国家法治需求。明确国家给予地方立法权限的目的，综合国家市场经济需求，形成一个整体协调统一的法规体系。

（二）《陕西省促进科技成果转化条例》修订的必要性

为了落实习总书记来陕视察的重要讲话精神，促进新常态下陕西省科技优势与经济社会发展战略有机契合，不断追赶超越取得新成果，现结合陕西省实际，修订《陕西省促进科技成果转化条例》的条件已经具备，且具有必要性和紧迫性。

首先，现行《陕西省促进科技成果转化条例》依据的主要上位法和相关政策发生了变化。《陕西省促进科技成果转化条例》制定于2005年，于2010年5月27日进行了一次修订。依据的上位法是我国《促进科技成果转化法》和有关法律、行政法规。2015年8月29日，第十二届全国人民代表大会常务委员会第十六次会议对《促进科技成果转化法》进行了修订，在下放成果处置收益权、强化对人的激励、完善考核评价体系、加强技术交易服务、促进成果信息公开等方面实现了重大突破。2016年2月26日，国务院发布了《实施〈中华人民共和国促进科技成果转化法〉若干规定》，提出了更为明确的操作措施，强调要打通科技与经济结合的通道，促进大众创业、万众创新，鼓励研究开发机构、高等院校、企业等创新主体及科技人员转移转化科技成果，推进经济提质增效升级。由于与新修订的法律、法规存在时间差，《陕西省促进科技成果转化条例》已经难以切实、有效地发挥其促进科技成果转化的积极作用，需要结合国家法律、法规的修订以及本省发展的实际需求进行及时修订。

其次，实施创新型省份建设对科技成果转化制度有新的需求。国家科技部2013年正式批复支持陕西省开展创新型省份建设试点工作，支持陕西省深化科技体制改革，加大政策创新力度，加强创新型城市和公共服务平台建设，推动科技支撑经济社会发展。及时修订《陕西省促进科技成果转化条例》，发挥科技创新在全面创新中的引领作用，加强基础研究，强化原始创新、集成创新和引进消化吸收再创新，着力增强自主创新能力，为经济社会发展提供持久动力，构建具有陕西特色和优势的创新驱动发展体系。

最后，陕西省在实施“一带一路”倡议、军民融合科技创新和转化模式试点、人才强省战略中均对于促进科技成果转化有新的立法需求，包括抓住国家级“一带一路”中心落户西安的机遇，抓住陕西省省内创新综合体建设的时机，及时修订《陕西省促进科技成果转化条例》，加强与丝路沿线的国家开展国际科技合作和交流活动，为建设国际协同创新研究提供信息共享平台、解决信息技术与共享及安全等问题，为陕西省主动将发展融入建设“一带一路”大格局中，打造内陆改革开放新高地，推动对外开放大发展营造更加开放的法治氛围；陕西是全国唯一的“国家知识产权运营军民融合平台试点”，为探索寓军于民、隐军于市的创新机制，加快我省军民融合产业集约化和规模化发展的步伐，及时修订《陕西省促进科技成果转化条例》，开展军民科技资源开放共享，组建一批军民融合产业联盟，建设军民兼容技术支撑平台，加快军民两用技术转化和产业化，依托航空、航天、兵器、船舶等基地，引导军工优势资源向军民结合产业聚集，参与改造地方传统产业，壮大提升我省优势主导产业，积极引导民口单位参与军品科研生产和军工基础建设，支持企业加大军民两用技术研发投入；加快推进人才发展体制和政策创新，构建有国际竞争力的人才制度优势，以“高精尖缺”为导向提高人才质量，优化人才结构，建立健全人才流动机制，营造良好的人才发展环境，加快建设人才强省。

2015 年，习近平总书记来陕视察时指出，陕西是科教大省，是我国重要的国防科技工业基地，科教资源富集，创新综合实力雄厚。要把这些资源充分挖掘好、利用好、滋养好，推动科技和经济紧密结合、创新成果和产业发展紧密对接，努力在创新驱动发展方面走在前列。综合陕西省政治、经济、文化等多方面发展需求，为促进陕西省“打通科技与经济结合的通道，推进经济提质增效升级”，建议从下放成果处置收益权、强化对人的激励、完善考核评价体系、加强技术交易服务、促进成果信息公开等多方面入手，尽快修订《陕西省促进科技成果转化条例》。

第五章

陕西省地方性科技立法评估

第一节　陕西省现行科技性法规评估

近年来，全国各地各机关放慢了法规制定的步伐，转而加强对既有法规实施效果的考察，借以加强法规清理，改进立法工作，提升立法质量，取得了一定的常态化、规范化和制度化的成就。但在这个过程中，研究者遇到了诸多值得讨论的问题，诸如，如何理解立法后评估的性质、目的和功能，从“数量型立法”时代进入“质量型立法”时代，后评估似乎并非单单是改进立法工作、提高立法质量的一项措施，是否也是立法监督和参与立法的另一种方式；立法后评估的主体是什么，由谁来立项、布置工作和“验收”最后的报告；如何判断立法后评估启动的最佳条件，杜绝实践中存在的立法后评估临时性、运动性的特点，以利于充分利用立法资源，提高评估效果，实现立法后评估常态化；立法后评估的评价标准是什么，如何确定指标及如何处理各指标间的关系；如何用先进方法增强立法后评估的专业性和科学性，即如何获得充分、可靠、便于衡量的事实材料，如何整理和分析这些材料，等等❶。在地方科技立法评估研究中，这些问题同样是不可避免的，仍需要进行深刻的研究和实践应用，不断总结经验，形成较为固定的研究成果，以发挥更大的作用。事实上，行政立法后评估的研究总体比较深入❷，也基本上在该立法领域回答了上述问题，有许多可资借鉴的地方，在科技立法中吸收和运用。

专门对地方性科技立法评估进行研究只是在近一两年，但是研究相对较少。个别地区开始逐步重视立法的后评估工作，在开展系统或局部科技立法评估实践活动的同时，有学者也对其进行了思考，开始关注到具体省份的地方科技立法的评估工作，并从不同的角度进行了研究。在地方科技立法评估的制度

---

❶ 刘作翔，冉井富．立法后评估的理论与实践［M］．北京：社会科学文艺出版社，2013：7-13.

❷ 袁曙宏．立法后评估工作指南［M］．北京：中国法制出版社，2013.

和指标体系的建立方面，也有学者开始从地方实践出发进行了研究，如以天津市为例，研究认为对地方科技立法实施评价的原则应当是客观、科学、公开透明、实效和体现特色❶，评估的标准也基本上分为合法性、合理性、可操作性、效益性、技术性和协调性等几个方面，以这些指标可以较为全面地作出评估。但是，这些指标并不能单独说明什么问题，也就是如何进行综合的问题。从技术上说，只需要对各个因素赋予一定的权重，即可综合得出总的评价结论。但是，各指标的权重如何确定，使得这种权重比较合理同时又能被社会各界广泛接受，仍是一个尚未解决的理论和实践难题。

陕西省自20世纪90年代至今陆续颁布了包括《陕西省促进科技成果转化条例》在内的一系列法规，用于推动陕西省科技进步，并随着国家政治、经济、文化、科技等需求的不断发展变迁，对法规进行了持续的完善。现有的研究并不足以解决陕西省地方性科技立法问题：首先，“一带一路”倡议和关天经济区的发展为陕西省科技发展提供了契机，对陕西的经济科技发展有了新的定位，也对相关立法提出了更高的要求，陕西省地方性科技立法面临着更为复杂的问题，需要与政策相协调；其次，陕西省科技资源较为特殊，军工、中央在陕企业占据着绝对的优势，如何实现科技资源统筹发展，促进区域协同创新，没有可以直接借鉴的经验；最后，地方能够给国家高新技术产业基地、科技园、科技示范基地等园区、单位的税收、土地等优惠政策是有限的，须在法律法规规范下开展，自主权限较小。另外，包括科技奖励在内的保障措施也并不能满足社会发展的需要，但现有的研究少有提及。

本次以《陕西省促进科技成果转化条例》为核心进行的陕西省地方性科技立法评估，对象涉及与科技项目申报实施、科技奖励、税收减免、科技人才、知识产权、科技金融、科技合作与开放、企业管理等相关的法规，共计20部；评估研究路径是从法规文本评估入手，拓展到法规的社会认知程度，并为了有效地进行法规在评估要素上的横向比较而进行的量化评价；评估研究目的是发现法规文本中存在的问题、了解法规实施后的社会认知状况、横向比较法规体系中的共通性优势和劣势，为《陕西省促进科技成果转化条例》修订提出系统性的有效建议。

一、法规评估概论

本次评估的内容为包括《陕西省促进科技成果转化条例》在内陕西省所有现行有效的地方性科技法规，共计20部，907条法规。

---

❶ 段素玲，薛智胜．地方科技立法实施评价制度与指标体系的构建——以《天津市科技进步促进条例》为视角［J］．天津法学，2013（4）：19-23.

首先，立法涉及了科技项目申报与实施、科技奖励、税收减免、科技人才、知识产权、科技金融、科技合作与开放、企业管理等多方面的内容，包括了《陕西省高新技术产业发展条例》《陕西省经济技术开发区条例》《陕西省现代农业园区条例》等极具针对性和地方特色的立法，整体立法质量较高。课题组经过讨论、评估，共建议修订 2 部、修正 13 部、留存 5 部法规（见图 5-1），《陕西省促进科技成果转化条例》为建议修订法规中的其中一部。

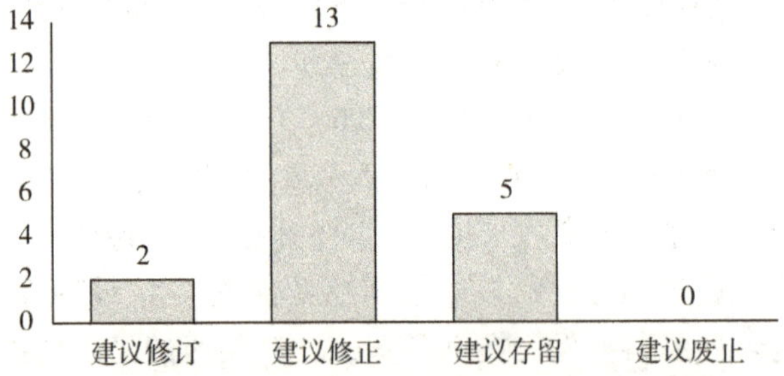

图 5-1　陕西省地方性科技法规评估结果统计（单位：部）

其次，经统计，课题组针对陕西省地方性科技法规共提出修改意见 135 条。修改原因主要表现为（见图 5-2）：（1）地方性科技法规与上位法规定不一致。陕西省地方性科技法规与上位法不一致主要体现在与上位法的规定存在冲突、不协调或落后于国家政策、社会现实的变革两方面。（2）部门名称变化。2008 年《国务院机构改制方案》和 2013 年《国务院机构改革和职能转变方案》出台后，省级及以下地方人民政府配合改制，目前正在或已经完成改制。但地方性科技法规具有滞后性，尚未依照新部门职能设置进行修正。（3）罚则与上位法不一致。《中华人民共和国行政处罚法》（以下简称《行政处罚法》）第十一条第二款明确规定："法律、行政法规对违法行为已作出行政处罚规定，地方性科技法规需要作出具体规定的，必须在法律、行政法规规定的给予行政处罚的行为、种类和幅度的范围内规定。"本条所规定的"行政处罚的行为、种类和幅度的范围内"要求地方性科技法规与法律、行政法规已经规定的给予行政处罚的行为、种类和幅度的范围保持一致，否则必然会出现在一省行政区域内，同一违法行为面临不同法律后果的不合理现象。然而，陕西省部分地方性科技法规对法律、行政法规已经给予行政处罚的行为所设定的处罚，存在改变法律、行政法规规定的行政处罚种类和幅度的问题，或表现为改变法律、行政法规规定的行政处罚种类，或表现为改变法律、行政法规规定的行政处罚幅度的上、下限，甚至在其幅度之外设定处罚。陕西省地方性科技法规对法律、行政法规规定的处罚种类、幅度的改变，会带来法律适用的冲突，需要进行修正。（4）其他原因。除了以上所提出的原因外，还存在法律用语不规范、与部门规章不协调、同一部地方性科技法规自身内容之间不统一、欠缺可操作性等原因，需要对其进行修正。

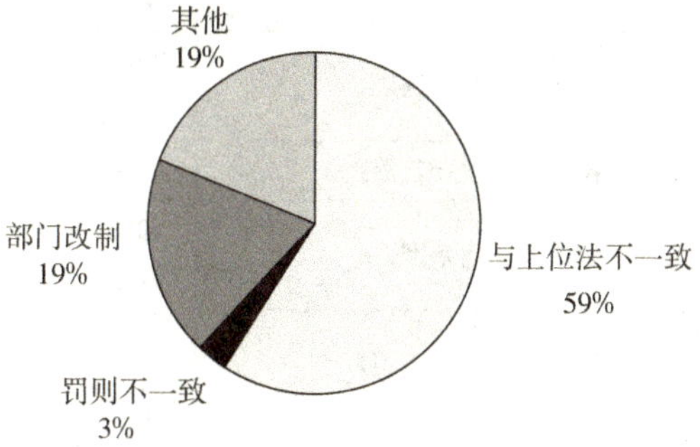

图 5-2　陕西省地方性科技法规评估结果明细图

最后，陕西省地方性科技法规的立法是走在全国前列的，如《陕西省高新技术产业发展条例》《陕西省经济技术开发区条例》《陕西省现代农业园区条例》便是国内较早的针对该问题的专门立法。进一步提升陕西省地方性科技法规立法质量的重点是在合法的基础上充分结合国家政策和本省实际。首先，应当严格遵守《立法法》和《行政处罚法》等法律法规对地方性科技法规制定程序、实体内容的要求；其次，根据国家政策和陕西省实际及时对法规进行修正，以充分发挥立法对社会经济发展的推动作用；最后，注意立法技术规范，提升陕西省立法形象。在制定、修正陕西省地方性科技法规时，应注意斟酌词汇，并注意法规本身逻辑的完整和协调，避免因为单纯的文本错误等立法技术问题，产生影响公民权益或不合法律逻辑的条文，见表 5-1。

表 5-1　陕西省地方性科技法规评估结果统计表

法规序号	法规名称	颁布年份	总条数	修正条数	评估意见
1	《陕西省实施〈中华人民共和国统计法〉办法》	1997	24	11	建议修正
2	《陕西省股份合作企业条例》	2000	45	7	建议修正
3	《陕西省人才市场条例》	2004（修订）	43	10	建议修正
4	《陕西省劳动力市场条例》	2004（修订）	50	23	建议修正
5	《陕西省实施〈中华人民共和国招标投标法〉办法》	2004	78	12	建议修正
6	《陕西省实施〈中华人民共和国中小企业促进法〉办法》	2007	51	3	建议修正
7	《陕西省专业技术人员继续教育条例》	2010（修订）	22	1	建议修正

续表

法规序号	法规名称	颁布年份	总条数	修正条数	评估意见
8	《陕西省科学技术普及条例》	2010（修订）	43	10	建议修正
9	《陕西省高新技术产业发展条例》	2010	50	0	建议留存
10	《陕西省民营科技企业条例》	2010（修订）	35	0	建议留存
11	《陕西省促进科技成果转化条例》	2010（修订）	27	21	建议修订
12	《陕西省实施〈中华人民共和国农业技术推广法〉办法》	2010（修订）	40	28	建议修订
13	《陕西省循环经济促进条例》	2011	68	1	建议修正
14	《陕西省科学技术进步条例》	2012	55	1	建议修正
15	《陕西省计量监督管理条例》	2012（修订）	54	5	建议修正
16	《陕西省专利条例》	2012（修订）	60	0	建议留存
17	《陕西省标准化条例》	2014	45	1	建议修正
18	《陕西省测绘成果管理条例》	2014	46	0	建议留存
19	《陕西省经济技术开发区条例》	2015（修订）	23	1	建议修正
20	《陕西省现代农业园区条例》	2015	48	0	建议留存

二、评估说明

（一）文本评估及分析

如前所述，本次文本评估的内容为陕西省现行有效的地方性科技法规，进一步说明评估后提出修订、修正、留存建议的原因，主要包含以下四个方面内容：

（1）地方性科技法规与上位法规定不一致。陕西省地方性科技法规与上位法不一致主要体现在与上位法的规定存在冲突或者不协调和落后于国家政策、社会现实的变革两方面。

第一，地方性科技法规没有及时依据上位法修正或严格遵守上位法的相关规定。例如，《陕西省促进科技成果转化条例》2005 年颁布，最新一次修订在 2010 年。而其主要上位法《促进科技成果转化法》颁布于 1996 年，最新一次修订在2015年。《陕西省促进科技成果转化条例》第二十二条第一款第一项规定，“以技术转让方式将职务科技成果转让他人实施的，从转让后的净收入中提取不低于百分之二十用于一次性奖励”，《促进科技成果转化法》第四十五条第一款第一项规定，“将该项职务科技成果转让、许可给他人实施的，从该项科技成果转让净收入或者许可净收入中提取不低于百分之五十的比例”，两者存在明显冲突，《陕西省促进科技成果转化条例》没有及时依据上位法修正而与上位法存在冲突。

第二，主要上位法没有及时修正，而法规内容超过法定权限。例如，《陕西省标准化条例》颁布于2014年5月29日，其主要上位法《中华人民共和国标准化法》（以下简称《标准化法》）1988年12月29日经中华人民共和国第七届全国人民代表大会常务委员会第五次会议通过，自1989年4月1日起施行，迄今未做修正。《陕西省标准化条例》第十一条规定：“对没有国家标准和行业标准又需要在全省范围内统一的下列要求，可以制定地方标准：（一）农业产品（含种子、种苗、种畜、种禽）的品种、规格、质量、等级、安全、检验、包装、储运以及农业生产技术、管理技术等要求；（二）工业设计、生产、检验、包装、储运和使用过程中的技术、安全、卫生要求；工业产品的安全、卫生要求；本省需要发展或者控制的产品以及优势特色产品的质量要求；（三）服务业的技术、质量、等级、安全、卫生、评估等要求；（四）建设工程的规划、勘察、设计、施工、监理、验收中的质量、安全、卫生要求及其新技术、新工艺、新材料的设计和应用等要求；（五）能源、资源的开发利用和节能减排的技术要求，生态建设和环境保护的安全、卫生、评估和技术要求；（六）法律、法规规定可以制定地方标准的。制定地方标准的具体项目，由省标准化行政主管部门确定。”与《标准化法》第六条规定的“对没有国家标准和行业标准而又需要在省、自治区、直辖市范围内统一的工业产品的安全、卫生要求，可以制定地方标准”不一致，超越了“工业产品”“安全、卫生要求”的限制。与《中华人民共和国标准化法实施条例》第十五条规定的“对没有国家标准和行业标准而又需要在省、自治区、直辖市范围内统一的工业产品的安全、卫生要求，可以制定地方标准”也不一致。

第三，地方性科技法规不符合国家政策和社会发展实际。例如，《陕西省循环经济促进条例》第二十八条规定“省、设区的市环境保护行政主管部门对使用有毒、有害原料生产或者排放有毒、有害物质的企业，污染物排放超过国家和本省规定的排放标准或者核定的污染物排放总量控制指标的企业，实行强制性清洁生产审核”。其主要上位法《中华人民共和国清洁生产促进法》第五条第二款规定“县级以上地方人民政府确定的清洁生产综合协调部门负责组织、协调本行政区域内的清洁生产促进工作”，第二十七条第五款明确规定

“县级以上地方人民政府有关部门应当对企业实施强制性清洁生产审核的情况进行监督”。《陕西省循环经济促进条例》将有权实行强制性清洁生产审核的行政主管部门规定为省、设区市一级的环境保护行政主管部门，与上位法规定不一致。通过向西安市人民政府门户网站政民互动栏目咨询得知，目前陕西省县级环境保护行政主管部门有权进行强制性清洁生产审核。因此，建议对此条进行修改，将“省、设区的市环境保护行政主管部门”修改为“县级以上环境保护行政主管部门”，既符合上位法规定，又符合社会发展实际。

（2）部门名称变化。2008 年《国务院机构改制方案》和 2013 年《国务院机构改革和职能转变方案》出台后，省级及以下地方人民政府配合改制，目前正在或已经完成改制。但地方性科技法规具有滞后性，尚未依照新部门职能设置进行修正。例如，《陕西省实施〈中华人民共和国中小企业促进法〉办法》第四条第二款、第四十条规定了原“人事、劳动和社会保障”部门的职责，而《国务院机构改革方案》，组建人力资源和社会保障部，不再保留人事部、劳动和社会保障部。目前，陕西省已经完成了部门改制，将“劳动和社会保障”部门改为“人力资源和社会保障”部门，近年来新发布的地方性法规均用“人力资源和社会保障”的部门称谓，故应将本法规第四条第二款、第四十条中的“人事、劳动和社会保障”部门修正为“人力资源和社会保障”部门。

（3）罚则与上位法不一致。《行政处罚法》第十一条第二款明确规定：“法律、行政法规对违法行为已作出行政处罚规定，地方性科技法规需要作出具体规定的，必须在法律、行政法规规定的给予行政处罚的行为、种类和幅度的范围内规定。”要求地方性科技法规对法律、行政法规已经规定的给予行政处罚的行为、种类和幅度的范围保持一致，否则必然会出现在一省行政区域内，同一违法行为面临不同法律后果的不合理现象。然而，陕西省部分地方性科技法规对法律、行政法规已经给予行政处罚的行为所设定的处罚，存在改变法律、行政法规规定的行政处罚种类和幅度的问题，或表现为改变法律、行政法规规定的行政处罚种类，或改变法律、行政法规规定的行政处罚幅度的上、下限，甚至在其幅度之外设定处罚。陕西省地方性科技法规对法律、行政法规规定的处罚种类、幅度的改变，会带来法律适用的冲突，需要进行修正。例如，《陕西省科学技术普及条例》第四十条规定了“擅自拆除国家投资兴建的科普场馆、设施或者改变其用途的，由科学技术行政主管部门责令恢复原状或者限期改正，有违法所得的，没收违法所得，并由所在单位或者上级机关对直接负责的主管人员和其他直接责任人员依法给予行政处分”。而针对擅自改变国家投资兴建的科普场馆、设施用途的处罚，其主要上位法《科学技术普及法》第三十二条规定“擅自将政府财政投资建设的科普场馆改为他用的，由有关主管部门责令限期改正；情节严重的，对负有责任的主管人员和其他直接责任人员依法给予行政处分”。《陕西省科学技术普及条例》第四十条增设了“有违法所得的，没收违法所得”处罚种类，与上位法不符。

（4）其他原因。除了以上所提出的原因外，还存在法律用语不规范、与部门规章不协调、同一部地方性科技法规自身内容之间不统一、欠缺可操作性等原因，需要对其进行修正。例如，《陕西省经济技术开发区条例》第二十三条第二款为“科技发展专项资本的筹集和使用办法，由省人民政府制定”，其中“科技发展专项资本”中“资本”疑似为非规范用语，应将其改为“科技发展专项资金”，更加符合法律用语要求。《陕西省实施〈中华人民共和国中小企业促进法〉办法》的对于“中小企业”的概念并未加以界定。可以根据《中小企业促进法》已有的规定：“本法所称中小企业，是指在中华人民共和国境内依法设立的有利于满足社会需要，增加就业，符合国家产业政策，生产经营规模属于中小型的各种所有制和各种形式的企业。中小企业的划分标准由国务院负责企业工作的部门根据企业职工人数、销售额、资产总额等指标，结合行业特点制定，报国务院批准”加以明确。

综上所述，对于陕西省地方性科技法规的文本完善主要应该从促进地方性科技法规的不断更新与质量提高入手，注意协调法规与其上位法的协调性、及时跟进国家法律修正而修正省内法规，从法规更新的角度积极配合国家机构改革和职能转变，遵守国家法律关于罚则的规定，实现规范用语与提高法规的可操作性。

（二）社会认知评估及分析

在进行文本评估的同时，课题组针对不特定人群开展了陕西省地方性科技法规的社会认知度的调查，希望更深入地接近社会基层中直接受政策法规影响的目标群体，了解陕西省地方性科技法规所产生的实际效果，以实现决策的民主化、科学化，也能保证评估的客观真实性。所谓公众评价，虽然多是价值判断，并且价值判断还具有很强的主观性，受到不同的人、不同的知识结构和情感结构、不同的利益背景和环境的影响。但是，评价立法，本身就不能仅仅着眼于立法者的客观视角，而应该更开阔地关注那些受到立法影响的社会生活本身、那些在各自的利益之中的人们的主观视角。本次社会认知评估，课题组采取匿名电子方式，面向省内科技、法律等相关行业的行政事业单位工作人员、企业职工、高校在校学生以及科研院所、高等院校教学、研究人员等展开问卷调查。共发放问卷139份，回收有效问卷139份。正是通过本次调研，课题组发现陕西省地方性法规对于普通百姓的影响可谓微乎其微，百姓对其知之甚少，陕西省地方性科技法规贯彻落实仍然具有进一步推进的广阔空间。具体而言：

与科技法律相关的知识性题目，平均正确率仅有16.5%，包括《陕西省科学技术进步条例》《陕西省促进科技成果转化条例》在内的九部法规的平均使用率仅为3.04%，甚至连对于法规的宏观性评价，也有半数左右的被调研对象回答“不清楚”。被调研对象无论处于哪个划分组别，对于陕西省地方性科技法规乃至国家科技法律的认知程度均不高的情况说明科技法律、法规较之其他法律、法规的宏观性程度较高，直接适用程度较低。

在认知程度均不高的前提之下，“有法律方面学习、工作经历的在职人员”对陕西省地方性科技法规具有更高的认知与接触度，之后依次为“有法律方面学习经历的高校在校学生”“无法律方面学习经历的高校在校学生”和“无法律方面学习、工作经历的在职人员”。尤其是“无法律方面学习、工作经历的在职人员”表示未获得过法规向社会公开征求意见的信息的人所占比例达到了100%。说明科技法律、法规较之其他法律、法规的专业适用性程度较高，普遍适用程度较低。

2015年12月14日，陕西省科技厅发布2014年度陕西省科普统计数据指出，2014年，全省科普人员9.43万人，比2010年增加29.5%。科普经费筹集额2.79亿元，科普专项经费1.13亿元，分别比2010年增加86.76%和119.22%。而问卷调研对象对科技法律、法规的知之甚少在一定程度上说明科普乃至法普在科技法律、法规普及方面影响甚微，普通民众并不能从最常规的科技普及、法律普及活动中获得与科技法律、法规相关的信息，推进科技法律、法规的贯彻落实应该选择更为恰当的路径。提升科技法律、法规的社会认知程度可以摒弃过去科学普及与法律普及的传统思路，以相关专业人群为主要对象，进行有针对性的科技法律、法规的社会推广，有重点地提高科技法律、法规的社会认知度，再进一步在全社会进行推广普及，用以提高科技法律、法规的适用效果。

（三）量化评估及分析

地方性法规的文本质量是可以通过一些基本要素来表征的，为了便于横向比较，量化说明法规质量，科学确定评估地方性法规质量的基本要素体系，并对这些基本要素进行可量化的评估，课题组邀请了10位专家，分别以问卷结合面谈的形式，开展了陕西省地方性科技法规指标体系权重评分工作。专家组由来自政府机构、教育研究机构、企业实务机构的权威高级管理人员及教授组成。经过专家组筛选，初期确认了五个一级评价指标，又从每项一级指标中分解出合计26个二级指标，并对10位专家给出的不同权重进行加权平均，小数点保留到个位，分别针对两级指标赋值。后期又进一步从26个二级指标中筛选出可评分的22个二级指标，淘汰了4个加权平均并保留小数点到个位后，“值”为零的二级指标。以最终确定的《陕西省地方性科技法规指标体系权重评分表》为依据，课题组邀请了在社会认知调研中对陕西省地方性科技法规认知度最高的、有法律方面学习和工作经历的在职人员，共同对每部法规结合前述文本评估意见进行独立的定量分析、判断和计分。为了尽量做到评估的客观性、公正性、科学性、全面性，课题组在量化评估方法上做了技术设计。首先，做到对每一件法规先后由三位以及三位以上评分人员评分，选取三人或多个单数人群中的多数意见，作为最终评分意见；其次，三位评分人员分别来自一直参与课题研究的课题组成员，以及在社会认知调研中对陕西省地方性科技法规认知度最高的、有法律方面学习及工作经历的在职人员，随机搭配组成；最后，20 部法规按照同一个评估计分参考标准，即用来表示两个对立的逻辑状态的逻辑常量 0 和 1，进行了是非选项评估。

合计 20 部陕西省地方性科技法规平均分为 86.75，满分有五部，90~99 分数区段有六部，80~89 分数区段有四部，70~79 分数区段有两部，60~69 分数区段有三部。总体而言，中间段分数居多，且整体分数较高，绝大多数法规文本在 80 分以上。当然，也有相当一部分法规文本存在不同程度的问题，立法质量仍有进一步提高的空间。

用以评价陕西省 20 部地方性科技法规的五个一级指标中，“地方特色”得分率最高，为 96%，“权力配置”为第二，“立法必要性”居第三，“技术规范”为第四，“法制统一”居末位，得分率仅为 74%。这在一定程度上说明，陕西省地方性科技法规所反映的地方特色比较鲜明，注重权利与权力的配置关系，能遵循法律规范，但在立法技术方面仍有待加强，在法制统一的问题上也亟待调整。

在二十二个二级指标中，得分率最低的为“是否与法律存在冲突”，得分率仅为 40%，在该项目中失分的法规主要包括：《陕西省实施〈中华人民共和国统计法〉办法》《陕西省股份合作企业条例》《陕西省人才市场条例》《陕西省劳动力市场条例》《陕西省实施〈中华人民共和国招标投标法〉办法》《陕西省实施〈中华人民共和国中小企业促进法〉办法》《陕西省科学技术普及条例》《陕西省促进科技成果转化条例》《陕西省实施〈中华人民共和国农业技术推广法〉办法》《陕西省循环经济促进条例》《陕西省科学技术进步条例》《陕西省标准化条例》。这里的“是否与法律存在冲突”主要集中在与法规的上位法有冲突，这一冲突在课题研究初期进行法规文本分析中就十分明显，有 59% 的条文修改建议指向与上位法不一致。与上位法不一致主要体现在与上位法的规定存在冲突、不协调或者落后于国家政策、社会现实的变革两方面。另外，与之类似的“是否与部门规章不协调”的项目得分率也仅为 55%，与部门规章不协调主要体现在：部分部门规章跟随国家法律调整较快，部分部门规章以部门领域以及全国概况为制定、修改视角，而陕西省地方性科技法规在体现地方特色的同时，对上述视角协调不足。当然，地方性法规的制定，一方面，要从本省实际出发予以补充细化，避免照抄照搬；另一方面，涉及地方行政管理事项的法规，也确实要切实克服地方利益倾向。除上述两方面问题之外，法规在“用语是否简明、准确、规范”项目中的得分率也仅为60%。说明陕西省地方性科技法规在遣词造句方面有待提升。文字表述应该力争简明、易懂、准确、规范，法规术语、概念、范畴应该力争严谨、统一、无歧义，即使是标点符号的用法和数字的表述也应该做到准确、规范。

第二节 《陕西省促进科技成果转化条例》及其相关法规的文本评估

一、《陕西省促进科技成果转化条例》的文本评估

本法规基本情况：《陕西省促进科技成果转化条例》2005年9月29日陕西省第十届人民代表大会常务委员会第二十一次会议通过，2005年12月1日起施行；根据2010年5月27日陕西省第十一届人民代表大会常务委员会第十四次会议通过，自公布之日起施行的《陕西省人民代表大会常务委员会关于修改部分地方性法规的决定》修正。

上位法基本情况：本法规的直接上位法是《促进科技成果转化法》。《中华人民共和国促进科技成果转化法》1996年5月15日经第八届全国人民代表大会常务委员会第十九次会议通过，自1996年10月1日起施行。根据2015年8月29日第十二届全国人民代表大会常务委员会第十六次会议《关于修改〈中华人民共和国促进科技成果转化法〉的决定》修正。

（一）合法性

《陕西省促进科技成果转化条例》由陕西省第十届人民代表大会常务委员会第二十一次会议审议通过。根据《立法法》第七十二条第一款“省、自治区、直辖市的人民代表大会及其常务委员会根据本行政区域的具体情况和实际需要，在不同宪法、法律、行政法规相抵触的前提下，可以制定地方性法规”，陕西省人大常委会拥有该地方性法规的制定权。

《陕西省促进科技成果转化条例》2005年9月29日陕西省第十届人民代表大会常务委员会第二十一次会议通过，2005年12月1日起施行；根据2010年5月27日陕西省第十一届人民代表大会常务委员会第十四次会议通过，自公布之日起施行的《陕西省人民代表大会常务委员会关于修改部分地方性法规的决定》修正。根据《立法法》第七十七条：“地方性法规案、自治条例和单行条例案的提出、审议和表决程序，根据中华人民共和国地方各级人民代表大会和地方各级人民政府组织法，参照本法第二章第二节、第三节、第五节的规定，

由本级人民代表大会规定"，以及《陕西省地方立法条例》的相关规定，该立法程序规范，符合法律、法规规定。

《陕西省促进科技成果转化条例》为了促进科技成果转化为现实生产力，规范科技成果转化活动，加速科学技术进步，推动经济建设和社会发展制定。根据《立法法》第七十三条第一款、第二款："地方性法规可以就下列事项作出规定：（一）为执行法律、行政法规的规定，需要根据本行政区域的实际情况作具体规定的事项；（二）属于地方性事务需要制定地方性法规的事项。除本法第八条规定的事项外，其他事项国家尚未制定法律或者行政法规的，省、自治区、直辖市和设区的市、自治州根据本地方的具体情况和实际需要，可以先制定地方性法规。在国家制定的法律或者行政法规生效后，地方性法规同法律或者行政法规相抵触的规定无效，制定机关应当及时予以修改或者废止。"该法规立法内容并未超越法定权限。

由于《促进科技成果转化法》于近期进行过修正，因此，《陕西省促进科技成果转化条例》与上位法存在部分不一致。

（1）《陕西省促进科技成果转化条例》第三条与上位法《促进科技成果转化法》第二条不符。

上位法《促进科技成果转化法》第二条规定："本法所称科技成果转化，是指为提高生产力水平而对科学研究与技术开发所产生的具有实用价值的科技成果所进行的后续试验、开发、应用、推广直至形成新产品、新工艺、新材料，发展新产业等活动。"而《陕西省促进科技成果转化条例》第三条规定："本条例所称科技成果转化，是指为提高生产力水平对科技成果进行的后续试验、开发、应用、推广、转让、引进直至形成新产品、新工艺、新产业等活动。"

（2）《陕西省促进科技成果转化条例》第六条第一款与上位法《促进科技成果转化法》第八条第二款存在冲突。

上位法《促进科技成果转化法》第八条第二款规定："地方各级人民政府负责管理、指导和协调本行政区域内的科技成果转化工作。"而《陕西省促进科技成果转化条例》第六条第一款规定："县级以上人民政府应当加强对科技成果转化工作的领导，将科技成果转化工作纳入国民经济和社会发展计划，及时协调解决科技成果转化工作中的重大问题。"该款将科技成果转化工作的领导机构界定为"县级以上人民政府"，而上位法《促进科技成果转化法》第八条第二款规定为"地方各级人民政府"。因此，《陕西省促进科技成果转化条例》第六条第一款缩小了科技成果转化工作领导机构的范围。

（3）《陕西省促进科技成果转化条例》第七条与上位法《促进科技成果转化法》第九条、第十条不符。

上位法《促进科技成果转化法》第九条、第十条规定："第九条国务院和地方各级人民政府应当将科技成果的转化纳入国民经济和社会发展计划，并组织协调实施有关科技成果的转化；第十条利用财政资金设立应用类科技项目和其他相关科技项目，有关行政部门、管理机构应当改进和完善科研组织管理方式，在制定相关科技规划、计划和编制项目指南时应当听取相关行业、企业的意见；在组织实施应用类科技项目时，应当明确项目承担者的科技成果转化义务，加强知识产权管理，并将科技成果转化和知识产权创造、运用作为立项和验收的重要内容和依据。"而《陕西省促进科技成果转化条例》第七条规定："县级以上科学技术行政部门应当会同有关行政部门，根据国家产业政策以及本行政区域国民经济与社会发展规划，制订科技成果转化计划，适时发布科技成果目录和重点科技成果转化项目供求信息。"

(4)《陕西省促进科技成果转化条例》第二十二条第一款第一项与上位法《促进科技成果转化法》第四十五条第一款第一项存在冲突。上位法《促进科技成果转化法》第四十五条第一款第一项规定，"将该项职务科技成果转让、许可给他人实施的，从该项科技成果转让净收入或者许可净收入中提取不低于百分之五十的比例"，而《陕西省促进科技成果转化条例》第二十二条第一款第一项规定，"以技术转让方式将职务科技成果转让他人实施的，从转让后的净收入中提取不低于百分之二十用于一次性奖励"，两者存在明显冲突。

《陕西省促进科技成果转化条例》第二十二条第一款第二项与上位法《促进科技成果转化法》第四十五条第一款第三项存在冲突。上位法《促进科技成果转化法》第四十五条第一款第三项规定，"将该项职务科技成果自行实施或者与他人合作实施的，应当在实施转化成功投产后连续三至五年，每年从实施该项科技成果的营业利润中提取不低于百分之五的比例"，而《陕西省促进科技成果转化条例》第二十二条第一款第二项规定"自行或者与他人合作转化科技成果的，在项目投产后三至五年内，每年从实施该项科技成果新增留利中提取不低于百分之五用于奖励"。上位法强调的是实施该项科技成果的"营业利润"，而《陕西省促进科技成果转化条例》中仅指实施该项科技成果的"新增留利"，两者存在冲突。

(5)《陕西省促进科技成果转化条例》第二十四条第一款第一项与上位法《促进科技成果转化法》第四十七条存在冲突。《陕西省促进科技成果转化条例》第二十四条第一款第一项所针对的行为"弄虚作假骗取奖励、荣誉称号、获取非法利益的"与上位法《促进科技成果转化法》第四十七条罚则所针对的行为一致，而处罚不一致。《促进科技成果转化法》第四十七条规定："在科技成果转化活动中弄虚作假，采取欺骗手段，骗取奖励和荣誉称号、诈骗钱财、非法牟利的，责令改正，取消该奖励和荣誉称号，没收违法所得，并处以罚款。给他人造成经济损失的，依法承担民事赔偿责任。构成犯罪的，依法追究刑事责任。”《陕西省促进科技成果转化条例》第二十四条第一款第一项相较上位法多设了行政处罚的种类“警告”且缺少“责令改正”的处罚方式，根据《行政处罚法》第十一条第二款的规定：“法律、行政法规对违法行为已经作出行政处罚规定，地方性法规需要作出具体规定的，必须在法律、行政法规规定的给予行政处罚的行为、种类和幅度的范围内规定。”建议本条例第二十四条第一款第一项所针对的行为的处罚根据《促进科技成果转化法》第四十七条修改，增加“责令改正”并删除“警告”，但罚款数额属于对上位法的细化，可以保留。

《陕西省促进科技成果转化条例》第二十四条第一款第二项、第四项与上位法《促进科技成果转化法》第四十八条第一款存在冲突。《陕西省促进科技成果转化条例》第二十四条第一款第二项、第四项所针对的行为是“科技成果检测、评估机构故意提供虚假检测结果或者评估证明的”以及“技术交易中介机构欺骗委托人或者与当事人一方串通欺骗另一方当事人的”，该行为与上位法《促进科技成果转化法》第四十八条第一款罚则所针对的行为完全一致，但处罚种类不一致。《促进科技成果转化法》第四十八条第一款规定：“科技服务机构及其从业人员违反本法规定，故意提供虚假的信息、实验结果或者评估意见等欺骗当事人，或者与当事人一方串通欺骗另一方当事人的，由政府有关部门依照管理职责责令改正，没收违法所得，并处以罚款；情节严重的，由工商行政管理部门依法吊销营业执照。给他人造成经济损失的，依法承担民事赔偿责任；构成犯罪的，依法追究刑事责任。”《陕西省促进科技成果转化条例》第二十四条第一款第二项、第四项相较上位法缺少行政处罚的种类“责令改正”，根据《行政处罚法》第十一条第二款的规定，建议针对本法规“科技成果检测、评估机构故意提供虚假检测结果或者评估证明的”以及“技术交易中介机构欺骗委托人或者与当事人一方串通欺骗另一方当事人的”行为的处罚依照上位法《促进科技成果转化法》第四十八条第一款修改，增加“责令改正”处罚种类，罚款数额属于对上位法的细化，可以保留。

《陕西省促进科技成果转化条例》第二十四条第一款第三项与上位法《促进科技成果转化法》第五十条以及《中华人民共和国反不正当竞争法》（以下简称《反不正当竞争法》）第二十五条存在冲突。《陕西省促进科技成果转化条例》第二十四条第一款第三项所针对的行为是“侵占他人科技成果，侵犯他人商业秘密的”，其中“侵占他人科技成果”行为与《促进科技成果转化法》第五十条所针对的行为一致，《促进科技成果转化法》第五十条规定“违反本法规定，以唆使窃取、利诱胁迫等手段侵占他人的科技成果，侵犯他人合法权益的，依法承担民事赔偿责任，可以处以罚款；构成犯罪的，依法追究刑事责任”。本项相较上位法的处罚多设了“警告”，根据《行政处罚法》第十一条第二款的规定，建议此项所针对的行为“侵占他人科技成果”所设置的处罚根据《促进科技成果转化法》第五十条的规定修改，删除“警告”，罚款数额属于对上位法的细化，可以保留。

(6)《陕西省促进科技成果转化条例》第二十三条与上位法《促进科技成果转化法》第二十条第二款不符。上位法《促进科技成果转化法》第二十条第二款规定：“国家设立的研究开发机构、高等院校应当建立符合科技成果转化工作特点的职称评定、岗位管理和考核评价制度，完善收入分配激励约束机制。”而《陕西省促进科技成果转化条例》第二十三条规定：“企业、科研机构、高等学校和其他事业单位在专业技术职称评审时，应当将专业技术人员在科技成果转化中的贡献作为重要依据。”

(7)《陕西省促进科技成果转化条例》未作规定。

上位法《促进科技成果转化法》第二条规定：“本法所称科技成果，是指通过科学研究与技术开发所产生的具有实用价值的成果。职务科技成果，是指执行研究开发机构、高等院校和企业等单位的工作任务，或者主要是利用上述单位的物质技术条件所完成的科技成果。”而《陕西省促进科技成果转化条例》未作规定。

(8)《陕西省促进科技成果转化条例》未作规定。

上位法《促进科技成果转化法》第六条规定：“国家鼓励科技成果首先在中国境内实施。中国单位或者个人向境外的组织、个人转让或者许可其实施科技成果的，应当遵守相关法律、行政法规以及国家有关规定。”而《陕西省促进科技成果转化条例》未作规定。

(9)《陕西省促进科技成果转化条例》未作规定。

上位法《促进科技成果转化法》第七条规定：“国家为了国家安全、国家利益和重大社会公共利益的需要，可以依法组织实施或者许可他人实施相关科技成果。”而《陕西省促进科技成果转化条例》未作规定。

(10)《陕西省促进科技成果转化条例》未作规定。

上位法《促进科技成果转化法》第十一条规定：“国家建立、完善科技报告制度和科技成果信息系统，向社会公布科技项目实施情况以及科技成果和相关知识产权信息，提供科技成果信息查询、筛选等公益服务。公布有关信息不得泄露国家秘密和商业秘密。对不予公布的信息，有关部门应当及时告知相关科技项目承担者。利用财政资金设立的科技项目的承担者应当按照规定及时提交相关科技报告，并将科技成果和相关知识产权信息汇交到科技成果信息系统。国家鼓励利用非财政资金设立的科技项目的承担者提交相关科技报告，将科技成果和相关知识产权信息汇交到科技成果信息系统，县级以上人民政府负责相关工作的部门应当为其提供方便。”而《陕西省促进科技成果转化条例》未作规定。

（11）《陕西省促进科技成果转化条例》未作规定。

上位法《促进科技成果转化法》第十二条规定：“对下列科技成果转化项目，国家通过政府采购、研究开发资助、发布产业技术指导目录、示范推广等方式予以支持：（一）能够显著提高产业技术水平、经济效益或者能够形成促进社会经济健康发展的新产业的；（二）能够显著提高国家安全能力和公共安全水平的；（三）能够合理开发和利用资源、节约能源、降低消耗以及防治环境污染、保护生态、提高应对气候变化和防灾减灾能力的；（四）能够改善民生和提高公共健康水平的；（五）能够促进现代农业或者农村经济发展的；（六）能够加快民族地区、边远地区、贫困地区社会经济发展的。”而《陕西省促进科技成果转化条例》未作规定。

（12）《陕西省促进科技成果转化条例》未作规定。

上位法《促进科技成果转化法》第十四条规定：“国家加强标准制定工作，对新技术、新工艺、新材料、新产品依法及时制定国家标准、行业标准，积极参与国际标准的制定，推动先进适用技术推广和应用。国家建立有效的军民科技成果相互转化体系，完善国防科技协同创新体制机制。军品科研生产应当依法优先采用先进适用的民用标准，推动军用、民用技术相互转移、转化。”而《陕西省促进科技成果转化条例》未作规定。

（13）《陕西省促进科技成果转化条例》未作规定。

上位法《促进科技成果转化法》第十八条规定：“国家设立的研究开发机构、高等院校对其持有的科技成果，可以自主决定转让、许可或者作价投资，但应当通过协议定价、在技术交易市场挂牌交易、拍卖等方式确定价格。通过协议定价的，应当在本单位公示科技成果名称和拟交易价格。”而《陕西省促进科技成果转化条例》未作规定。

（14）《陕西省促进科技成果转化条例》未作规定。

上位法《促进科技成果转化法》第十九条规定：“国家设立的研究开发机构、高等院校所取得的职务科技成果，完成人和参加人在不变更职务科技成果权属的前提下，可以根据与本单位的协议进行该项科技成果的转化，并享有协议规定的权益。该单位对上述科技成果转化活动应当予以支持。科技成果完成人或者课题负责人，不得阻碍职务科技成果的转化，不得将职务科技成果及其技术资料和数据占为已有，侵犯单位的合法权益。”而《陕西省促进科技成果转化条例》未作规定。

（15）《陕西省促进科技成果转化条例》未作规定。

上位法《促进科技成果转化法》第二十一条规定：“国家设立的研究开发

机构、高等院校应当向其主管部门提交科技成果转化情况年度报告，说明本单位依法取得的科技成果数量、实施转化情况以及相关收入分配情况，该主管部门应当按照规定将科技成果转化情况年度报告报送财政、科学技术等相关行政部门。”而《陕西省促进科技成果转化条例》未作规定。

(16)《陕西省促进科技成果转化条例》未作规定。

上位法《促进科技成果转化法》第二十二条规定：“企业为采用新技术、新工艺、新材料和生产新产品，可以自行发布信息或者委托科技中介服务机构征集其所需的科技成果，或者征寻科技成果转化的合作者。县级以上地方各级人民政府科学技术行政部门和其他有关部门应当根据职责分工，为企业获取所需的科技成果提供帮助和支持。”而《陕西省促进科技成果转化条例》未作规定。

(17)《陕西省促进科技成果转化条例》未作规定。

上位法《促进科技成果转化法》第二十四条规定：“对利用财政资金设立的具有市场应用前景、产业目标明确的科技项目，政府有关部门、管理机构应当发挥企业在研究开发方向选择、项目实施和成果应用中的主导作用，鼓励企业、研究开发机构、高等院校及其他组织共同实施。”而《陕西省促进科技成果转化条例》未作规定。

(18)《陕西省促进科技成果转化条例》未作规定。

上位法《促进科技成果转化法》第二十七条规定：“国家鼓励研究开发机构、高等院校与企业及其他组织开展科技人员交流，根据专业特点、行业领域技术发展需要，聘请企业及其他组织的科技人员兼职从事教学和科研工作，支持本单位的科技人员到企业及其他组织从事科技成果转化活动。”而《陕西省促进科技成果转化条例》未作规定。

(19)《陕西省促进科技成果转化条例》未作规定。

上位法《促进科技成果转化法》第三十条规定：“国家培育和发展技术市场，鼓励创办科技中介服务机构，为技术交易提供交易场所、信息平台以及信息检索、加工与分析、评估、经纪等服务。”而《陕西省促进科技成果转化条例》未作规定。

(20)《陕西省促进科技成果转化条例》未作规定。

上位法《促进科技成果转化法》第四十六条规定：“利用财政资金设立的科技项目的承担者未依照本法规定提交科技报告、汇交科技成果和相关知识产权信息的，由组织实施项目的政府有关部门、管理机构责令改正；情节严重的，予以通报批评，禁止其在一定期限内承担利用财政资金设立的科技项目。国家设立的研究开发机构、高等院校未依照本法规定提交科技成果转化情况年度报告的，由其主管部门责令改正；情节严重的，予以通报批评。”而《陕西省促进科技成果转化条例》未作规定。

（21）《陕西省促进科技成果转化条例》未作规定。

上位法《促进科技成果转化法》第五十一条规定："违反本法规定，职工未经单位允许，泄露本单位的技术秘密，或者擅自转让、变相转让职务科技成果的，参加科技成果转化的有关人员违反与本单位的协议，在离职、离休、退休后约定的期限内从事与原单位相同的科技成果转化活动，给本单位造成经济损失的，依法承担民事赔偿责任；构成犯罪的，依法追究刑事责任。"而《陕西省促进科技成果转化条例》未作规定。

现行的《陕西省促进科技成果转化条例》与上位法《反不正当竞争法》的冲突之处表现在：

《陕西省促进科技成果转化条例》第二十四条第一款第三项所针对的行为是"侵占他人科技成果，侵犯他人商业秘密的"，其中"侵犯他人商业秘密的"行为与《反不正当竞争法》第二十五条所针对的行为一致，《反不正当竞争法》第二十五条规定"违反本法第十条规定侵犯商业秘密的，监督检查部门应当责令停止违法行为，可以根据情节处以一万元以上二十万元以下的罚款"。本法规针对"侵犯他人商业秘密的"行为设置的处罚与《反不正当竞争法》第二十五条规定的处罚种类与罚款数额皆不同，本条缺少处罚种类"责令停止违法行为"，增设了"警告"和"没收违法所得"，且罚款数额为"二千元以上五千元以下"，与上位法规定的"一万元以上二十万元以下"相冲突。因此，建议"侵犯他人商业秘密"行为的处罚根据《反不正当竞争法》第二十五条修改，增加"责令停止违法行为"，删除"警告"和"没收违法所得"，并将罚款数额修改为"一万元以上二十万元以下"。

（二）合理性

《陕西省促进科技成果转化条例》存在与科技成果转化法修订后、现行有效的部门规章相冲突的内容。

《陕西省促进科技成果转化条例》第二十一条："国有企业、科研机构、高等学校和其他事业单位所有的或者由政府出资完成的非专利职务科技成果，成果鉴定通过一年后未实施转化的，成果完成人、参加人可以与本单位签订合同实施转化，并享有合同约定的权益。成果完成人、参加人提出实施转化的书面要求后，成果所有单位在六个月内不与其签订合同也未与其他单位和个人签订合同实施转化的，成果完成人、参加人可以向单位主管部门或者出资的人民政府有关行政部门提出书面申请，经批准后，可以自行实施职务科技成果转化并自转化获利之日起，连续三年提取净收入的百分之十至百分之二十返还本单位。"与《国务院办公厅转发科技部等部门关于促进科技成果转化若干规定的通知（国办发〔1999〕29 号）》第一大项第三小点第一款"国有科研机构、高等学校持有的高新技术成果在成果完成后一年未实施转化的，科技成果完成人和参加人在不变更职务科技成果权属的前提下，可以根据与本单位的协议进行该项科技成果的转化，并享有协议约定的权益。科技成果完成人自行创办企业实施转化该项成果的，本单位可依法约定在该企业中享有股权或出资比例，也可以依法以技术转让的方式取得技术转让收入"缺乏协调性。

《陕西省促进科技成果转化条例》第二十二条第一款第三项、第二款、第三款与《国务院办公厅转发科技部等部门关于促进科技成果转化若干规定的通知（国办发〔1999〕29号）》第一大项第二小点第一款、第二款"采用股份形式的企业实施转化的，也可以用不低于科技成果入股时作价金额20%的股份给予奖励，该持股人依据其所持股份分享收益。在研究开发和成果转化中作出主要贡献的人员，所得奖励份额应不低于奖励总额的50%。上述奖励总额超过技术转让净收入或科技成果作价金额50%，以及超过实施转化年净收入20%的，由该单位职工代表大会讨论决定"缺乏协调性。

《中华人民共和国国民经济和社会发展第十三个五年规划纲要》提出，要"深化科技体制改革，引导构建产业技术创新联盟，推动跨领域跨行业协同创新，促进科技与经济深度融合。加强技术和知识产权交易平台建设，建立从实验研究、中试到生产的全过程科技创新融资模式，促进科技成果资本化、产业化。构建普惠性创新支持政策体系，加大金融支持和税收优惠力度。深化知识产权领域改革，加强知识产权保护"。《陕西省促进科技成果转化条例》第一条就提出"为促进科技成果转化为现实生产力，推动经济和社会的全面、协调、可持续发展"。因此，《陕西省促进科技成果转化条例》是符合"十三五"规划纲要的。

（三）配套性

《陕西省促进科技成果转化条例》具有相关配套政策、措施，具体表现在：

（1）出台陕西省《省级中小企业发展专项资金管理办法》，该办法第十条提出，"专项资金支持各类中小企业公共服务平台和服务机构建设和运行。重点支持为中小企业提供技术咨询、研发设计、检验检测等科技服务；为中小企业提供人才培养、管理咨询、创业辅导、市场开拓、法律咨询维权、职业经理人建设等综合性服务；支持中小企业运行监测、政策宣传、违法违规行为发布、风险预警、产供销等信息服务"；该办法第十一条提出，"专项资金支持重点行业、传统优势产业和战略性新兴产业中小企业技术改造、新产品研发、节能减排等转型升级。鼓励中小企业为省内大企业（集团）提供协作配套。培育小微企业成长上规模。支持专利、商标、著作权获得的知识产权质押贷款项目"。该办法为陕西省中小企业的科技成果转化提供融资支持。

（2）出台《陕西省大学科技园认定和管理办法》，该办法第二条就明确了陕西省大学科技园的功能定位，即“陕西省大学科技园是以具有较强科研实力的大学为依托，将大学的综合智力资源优势与其他社会优势资源相结合，为推动高等学校产学研结合、技术转移和科技成果转化、高新技术企业孵化、创新创业人才培养、战略性新兴产业培育、服务区域经济提供支撑的平台和服务的机构”，重点强调了陕西省大学科技园的科技成果转化功能。

（3）出台《陕西省科技企业孵化器认定和管理办法》，该办法第一条就提出，“为促进科技企业孵化器发展，规范各类科技企业孵化器的管理，加快科技成果转化，根据《陕西省促进科技成果转化条例》及科学技术部《科技企业孵化器（高新技术创业服务中心）认定和管理办法》（国科发高字〔2006〕498 号）等有关规定，制定本办法”。

（4）出台《陕西省高新技术企业认定管理办法》，该办法第二条提出，“本办法所称的高新技术企业是指：在《国家重点支持的高新技术领域》（见附件）内，持续进行研究开发与技术成果转化，形成企业核心自主知识产权，并以此为基础开展经营活动，在中国境内（不包括港、澳、台地区）注册一年以上的居民企业”。

（5）出台《陕西省科学技术奖励办法》，该办法第六条第一项提出，“省科学技术奖最高成就奖授予下列科学技术工作者：（一）在科学技术创新、科学技术成果转化和高新技术产业化中作出突出贡献，为本省创造巨大经济效益、社会效益的”。

（6）出台《陕西省促进自主创新成果产业化的实施意见》，明确提出要“认真贯彻落实《陕西省促进科技成果转化条例》，积极推进《陕西省高新技术产业发展条例》的制定”。

（7）出台《陕西省创新型省份建设工作方案》，提出“实施科技成果转化中试专项”，强调“支持和引导企业、科研院所建设一批成套技术、关键技术中试基地，围绕本省资源主导型产业发展建设一批共性技术中试基地，紧扣战略性新兴产业发展建设一批专业化中试基地，推动重大科技成果在省内实现转移、转化，充分发挥科技对经济社会发展的支撑引领作用”；提出“推广先进适用的技术，实施科技惠民计划”，强调“围绕与人民群众密切相关的热点民生问题，加强成熟成果的转化应用、先进适用技术集成示范，推进民生科技成果转化应用，惠及三秦百姓”。

（8）出台《陕西省加强科技成果转化中试环节工作方案》，强调“以转方式调结构为主线，以加强中试环节、促进科技成果转化为目标，以企业为主体，以培育新支柱产业为重点，实施重大科技成果中试专项，加强中试基地建设，促进科技成果转化和产业化，加快创新型省份建设进程”。

（9）出台《陕西省全面提升企业创新能力行动方案》，提出“到 2017 年，全省企业创新主体地位基本建立，创新能力显著提升，多元化研发投入体系、研发平台体系、创新人才体系、产学研联动体系、科技金融服务体系和创新创业服务体系更加完善，基本形成以企业为主体、市场为导向、产学研相结合的技术创新体系。企业研发投入、研发机构、研发人员、发明专利申请量和授权量较2012年实现翻一番，培育200家创新型企业（集团），形成15个具有核心竞争力的创新型产业集群，高新技术产业产值占规模以上工业总产值比重达35%以上。到2020年，企业主导产业技术研发创新的体制机制更加完善，实现区域创新体系整体效能显著提升，带动经济发展方式转变实现重大进展”的目标。

（10）出台《关于促进科技园区和创新平台发展的意见》，强化科技园区和创新平台促进科技成果转化的引领作用。

（四）可操作性

《陕西省促进科技成果转化条例》在一定程度上具有规范的操作流程。例如：

该条例第十二条关于“技术交易”的流程十分具体，“技术交易应当依法订立书面合同。技术合同订立后，技术合同的让与方、受托方或者取得收入的研究开发方在六十日内可以向技术合同认定登记机构申请认定登记。经技术合同认定登记机构对技术合同和技术性收入审核认定后，按照有关规定享受国家税收优惠政策。同一技术合同不得重复登记。技术合同登记不得向合同当事人收取费用，认定登记工作所需经费由本级财政负担。省科学技术行政部门负责全省技术合同认定登记工作的指导、管理和监督，根据实际需要，可以在设区的市、省级有关行政部门和国家级高新技术产业开发区、农业高新技术产业示范区、经济技术开发区，指定或者委托技术合同认定登记机构，具体办理技术合同认定登记工作”。

该条例第二十一条关于“非专利科技成果的转化”，也有十分详细具体的规范：“国有企业、科研机构、高等学校和其他事业单位所有的或者由政府出资完成的非专利职务科技成果，成果鉴定通过一年后未实施转化的，成果完成人、参加人可以与本单位签订合同实施转化，并享有合同约定的权益。成果完成人、参加人提出实施转化的书面要求后，成果所有单位在六个月内不与其签订合同也未与其他单位和个人签订合同实施转化的，成果完成人、参加人可以向单位主管部门或者出资的人民政府有关行政部门提出书面申请，经批准后，可以自行实施职务科技成果转化并自转化获利之日起，连续三年提取净收入的百分之十至百分之二十返还本单位。”

《陕西省促进科技成果转化条例》明确了科技成果转化的实施主体为“县级以上人民政府”及其科学技术等相关行政部门；实施对象为“企业、科研单位、高等院校和其他事业单位以及个人”。

（五）技术性

《陕西省促进科技成果转化条例》中部分法律概念建议修订，逻辑结构建议调整严密，部分用语不够准确。

《陕西省促进科技成果转化条例》的概念界定不符合上位法规定，该条例第二条对“科技成果转化”进行了明确界定，“是指为提高生产力水平对科技成果进行的后续试验、开发、应用、推广、转让、引进直至形成新产品、新工艺、新产业等活动”，但是，与其直接上位法《促进科技成果转化法》规定不符。

《陕西省促进科技成果转化条例》的逻辑结构不严密，主要体现在：整部条例共27条，涉及如何组织实施科技成果转化、如何保障科技成果转化、科技成果在转化过程中的技术权益分配以及法律责任等诸多方面的，建议参考《促进科技成果转化法》的章节编排，将整部条例划分为“总则”“组织实施”“保障措施”“技术权益”“法律责任”以及“附则”6章。

二、《陕西省科学技术进步条例》的文本评估

本法规基本情况：《陕西省科学技术进步条例》于2012年5月31日经陕西省第十一届人民代表大会常务委员会第二十九次会议通过，2012年9月1日起施行。

上位法基本情况：本法规的直接上位法是《科学技术进步法》。《科学技术进步法》1993年7月2日经第八届全国人民代表大会常务委员会第二次会议修订通过，自1993年10月1日起施行。2007年12月29日由第十届全国人民代表大会常务委员会第三十一次会议修订通过，自2008年7月1日起施行。

（一）合法性

《陕西省科学技术进步条例》与上位法存在部分不一致，其立法主体适格，立法程序规范，内容未超越立法权限。

1. *是否与上位法冲突*

《陕西省科学技术进步条例》与上位法存在部分不一致。

现行的《陕西省科学技术进步条例》与上位法《科学技术进步法》的部分不一致表现在：

《陕西省科学技术进步条例》第三十二条与上位法《科学技术进步法》第四十五条存在部分不一致。

上位法《科学技术进步法》第四十五条规定：“利用财政性资金设立的科学技术研究开发机构应当建立职责明确、评价科学、开放有序、管理规范的现代院所制度，实行院长或者所长负责制，建立科学技术委员会咨询制和职工代

表大会监督制等制度，并吸收外部专家参与管理、接受社会监督；院长或者所长的聘用引入竞争机制”，而《陕西省科学技术进步条例》第三十二条规定：“财政性资金设立的科学技术研究开发机构应当建立职责明确、评价科学、开放有序、管理规范的现代院所制度，实行院长或者所长负责制和绩效考核制度，建立科学技术委员会咨询制度和职工代表大会监督制度，院长或者所长聘用引入竞争机制，面向社会公开招聘”，《陕西省科学技术普及条例》第三十二条缺少了“吸收外部专家参与管理、接受社会监督”的操作规定，与《科学技术进步法》第四十五条规定的操作规定存在部分不一致。

上位法《科学技术进步法》要求科技人员恪守职业道德，不得在科学技术活动中弄虚作假。科技人员对所从事的科技研究开发活动的后果进行评估，发现对国家安全等有不利影响的，应当中止科技研发活动，向主管部门报告。故法律特此规定了科研院所制度，“吸收外部专家管理、接受社会监督”是监督中不可或缺的部分，是科研院所制度的重要组成，因此《陕西省科学技术普及条例》第三十二条在移植《科学技术进步法》第四十五条时不应缺少这一规定，存在部分不一致。

2. 立法主体是否适格

《陕西省科学技术进步条例》于2012年5月31日经陕西省第十一届人民代表大会常务委员会第二十九次会议通过。根据《立法法》第七十二条第一款：“省、自治区、直辖市的人民代表大会及其常务委员会根据本行政区域的具体情况和实际需要，在不同宪法、法律、行政法规相抵触的前提下，可以制定地方性法规。”陕西省人大常委会拥有该地方性法规的制定权。

3. 立法程序是否规范

《陕西省科学技术进步条例》于2012年5月31日经陕西省第十一届人民代表大会常务委员会第二十九次会议通过，2012年9月1日起施行。根据《立法法》第七十七条：“地方性法规案、自治条例和单行条例案的提出、审议和表决程序，根据中华人民共和国地方各级人民代表大会和地方各级人民政府组织法，参照本法第二章第二节、第三节、第五节的规定，由本级人民代表大会规定”，以及《陕西省地方立法条例》的相关规定，该立法程序规范，符合法律、法规规定。

4. 立法内容是否超越权限

《陕西省科学技术进步条例》为促进科学技术进步，增强自主创新能力，加快科技成果向现实生产力转化，发挥科学技术对经济社会发展的支撑引领作用，在本省实际之上制定。根据《立法法》第七十三条第一款、第二款：“地方性法规可以就下列事项作出规定：（一）为执行法律、行政法规的规定，需要根据本行政区域的实际情况作具体规定的事项；（二）属于地方性事务需要制定地方性法规的事项。除本法第八条规定的事项外，其他事项国家尚未制定法律或者行政法规的，省、自治区、直辖市和设区的市、自治州根据本地方的具体情况和实际需要，可以先制定地方性法规。在国家制定的法律或者行政法规生效后，地方性法规同法律或者行政法规相抵触的规定无效，制定机关应当及时予以修改或者废止。”该法规立法内容并未超越法定权限。

（二）合理性

1. 与部门规章的协调性

与《陕西省科学技术进步条例》相关的部门规章有《煤炭工业部科学技术进步奖励办法》《中医药科学技术进步奖励管理办法（试行）》《中华人民共和国科学技术进步奖励条例实施细则（试行）》。本法规与上述部门规章协调。

(1)《煤炭工业部科学技术进步奖励办法》第三条“煤炭部科学技术进步奖评审委员会（以下简称“部评委会”），具体负责科学技术进步奖的评审工作。日常工作由部评委会办公室负责”与《陕西省科学技术进步条例》第八条“省人民政府设立科学技术奖，对在科学技术进步活动中作出重要贡献的组织和个人给予表彰奖励。鼓励省内外组织和个人在本省设立科学技术进步奖项”具有协调性。

(2)《中医药科学技术进步奖励管理办法（试行）》第一条“奖励在推动中医药科学技术进步中作出重要贡献的集体和个人，充分发挥广大中医药、少数民族医药及其他从事中医药科学技术的积极性、创造性，促进中医药事业的发展，加速社会主义现代化建设，国家中医药管理局特设立中医药科学技术进步奖”与《陕西省科学技术进步条例》第七条“鼓励机关、企业事业组织、社会团体、公民参与、支持科学技术进步，弘扬探索创新、追求真理、实事求是的科学精神，营造崇尚科学、尊重知识、爱护人才的社会氛围”具有协调性。

(3)《中华人民共和国科学技术进步奖励条例实施细则（试行）》第二条“进一步完善科技奖励制度，充分调动广大科技人员的积极性和创造性，有效地贯彻经济建设必须依靠科学技术、科学技术工作必须面向经济建设的方针，以加速社会主义现代化建设，特制定本条例。本条例是为奖励在各种科技岗位上进行了创造性劳动，为推动科学技术进步，提高经济效益和社会效益，作出了重大的甚至杰出贡献的集体和个人”与《陕西省科学技术进步条例》第八条“省人民政府设立科学技术奖，对在科学技术进步活动中作出重要贡献的组织和个人给予表彰奖励。鼓励省内外组织和个人在本省设立科学技术进步奖项”具有协调性。

2. 是否符合“十三五”规划纲要

《中华人民共和国国民经济和社会发展第十三个五年规划纲要》提出，要

"发挥科技创新在全面创新中的引领作用，加强基础研究，强化原始创新、集成创新和引进消化吸收再创新，着力增强自主创新能力，为经济社会发展提供持久动力"。而《陕西省科学技术进步条例》第一条就提出"为了促进科学技术进步，增强自主创新能力，加快科技成果向现实生产力转化，发挥科学技术对经济社会发展的支撑引领作用"。因此，《陕西省科学技术进步条例》是符合"十三五"规划纲要的。

（三）配套性

《陕西省科学技术进步条例》具有相关配套政策、措施，具体表现在：出台《陕西省科学技术奖励办法》，该办法提出"为了奖励在科学技术进步活动中作出突出贡献的公民和组织，调动科技工作者的积极性和创造性，提升自主创新能力，促进经济和社会发展，根据《国家科学技术奖励条例》，结合本省实际，制定本办法"，具有一定配套性。

（四）可操作性

1. 是否具有规范的操作流程

《陕西省科学技术进步条例》在一定程度上具有规范的操作流程。例如，该条例第十八条关于"政府采购"的方法十分具体，"自主创新和国家重点扶持的产品，在满足性能、技术等采购需求条件下，政府应当优先采购。政府采购的产品尚待研究开发的，采购人应当运用招标方式确定科技研发机构、高等学校或者企业进行研发，并予以订购。县级以上人民政府推行科技公共服务购买制度，根据公共管理需要，按照市场化原则，向科研机构、高等学校、企业及其他社会组织购买科技公共服务项目"。

该条例第二十条关于"企业研发投入"也有十分详细具体的规范，"企业应当保证必要的技术研发投入。规模以上企业研发经费不低于上年度销售收入的百分之一，大中型企业研发经费不低于上年度销售收入的百分之二，高新技术企业和创新型企业研发经费按销售收入不同，分别不低于上年度销售收入的百分之三至百分之六。研发经费在企业生产经营成本中列支。企业研发新产品、新技术、新工艺、新材料、新装备发生的费用，可以在计算企业所得税应纳税所得额时加计扣除，对企业由于科技进步、产品更新换代较快的固定资产，可以采取缩短折旧年限或者加速折旧的方法，给予所得税优惠。税务部门应当落实国家支持企业技术创新的税收优惠规定，对研发项目认定有异议的，由省科学技术行政部门委托专业鉴定机构提出鉴定意见。企业列支的研发经费未用于企业技术研发的，税务部门对本部分经费全额征税。"

2. 是否有明确的实施主体和实施对象

《陕西省科学技术进步条例》明确了科学技术进步工作由"县级以上人民政府科学技术行政部门"主管；实施对象为"本省行政区域内科学研究、技术开发、科学技术应用和科学技术发展保障等活动”。

（五）技术性

《陕西省科学技术进步条例》的概念界定不明确，该条例对“科学技术进步”“科学技术人员”等未进行明确界定。原因是上位法《科学技术进步法》对“科学技术进步”和“科学技术人员”等未有规定。

《陕西省科学技术进步条例》的逻辑结构严密，主要体现在：整部条例共55条，划分为“总则”“科学技术创新”“企业技术进步”“农业科学技术进步”“科学技术研究开发机构”“科学技术人员”“保障措施”“法律责任”“附则”9章。

《陕西省科学技术进步条例》的条文参考上位法与一般立法技术，表述较为简明、用语较为准确。

三、《陕西省专利条例》的文本评估

本法规基本情况：《陕西省专利条例》2003年9月28日陕西省第十届人民代表大会常务委员会第六次会议通过，2010年3月26日陕西省第十一届人民代表大会常务委员会第十三次会议修正，2012年7月12日陕西省第十一届人民代表大会常务委员会第三十次会议修订。

上位法基本情况：本法规的直接上位法是我国《专利法》。《专利法》1984年3月12日第六届全国人民代表大会常务委员会第四次会议通过，根据1992年9月4日第七届全国人民代表大会常务委员会第二十七次会议《关于修改〈中华人民共和国专利法〉的决定》第一次修正；根据2000年8月25日第九届全国人民代表大会常务委员会第十七次会议《关于修改〈中华人民共和国专利法〉的决定》第二次修正；根据2008年12月27日第十一届全国人民代表大会常务委员会第六次会议《关于修改〈中华人民共和国专利法〉的决定》第三次修正。

《中华人民共和国专利法实施细则》于2001年6月15日由国务院公布，在2009年进行第一次修正。

（一）合法性

《陕西省专利条例》与上位法不存在冲突，其立法主体适格，立法程序规范，内容未超越地方立法权限。

《陕西省专利条例》由陕西省第十届人民代表大会常务委员会第六次会议通过。根据《立法法》第七十二条第一款：“省、自治区、直辖市的人民代表大会及其常务委员会根据本行政区域的具体情况和实际需要，在不同宪法、法律、行政法规相抵触的前提下，可以制定地方性法规。”陕西省人大常委会拥有该地方性法规的制定权。

《陕西省专利条例》2003 年 9 月 28 日陕西省第十届人民代表大会常务委员会第六次会议通过，2010 年 3 月 26 日陕西省第十一届人民代表大会常务委员会第十三次会议修正，2012 年 7 月 12 日陕西省第十一届人民代表大会常务委员会第三十次会议修订。根据《立法法》第七十七条：“地方性法规案、自治条例和单行条例案的提出、审议和表决程序，根据中华人民共和国地方各级人民代表大会和地方各级人民政府组织法，参照本法第二章第二节、第三节、第五节的规定，由本级人民代表大会规定。”以及《陕西省地方立法条例》的相关规定，该条例立法程序规范，符合法律、法规规定。

《陕西省专利条例》为了鼓励发明创造，促进技术创新，推动专利应用，加强专利管理和服务，保护专利权人合法权益，根据《专利法》和有关法律、行政法规，结合本省实际制定。本省行政区域内的专利促进、保护、管理、服务以及相关活动，适用本条例。

根据《立法法》第七十三条第一款、第二款：“地方性法规可以就下列事项作出规定：（一）为执行法律、行政法规的规定，需要根据本行政区域的实际情况作具体规定的事项；（二）属于地方性事务需要制定地方性法规的事项。除本法第八条规定的事项外，其他事项国家尚未制定法律或者行政法规的，省、自治区、直辖市和设区的市、自治州根据本地方的具体情况和实际需要，可以先制定地方性法规。在国家制定的法律或者行政法规生效后，地方性法规同法律或者行政法规相抵触的规定无效，制定机关应当及时予以修改或者废止。”该法规立法内容并未超越法定权限。

（二）合理性

1. 与部门规章的协调性

《陕西省专利条例》不存在与专利法修订后、现行有效的部门规章相冲突的内容。

（1）2015 年，《专利代理管理办法》（局令第 70 号）第二条指出：国家知识产权局和各省、自治区、直辖市知识产权局依照《专利法》《专利代理条例》和本办法对专利代理机构、专利代理人进行管理和监督。对于《陕西省专利条例》第四十九条：“从事代理、技术交易、资产评估、信息咨询、文献检索等专利中介服务机构，不得出具虚假报告或者资料，不得与当事人串通牟取不正当利益、损害专利权人以及其他当事人的合法权益或者社会公共利益。”第五十条“省专利行政主管部门应当加强对专利中介服务机构的指导与监管，建立专利中介服务机构及专利代理人服务评价机制，引导、支持专利中介服务机构向专业化、规范化、市场化、国际化发展，提高专利中介机构服务质量，提升服务能力与水平”的规定，提出了更加细化的管理举措引导。法律条文上虽然不存在冲突，但是值得进行改进与调整的方面仍有很多。

（2）2012 年，《发明专利申请优先审查管理办法》（局令第 65 号）第二条指出：国家知识产权局根据申请人的请求对符合条件的发明专利申请予以优先审查，自优先审查请求获得同意之日起一年内结案。《陕西省专利条例》中没有本行政区域内如何落实发明专利申请优先审查的相关规定。

（3）2012 年，《专利实施强制许可办法》（局令第 64 号）为了规范实施发明专利或者实用新型专利的强制许可（以下简称强制许可）的给予、费用裁决和终止程序而制定，"《陕西省专利条例》第三十八条：省重大科学技术项目和省重点项目产生的专利权有下列情形之一的，项目牵头组织单位可以要求专利权人以合理的条件许可他人实施……"中不存在与之冲突的内容。

（4）2012 年，《专利标识标注办法》（局令第 63 号）第三条指出：管理专利工作的部门负责在本行政区域内对标注专利标识的行为进行监督管理。《陕西省专利条例》中没有本行政区域内如何落实对标注专利标识的行为进行监督管理的相关规定。

（5）2011 年，《专利实施许可合同备案办法》（局令第 62 号）为了切实保护专利权，规范专利实施许可行为，促进专利权的运用制定。《陕西省专利条例》中没有本行政区域内如何落实专利实施许可合同备案的相关规定。

（6）2010 年，《专利行政执法办法》（局令第 60 号）适用于管理专利工作的部门开展专利行政执法，即处理专利侵权纠纷、调解专利纠纷以及查处假冒专利行为。《陕西省专利条例》第二十五条至第二十七条中不存在与之相冲突的内容。

（7）2010 年，《关于台湾同胞专利申请的若干规定》（局令第 58 号）为了方便台湾同胞向国家知识产权局申请专利而制定，主要涉及台湾地区申请人以及国家知识产权局相关职能。《陕西省专利条例》中没有相关规定。

（8）2010 年，《关于专利电子申请的规定》（局令第 57 号）为了规范与通过互联网传输并以电子文件形式提出的专利申请（以下简称专利电子申请）有关的程序和要求，方便申请人提交专利申请，提高专利审批效率，推进电子政务建设而制定，主要涉及国家知识产权局相关职能。《陕西省专利条例》中没有相关规定。

（9）2010 年，《专利权质押登记办法》（局令第 56 号）为了促进专利权的运用和资金融通，保障债权的实现，规范专利权质押登记而制定。其中，第二条指出：国家知识产权局负责专利权质押登记工作。《陕西省专利条例》第十七条、第四十一条、第四十二条中有鼓励银行和金融机构开展专利权质押贷款以及国有企业事业单位建立健全专利管理制度等规定，不存在与之相冲突的内容。

2. 是否符合"十三五"规划纲要

《中华人民共和国国民经济和社会发展第十三个五年规划纲要》提出，要

“加强技术和知识产权交易平台建设，建立从实验研究、中试到生产的全过程科技创新融资模式，促进科技成果资本化、产业化。构建普惠性创新支持政策体系，加大金融支持和税收优惠力度。深化知识产权领域改革，加强知识产权保护”。《陕西省专利条例》第一条提出“为了鼓励发明创造，促进技术创新，推动专利应用，加强专利管理和服务，保护专利权人合法权益，根据《中华人民共和国专利法》和有关法律、行政法规，结合本省实际，制定本条例”，其立法目的符合“十三五”科技规划。

（三）配套性

《陕西省专利条例》具有相关配套性规章，具体表现在：

（1）2015 年，出台《陕西省重大经济活动知识产权评议计划管理办法》，推进包含专利在内的陕西省重大经济活动知识产权评议工作，提高依法行政和科学决策水平，规范评议计划管理。

（2）2013 年，出台《陕西省专利纠纷处理办法》，规范陕西省专利行政执法工作，保护专利权人的合法权益，维护市场经济秩序。

（3）2013 年，出台《陕西省查处假冒专利行为办案规程》，要求依法查处假冒专利行为；要求专利行政主管部门查处假冒专利行为时，应当以事实为依据、以法律为准绳，遵循公正、公开、及时的原则；省和设区市专利行政主管部门负责查处本行政区域内的假冒专利行为；必要时可依据工作实际，委托有实际处理能力的县级专利行政主管部门查处假冒专利行为。

（四）可操作性

1. *是否具有规范的操作流程*

《陕西省专利条例》在一定程度上具有规范的操作流程。例如：

（1）有明确的政府职责。第四条规定：县级以上人民政府应当制定和实施知识产权发展战略，健全专利管理工作体系，组织、协调有关部门做好专利工作，并将专利工作纳入国民经济和社会发展规划；第五条规定：县级以上人民政府专利行政主管部门负责本行政区域内的专利工作，其他有关部门在各自职责范围内，做好与专利相关的工作。

（2）有明确的专项资金使用事项规定。第十条规定：县级以上人民政府设立专利促进与保护专项资金，主要用于下列事项：专利申请资助、专利实施、专利公共服务平台建设、专利预警应急与维权援助、专利人才培养与交流、专利国际交流与合作、专利示范、试点工作、专利奖励等。

（3）有明确的职务发明奖励规定。第十二条规定：被授予专利权的单位未与发明人、设计人约定，也未在其依法制定的规章制度中规定奖励方式和数额的，被授予专利权的单位对职务发明创造的发明人或者设计人按照下列规定给予奖励或者报酬……

(4) 有明确的侵权纠纷处理流程。第二十五条规定：请求省或者设区的市专利行政主管部门处理专利侵权纠纷的……专利行政主管部门应当自收到请求书之日起五个工作日内，作出是否受理的决定。作出不予受理决定的，应当书面告知请求人，并说明理由；决定受理的，应当自受理之日起五个工作日内，将请求书副本发送被请求人，被请求人自收到请求书副本之日起十五日内，应当提交答辩书，逾期未提交的，不影响专利行政主管部门处理。

(5) 有明确的专利执法要求以及执法方式。第二十六条规定：专利行政主管部门处理专利侵权纠纷和查处假冒专利行为时，执法人员不得少于两名，并出示行政执法证件，遵守保密、回避等有关规定；第二十七条规定了专利行政主管部门处理专利侵权纠纷和查处假冒专利行为时可以行使的具体职权。

2. *是否有明确的实施主体和实施对象*

《陕西省专利条例》明确了具有职责的为县级以上人民政府，县级以上人民政府专利行政主管部门；实施对象为参与本省行政区域内的专利促进、保护、管理、服务以及相关活动的各类主体。

(五) 技术性

《陕西省专利条例》中未涉及法律概念界定，但整体逻辑严密，条文表述较为简明，用语较为准确。

《陕西省专利条例》涵盖总则、专利促进、专利保护、专利管理、专利服务、法律责任、附则合计七个部分，较之《专利法》总则、授予专利权的条件、专利的申请、专利申请的审查和批准、专利权的期限终止和无效、专利实施的强制许可、专利权的保护、附则八个部分的体例安排更加便于理解。

四、《陕西省科学技术普及条例》的文本评估

本法规基本情况：《陕西省科学技术普及条例》2000 年 5 月 26 日陕西省第九届人民代表大会常务委员会第十五次会议通过，2000 年 5 月 26 日起施行；根据 2010 年 3 月 26 日陕西省第十一届人民代表大会常务委员会第十三次会议通过，自公布之日起施行的《陕西省人民代表大会常务委员会关于修改部分地方性法规的决定》修正。

上位法基本情况：本法规的直接上位法是《科学技术进步法》和《科学技术普及法》。《科学技术进步法》于 1993 年 7 月 2 日经第八届全国人民代表大会常务委员会第二次会议通过，自 1993 年 10 月 1 日起施行。2007 年 12 月 29 日由第十届全国人民代表大会常务委员会第三十一次会议修订通过，自 2008 年 7 月 1 日起施行。《科学技术普及法》于 2002 年 6 月 29 日经第九届全国人民代表大会常务委员会第二十八次会议通过，自 2002 年 6 月 29 日起施行，至今未进行过修改。

（一）合法性

《陕西省科学技术普及条例》与上位法存在部分不一致，其立法主体适格，立法程序规范，内容未超越立法权限。

1. 是否与上位法冲突

《陕西省科学技术普及条例》与上位法存在部分不一致。

（1）现行的《陕西省科学技术普及条例》与上位法《科学技术普及法》的不一致之处表现在以下几个方面：

《陕西省科学技术普及条例》第一条规定：“为了实施科教兴陕战略，加强科学技术普及工作，提高公民科学文化素质，推动经济发展和社会进步，根据《科学技术进步法》和有关法律、法规，结合本省实际，制定本条例。”本条是立法目的，2002 年 6 月通过了《科学技术普及法》，其时间虽晚于本条例规定的时间，但大部分内容都与《科学技术普及法》的内容一致，但条例中未将《科学技术普及法》规定为直接上位法。

《陕西省科学技术普及条例》第二条规定：“科学技术普及是指采用易于理解和接受的方式，向公众传播科学技术知识、科学方法和科学思想。”但《科学技术普及法》第二条第二款规定：“开展科学技术普及，应当采取公众易于理解、接受、参与的方式。”科学技术普及不仅要采用易于理解和接受的方式，还应采用易于参与的方式，条例中缺少“参与”，与上位法存在部分不一致。

《陕西省科学技术普及条例》第三条规定：“科普工作是国家基础建设、基础教育和科学技术工作的重要组成部分，是一项社会系统工程。”而上位法《科学技术普及法》第四条明确将科普定性为“科普是公益事业”，两者存在表述上的不一致。

《陕西省科学技术普及条例》第二十五条、第三十四条规定，科技馆（中心）、青少年宫（活动中心）应当利用现有场地和设施，组织开展科技交流、科普展览和专业技能培训活动。但上位法《科学技术普及法》第十四条规定：“科技馆（站）、科技活动中心和其他科普教育基地，应当组织开展青少年校外科普教育活动。”本条例缺乏“其他科普教育基地”，与上位法存在部分不一致。

《陕西省科学技术普及条例》第三十八条规定：“以科普为名，组织反科学、伪科学和迷信活动，扰乱社会秩序，危害公共利益或者骗取财物，尚不构成刑事犯罪的，由公安机关依照《中华人民共和国治安管理处罚条例》的规定予以处罚；构成犯罪的，由司法机关依法追究刑事责任。”本条的直接上位法是《科学技术普及法》第三十条“以科普为名进行有损社会公共利益的活动，扰乱社会秩序或者骗取财物，由有关主管部门给予批评教育，并予以制止；违反治安管理规定的，由公安机关依法给予治安管理处罚；构成犯罪的，依法追究刑事责任”。本条规定的行为与上位法规定的行为一致，但是罚则种类比上位法少了“由有关主管部门给予批评教育，并予以制止”，两者存在部分不一致。

《陕西省科学技术普及条例》第四十条规定了“擅自拆除国家投资兴建的科普场馆、设施或者改变其用途的，由科学技术行政主管部门责令恢复原状或者限期改正，有违法所得的，没收违法所得，并由所在单位或者上级机关对直接负责的主管人员和其他直接责任人员依法给予行政处分。”本条中对擅自改变国家投资兴建的科普场馆、设施用途的处罚，直接上位法是《科学技术普及法》第三十二条“擅自将政府财政投资建设的科普场馆改为他用的，由有关主管部门责令限期改正；情节严重的，对负有责任的主管人员和其他直接责任人员依法给予行政处分”。该条对擅自改变国家投资兴建的科普场馆、设施用途的处罚没有“有违法所得的，没收违法所得”的处罚规定，条例中第四十条增设了处罚种类，两者存在部分不一致。

《陕西省科学技术普及条例》第四十二条规定：“国家工作人员在科普工作中，玩忽职守、滥用职权，给科普事业造成损失或者侵犯科普工作者合法权益的，由所在单位或者上级机关给予行政处分；构成犯罪的，由司法机关依法追究刑事责任。”本条的直接上位法是《科学技术普及法》第三十三条“国家工作人员在科普工作中滥用职权、玩忽职守、徇私舞弊的，依法给予行政处分；构成犯罪的，依法追究刑事责任”。本条例与上位法规定的行为一致，但上位法对该行为的处罚并无“给科普事业造成损失或者侵犯科普工作者合法权益的”规定，两者存在部分不一致。

（2）现行的《陕西省科学技术普及条例》与上位法《科学技术进步法》的不一致之处表现在以下几个方面：

《陕西省科学技术普及条例》第三十二条第二款与上位法《科学技术进步法》第六十一条第二款存在部分不一致。上位法《科学技术进步法》第六十一条第二款规定：“任何组织或者个人不得虚报、冒领、贪污、挪用、截留财政性科学技术资金。”而《陕西省科学技术普及条例》第三十二条第二款规定：“各级人民政府拨付的科普经费应当专款专用，任何单位和个人不得截留、挪用”，《陕西省科学技术普及条例》第三十二条第二款明显缩小了《科学技术进步法》第六十一条第二款规定的禁止范围，存在部分不一致。

《陕西省科学技术普及条例》第三十九条与上位法《科学技术进步法》第六十七条存在部分不一致。上位法《科学技术进步法》第六十七条规定：“虚报、冒领、贪污、挪用、截留用于科学技术进步的财政性资金，依照有关财政违法行为处罚处分的规定责令改正，追回有关财政性资金和违法所得，依法给予行政处罚。”而《陕西省科学技术普及条例》第三十九条规定“截留、挪用科普经费的，由所在单位或者上级机关责令限期归还，对直接负责的主管人员和其他直接责任人员依法给予行政处分”。上位法《科学技术进步法》强调的是“虚报、冒领、贪污、挪用、截留用于科学技术进步的财政性资金”，而《陕西省科学技术普及条例》中仅指“截留、挪用科普经费”，两者存在部分不一致；上位法《科学技术进步法》强调的是“追回有关财政性资金和违法所得”，而《陕西省科学技术普及条例》中仅提到“责令限期归还”，两者存在不一致。

2. 立法主体是否适格

《陕西省科学技术普及条例》由陕西省第九届人民代表大会常务委员会第十五次会议通过。根据我国《立法法》第七十二条第一款：“省、自治区、直辖市的人民代表大会及其常务委员会根据本行政区域的具体情况和实际需要，在不同宪法、法律、行政法规相抵触的前提下，可以制定地方性法规。”陕西省人大常委会拥有该地方性法规的制定权。

3. 立法程序是否规范

《陕西省科学技术普及条例》2000 年 5 月 26 日陕西省第九届人民代表大会常务委员会第十五次会议通过，2000 年 5 月 26 日起施行；根据 2010 年 3 月 26 日陕西省第十一届人民代表大会常务委员会第十三次会议通过，自公布之日起施行的《陕西省人民代表大会常务委员会关于修改部分地方性法规的决定》修正。根据《立法法》第七十七条：“地方性法规案、自治条例和单行条例案的提出、审议和表决程序，根据中华人民共和国地方各级人民代表大会和地方各级人民政府组织法，参照本法第二章第二节、第三节、第五节的规定，由本级人民代表大会规定。”以及《陕西省地方立法条例》的相关规定，该立法程序规范，符合法律、法规规定。

4. 立法内容是否超越权限

《陕西省科学技术普及条例》规定了实施科教兴陕战略，加强科学技术普及工作，提高公民科学文化素质，推动经济发展和社会进步的立足陕西省实际之上的具体事项。根据《立法法》第七十三条第一款、第二款：“地方性法规可以就下列事项作出规定：（一）为执行法律、行政法规的规定，需要根据本行政区域的实际情况作具体规定的事项；（二）属于地方性事务需要制定地方性法规的事项。除本法第八条规定的事项外，其他事项国家尚未制定法律或者行政法规的，省、自治区、直辖市和设区的市、自治州根据本地方的具体情况和实际需要，可以先制定地方性法规。在国家制定的法律或者行政法规生效后，地方性法规同法律或者行政法规相抵触的规定无效，制定机关应当及时予以修改或者废止。”该法规立法内容并未超越法定权限。

（二）合理性

1. 与部门规章的协调性

与《陕西省科学技术普及条例》相关的部门规章有《国家科学技术奖励条例实施细则》《社会力量设立科学技术奖管理办法》《农民技术人员职称评定和晋升试行通则》。本法规与上述部门规章协调。

（1）《国家科学技术奖励条例实施细则（科学技术部令第 13 号）》第二十四条“奖励条例第十一条第一款（二）所称‘社会公益项目’，是指在标准、计量、科技信息、科技档案、科学技术普及等科学技术基础性工作和环境保护、医疗卫生、自然资源调查和合理利用、自然灾害监测预报和防治等社会公益性科学技术事业中取得的重大成果及其应用推广”与《陕西省科学技术普及条例》第三条“科普工作是国家基础建设、基础教育和科学技术工作的重要组成部分，是一项社会系统工程。公民、法人和其他组织应当参与和支持科普活动，全体公民都应当接受科普教育”。具有协调性。

（2）《社会力量设立科学技术奖管理办法（科学技术部令第 10 号）》第三条第三款“本办法所称科学技术奖是指以在科学研究、技术创新与开发、科技成果推广应用、实现高新技术产业化、科学技术普及等方面取得成果或者作出贡献的个人、组织为奖励对象而设立和开展的奖励活动”。与《陕西省科学技术普及条例》第三十七条“各级人民政府和有关行政管理部门、社会团体应当定期对在科普工作中作出突出贡献或者捐资数额较大的单位和个人，给予表彰或者奖励”。具有协调性。

（3）《农民技术人员职称评定和晋升试行通则》第十二条“获得技术职称的农民技术人员有以上权利；与生产单位或农户签订有偿的技术承包、技术指导、技术培训和技术推广合同；应聘到外地传授技术；优先参加县乡举办的技术培训、讲座、技术交流或应邀参加有关学会、协会、研究会的学术会议；优先获得有关部门及科协编印的技术资料、提供的良种和设备等；优先接受国家、集体单位的聘用或录用；优先直接对口报考中专和中专以上的专业学校；在科学技术普及推广和科研工作中取得显著成绩者，与专业科技人员享受同等待遇”。与《陕西省科学技术普及条例》第三十七条“各级人民政府和有关行政管理部门、社会团体应当定期对在科普工作中作出突出贡献或者捐资数额较大的单位和个人，给予表彰或者奖励”。具有协调性。

2. 是否符合“十三五”科技规划

《中华人民共和国国民经济和社会发展第十三个五年规划纲要》提出，要“深化科技体制改革，引导构建产业技术创新联盟，推动跨领域跨行业协同创新，促进科技与经济深度融合”。而《陕西省科学技术普及条例》第一条就提出“为了实施科教兴陕战略，加强科学技术普及工作，提高公民科学文化素质，推动经济发展和社会进步”。因此，《陕西省科学技术普及条例》是符合“十三五”科技规划的。

（三）配套性

（1）出台《商洛市人民政府办公室关于加快推进气象现代化建设的实施意见》，该实施意见提出了建立市、县两级气象科普馆和科普教育基地。结合基层气象台站改造，加快建设参与性强、内容丰富、常态开放的气象科普主题公园或气象科普场馆。将气象科普教育纳入中小学教学活动，落实全民科学素质行动及科学技术普及实施计划，建立业务化、常态化、社会化、品牌化的气象科普宣传长效机制，全面建成基本覆盖城乡的气象科普教育体系。

（2）出台《咸阳市人民政府办公室关于印发〈咸阳市实施商标品牌战略促进经济发展的意见〉的通知》，该通知提出市科技局应制定促进科技进步的配套政策和措施，指导商标主体单位做好科学技术普及发展规划、年度计划；做好高新技术产品认定、科技进步奖申报以及行业商标发展规划落实指导工作。

（3）出台《西安市人民政府办公厅关于印发全民科学素质行动计划纲要实施方案（2011—2015 年）的通知》，该通知主要针对组织实施领导干部和公务员科学素质行动。贯彻落实科学发展观，加强科学技术普及和教育培训工作，着力培养领导干部和公务员的执政能力，提升科学决策与管理水平。

（4）出台《陕西省科学技术进步条例》，该条例第三十五条提出了鼓励高等学校、科研机构、企业向社会提供公益性、非营利性的科学技术普及服务。向社会提供公益性、非营利性服务的，依法享受税收优惠。

（5）出台《陕西省人民政府办公厅关于印发重点镇综合文体中心建设项目试点方案的通知》，该通知提出了重点镇综合文体中心建设项目所需资金，主要通过整合中省可以用于乡镇公共文化设施建设的现有各项专项资金，包括乡镇综合文化站建设资金、乡镇综合文化站设备配置（含文化信息资源共享工程）资金、乡镇农民体育健身工程资金、农家书屋工程资金、科学技术普及专项资金等，统筹安排解决。

（6）出台《陕西省人民政府印发贯彻国务院关于基础教育改革与发展的决定的实施意见》，该意见明确要求普通中学要设置技术类课程。中小学都要积极开展科学技术普及活动。加强劳动教育，积极组织中小学生参加力所能及的社会公益劳动。

（7）出台《陕西省民族工作条例》，该条例第三十三条指出科学技术行政主管部门应当在少数民族比较集中的地方做好科学技术普及工作，在民族乡、民族村组织推广先进适用技术。

（四）可操作性

1. 是否具有规范的操作流程

《陕西省科学技术普及条例》在一定程度上具有规范的操作流程。例如，该条例第三十八条关于“扰乱社会秩序进行处罚”的流程十分具体：“以科普为名，组织反科学、伪科学和迷信活动，扰乱社会秩序，危害公共利益或者骗取财物，尚不构成刑事犯罪的，由公安机关依照《中华人民共和国治安管理处罚法》的规定予以处罚；构成犯罪的，由司法机关依法追究刑事责任。”

该条例第四十条关于“擅自拆除国家投资设施”，也有十分详细具体的规范：“违反本条例第三十四条第二款规定，擅自拆除国家投资兴建的科普场馆、设施或者改变其用途的，由科学技术行政主管部门责令恢复原状或者限期改正，有违法所得的，没收违法所得，并由所在单位或者上级机关对直接负责的主管人员和其他直接责任人员依法给予行政处分。当事人对科学技术行政主管部门作出的行政处罚决定不服的，可以依照《中华人民共和国行政复议法》和《中华人民共和国行政诉讼法》申请行政复议或者提起行政诉讼。”

2. 是否有明确的实施主体和实施对象

《陕西省科学技术普及条例》明确了科普行政管理工作的实施主体为“县级以上人民政府科学行政主管部门”；实施对象为“本省行政区域内的国家机关、社会团体、企业事业单位及其他组织和公民”。

（五）技术性

《陕西省科学技术普及条例》的概念界定明确，该条例第二条对“科学技术普及”进行了明确界定，“本条例所称科学技术普及（以下简称科普）是指采用易于理解和接受的方式，向公众传播科学技术知识、科学方法和科学思想”。第十七条对“专业科普工作者”和“非专业科普工作者”也进行了明确界定，“在科技馆（中心）、青少年宫（活动中心）等专业科普活动场所中从事科普工作的人员以及中小学专设的科技辅导员为专业科普工作者。其他从事科普工作的人员为非专业科普工作者”。

《陕西省科学技术普及条例》的逻辑结构严密，主要体现在：整部条例共 43 条，划分为“总则”“组织管理”“科普工作者”“社会责任”“保障措施”“奖励与处罚”“附则”7 章。

五、《陕西省实施〈中华人民共和国中小企业促进法〉办法》文本评估

本法规基本情况：《陕西省实施〈中华人民共和国中小企业促进法〉办法》2007 年 3 月 31 日经陕西省第十届人民代表大会常务委员会第三十次会议通过，2007 年 7 月 1 日起实施，至今未进行过修改。

上位法基本情况：本法规的直接上位法是《中小企业促进法》等。《中小

企业促进法》于2002年6月29日经第九届全国人民代表大会常务委员会第二十八次会议通过，2003年1月1日起施行。

（一）合法性

《陕西省实施〈中华人民共和国中小企业促进法〉办法》与上位法不存在冲突，其立法主体适格，立法程序规范，内容未超越地方立法权限。

1. 是否与上位法冲突

《陕西省实施〈中华人民共和国中小企业促进法〉办法》与上位法不存在冲突。但是，政府部门职能划分或者监督管理职责已经发生变化，个别条款与2013年新修订的《中华人民共和国商标法》（以下简称《商标法》）旨意不合。

本法规第三十二条规定："鼓励和支持中小企业创立企业品牌。对获得国家名牌产品、驰名商标、名牌出口商品、免检产品、地理标志保护产品的企业，县级以上人民政府应当给予表彰奖励。"而2013年新修订的《商标法》第十四条第五款规定："生产、经营者不得将'驰名商标'字样用于商品、商品包装或者容器上，或者用于广告宣传、展览以及其他商业活动中。"由此可见，新《商标法》对驰名商标的适用给予了一定的限制，淡化了驰名商标与普通商标在经营活动中的使用区别，将驰名商标作为个案审判的依据，而非行政认定的荣誉。本法规第三十二条所规定的对获得驰名商标的企业给予表彰奖励等措施，明显是以修正前的《商标法》中规定的驰名商标行政认定为基础的，与新《商标法》的修正以及其立法精神不符，建议删除本法规第三十二条中的"驰名商标"。

2. 立法主体是否适格

《陕西省实施〈中华人民共和国中小企业促进法〉办法》经陕西省第十届人民代表大会常务委员会第三十次会议通过后发布。根据《立法法》第七十二条第一款："省、自治区、直辖市的人民代表大会及其常务委员会根据本行政区域的具体情况和实际需要，在不同宪法、法律、行政法规相抵触的前提下，可以制定地方性法规。"陕西省人大常委会拥有该地方性法规的制定权。

3. 立法程序是否规范

《陕西省实施〈中华人民共和国中小企业促进法〉办法》于2007年3月31日经陕西省第十届人民代表大会常务委员会第三十次会议通过，2007年7月1日起实施。根据《立法法》第七十七条："地方性法规案、自治条例和单行条例案的提出、审议和表决程序，根据中华人民共和国地方各级人民代表大会和地方各级人民政府组织法，参照本法第二章第二节、第三节、第五节的规定，由本级人民代表大会规定。"以及《陕西省地方立法条例》的相关规定，该立法程序规范，符合法律、法规规定。

4. 立法内容是否超越权限

《陕西省实施〈中华人民共和国中小企业促进法〉办法》是为了结合本省实际实施《中华人民共和国中小企业促进法》，规定了促进中小企业发展的主管单位、专项资金管理办法、金融投资扶持、税收优惠政策、公共服务平台建设、技术创新支持、社会服务支持以及企业权益保护等事项。

根据《立法法》第七十三条第一款、第二款："地方性法规可以就下列事项作出规定：（一）为执行法律、行政法规的规定，需要根据本行政区域的实际情况作具体规定的事项；（二）属于地方性事务需要制定地方性法规的事项。除本法第八条规定的事项外，其他事项国家尚未制定法律或者行政法规的，省、自治区、直辖市和设区的市、自治州根据本地方的具体情况和实际需要，可以先制定地方性法规。在国家制定的法律或者行政法规生效后，地方性法规同法律或者行政法规相抵触的规定无效，制定机关应当及时予以修改或者废止。"该法规立法内容并未超越法定权限。

（二）合理性

1. 与部门规章的协调性

与《陕西省实施〈中华人民共和国中小企业促进法〉办法》直接相关的部门规章暂无。

2. 是否符合"十三五"科技规划发展趋势

《中华人民共和国国民经济和社会发展第十三个五年规划纲要》指出要建设创业创新公共服务平台，实施"双创"行动计划，鼓励发展面向大众、服务中小微企业的低成本、便利化、开放式服务平台，打造一批"双创"示范基地和城市。加强信息资源整合，向企业开放专利信息资源和科研基地。

由此，中小企业发展需要良好的市场环境和政策支持，地方性法规对中小企业的支持更具有操作性和针对性，《陕西省实施〈中华人民共和国中小企业促进法〉办法》符合国家发展战略要求。

陕西省"十三五"规划提出在提及人民就业问题时要以创业促进就业，实施中小企业成长工程，建设西安、宝鸡、咸阳、渭南等创业型城市，创建一批农民工返乡创业园。加强就业援助，提升公共就业服务能力，健全人力资源市场，加快构建劳动者终身职业培训体系，做好失业预防和调控。中小企业在经济发展和促进就业方面有着不可小觑的作用，保护中小企业的健康发展也是为经济发展的全局目标作出的有力贡献。

（三）配套性

《陕西省实施〈中华人民共和国中小企业促进法〉办法》具有相关配套政策、措施，具体表现在：

（1）出台《陕西省中小企业发展专项资金管理暂行办法》（2005 年 5 月 31

日），该办法第二条就明确了中小企业发展专项资金的功能定位，即“中小企业发展专项资金是根据《中华人民共和国中小企业促进法》和《中共陕西省委陕西省人民政府关于进一步加快非公有制经济发展的若干意见》，由省财政厅预算安排用于支持中小企业专业化发展、与大企业协作配套、技术创新、新产品开发、新技术推广等方面的专项资金和支持中小企业服务机构开展有关促进中小企业发展的培训服务、信用服务、创业服务、管理咨询服务等业务所发生支出的补助资金”，规范了中小企业发展专项资金支持方式及额度、项目资金申请及监督检查等具体操作办法。

（2）出台陕西省《省级中小企业发展专项资金管理办法》（2014 年 8 月 5 日），该办法是对《陕西省中小企业发展专项资金管理暂行办法》的修正，明确了专项资金的使用方向，细化了专项资金申请条件。

（3）出台《陕西省中小企业信用担保业管理试行办法》（2007 年 11 月 2 日），该办法的原则为政府支持与市场运作相结合，支持发展与防范风险相结合，开展担保与提高信用相结合，重点推进与全面发展相结合，为中小企业提供短期银行贷款、中长期银行贷款、融资租赁以及其他经济合同的担保，专门规定了担保机构的设立、资金来源、组织管理、担保与再担保业务、风险控制、赔付与责任、财务管理以及政策扶持等事项，为中小企业融资事项提供了制度保障。

（4）出台《陕西省人民政府办公厅关于发展完善我省中小企业融资服务体系的意见》（2008 年 5 月 5 日），该意见旨在加大政策支持力度，为中小企业发展提供制度性保障、完善多层次融资服务体系，加强对中小企业的金融服务、充分利用和发展资本市场，拓宽中小企业融资渠道、构建中小企业信用担保服务体系，缓解企业担保难问题、提高中小企业自身素质，不断增强企业融资能力、加强诚信陕西建设，改善中小企业信用环境提供系统性的指导意见，全方位地促进中小企业健康发展。

（5）出台《陕西省人民政府关于进一步促进中小企业发展的实施意见》，该意见从放宽市场准入、扩大民间投资、继续鼓励全民创业、加大财政扶持力度、落实税收优惠政策、全力扩大信贷支持、加快发展中小企业金融服务机构、继续推进中小企业信用担保体系建设、强化项目带动发展、加快推进县域工业集中区建设、积极发展配套型中小企业、加快中小企业产业升级、支持中小企业开拓市场、推进中小企业服务体系建设、建立发展环境评议制度和维权投诉中心、加强组织领导和协调服务、建立统计监测和预警制度等角度提出了系统性的指导意见，以促进中小企业在新的经济形势下进一步健康发展。

（6）出台《陕西省人民政府办公厅关于省中小企业服务体系建设的指导意见》（2011 年 7 月 22 日），该意见专门规定为中小企业建设公共服务平台为支撑，以培育服务主体为重点，加快配置服务资源，增强服务功能，扩大服务范围，提高服务水平，推动建设适应中小企业发展需要的服务体系，为全省中小企业的创立与发展创造良好的外部环境和条件。

（7）出台《陕西省人民政府办公厅关于成立省促进中小企业发展工作领导小组的通知》（2015 年 7 月 22 日），为促进中小企业发展工作成立省级专门领导小组，由副省长任组长，统筹全省中小企业发展的工作。

（四）可操作性

1. 是否具有规范的操作流程

《陕西省实施〈中华人民共和国中小企业促进法〉办法》缺乏具体操作流程的规定。例如，该条例第十四条、第十五条、第十七条、第十九条、第二十二条、第二十三条、第二十四条、第二十五条的规定，大部分采用“鼓励”“支持”“引导”等鼓励措施，但没有配套的具有操作性的实施细则。

2. 是否有明确的实施主体和实施对象

《陕西省实施〈中华人民共和国中小企业促进法〉办法》明确了科技成果转化的实施主体为“县级以上人民政府中小企业工作部门”等相关行政部门；实施对象为“各种所有制、各种形式的中小企业”。

（五）技术性

《陕西省实施〈中华人民共和国中小企业促进法〉办法》未界定相关概念、逻辑严密、条文表述简明、用语较为准确。

相关概念界定并不明确。《陕西省实施〈中华人民共和国中小企业促进法〉办法》的对于“中小企业”的概念并未加以界定。应当根据《中小企业促进法》已有的规定：“本法所称中小企业，是指在中华人民共和国境内依法设立的有利于满足社会需要，增加就业，符合国家产业政策，生产经营规模属于中小型的各种所有制和各种形式的企业。中小企业的划分标准由国务院负责企业工作的部门根据企业职工人数、销售额、资产总额等指标，结合行业特点制定，报国务院批准”加以明确。

逻辑结构较为严密。《陕西省实施〈中华人民共和国中小企业促进法〉办法》按照总则、资金支持、创业扶持、技术创新、市场开拓、社会服务、权益保护、附则的逻辑结构安排，其中权益保护亦即法律责任（罚则）的规定，无逻辑错误。

用语基本准确。但存在一处问题：该法规第四条第二款、第四十条规定了原“人事、劳动和社会保障”部门的职责。根据 2008 年《国务院机构改革方案》，组建人力资源和社会保障部，不再保留人事部、劳动和社会保障部。目前，陕西省已经完成了部门改制，将“劳动和社会保障”部门改为“人力资源和社会保障”部门，近年来新发布的地方性法规均用“人力资源和社会保障”

的部门称谓，例如，2013 年修订的《陕西省实施〈中华人民共和国道路交通安全法〉办法》，2014 年发布的《陕西省农村五保供养服务机构管理办法》等。故应将本法规第四条第二款、第四十条中的“人事、劳动和社会保障”部门修正为“人力资源和社会保障”部门。

六、《陕西省实施〈中华人民共和国农业技术推广法〉办法》文本评估

本法规基本情况：《陕西省实施〈中华人民共和国农业技术推广法〉办法》1995 年 12 月 29 日陕西省第八届人民代表大会常务委员会第十六次会议通过并予公布，自公布之日起施行；共经过 1997 年、2004 年和 2010 年三次修正。

上位法基本情况：本法规的直接上位法是《中华人民共和国农业法》（以下简称《农业法》）和《农业技术推广法》。《农业法》1993 年 7 月 2 日第八届全国人民代表大会常务委员会第二次会议通过，2003 年 3 月 1 日施行；共经过 2002 年一次修订，以及 2009 年和 2012 年两次修正。《农业技术推广法》1993 年 7 月 2 日第八届全国人民代表大会常务委员会第二次会议通过；根据 2012 年 8 月 31 日第十一届全国人民代表大会常务委员会第二十八次会议《关于修改〈中华人民共和国农业技术推广法〉的决定》修正。

（一）合法性

《陕西省实施〈中华人民共和国农业技术推广法〉办法》立法主体适格，立法程序规范，内容未超越地方立法权限。

1. 是否与上位法冲突

《陕西省实施〈中华人民共和国农业技术推广法〉办法》共 38 条，滞后于其上位法《农业法》和《农业技术推广法》的修改时间。上位法的立法精神与内容均发生大幅度修正，本法规目前的整体规定与上位法不一致，建议本法规进行修订，经评估共有 28 条建议修改。

本法规中关于名称修改的总体建议为将本法规中所有“农业技术推广行政部门”修改为“农业技术推广部门”（第二条、第三条、第十四条、第十八条、第三十三条和第三十五条），“农业技术推广机构”修改为“国家农业技术推广机构”（第三条、第五条、第六条、第七条、第八条、第十条、第十二条、第十三条、第十四条、第十九条、第二十条、第二十四条、第二十五条、第二十七条、第二十九条、第三十二条和第三十四条），名称修改建议的论证及其余条款内容和体例的修改建议在下文阐述。

由于本法规是关于上位法《农业技术推广法》的实施办法，而上位法《农业技术推广法》于 2012 年修正时共修改 49 处，属于大幅修正，核心精神发生改变，本法规应在本省充分调研的基础上，结合本省实际与上位法最新修改情况，进行全面修订。由于缺乏广泛的实地调研，本评估仅针对现行地方性法规

存在的法律问题提出建议，本法规的全面修订还需在全面调研的基础上进一步完善。

（1）建议将本法规第一条中“促进农业的发展”修改为“增强科技支撑保障能力，促进农业和农村经济可持续发展”。本法规第一条是立法目的，“为加强农业技术推广工作，加快农业科研成果和实用技术的普及应用，促进农业发展，根据《农业法》和《农业技术推广法》的规定，结合本省实际，制定本办法”，与上位法修正前1993年文本第一条的规定完全一致，“为了加强农业技术推广工作，促使农业科研成果和实用技术尽快应用于农业生产，保障农业的发展，实现农业现代化，制定本法”。但是上位法在2012年修正时，已将此做了修改，将“保障农业的发展”修改为“增强科技支撑保障能力，促进农业和农村经济可持续发展”。因此，为了与上位法立法精神与目的保持一致，建议本法规第一条做相应修改。

（2）建议本法规第二条删除“畜牧”“渔业”和“行政”，同时增加“同级人民政府其他有关部门按照各自的职责，负责农业技术推广的有关工作”。本法规第二条规定，“县级以上各级人民政府农业、林业、畜牧、渔业、水利等行政部门（以下统称“农业技术推广行政部门”）在本级人民政府的领导下，按照各自的职责，负责本行政区域内的农业技术推广工作。同级人民政府科学技术行政部门对农业技术推广工作进行指导”。本条的规定与上位法《农业技术推广法》1993年文本第九条的规定完全一致，但是《农业技术推广法》在2012修改时对此做了修正，规定为“国务院农业、林业、水利等部门（以下统称“农业技术推广部门”）按照各自的职责，负责全国范围内有关的农业技术推广工作。县级以上地方各级人民政府农业技术推广部门在同级人民政府的领导下，按照各自的职责，负责本行政区域内有关的农业技术推广工作。同级人民政府科学技术部门对农业技术推广工作进行指导。同级人民政府其他有关部门按照各自的职责，负责农业技术推广的有关工作”。可见，本条做了六处改动，即删除了“畜牧”“渔业”和三处“行政”，并增加了“同级人民政府其他有关部门按照各自的职责，负责农业技术推广的有关工作”。经查本法规没有对应修改的切实必要，但根据地方性法规要与法律、行政法规立法精神相一致的原则，可以根据上位法进行修改，删除“畜牧”“渔业”和行政部门的“行政”二字，并增加“同级人民政府其他有关部门按照各自的职责，负责农业技术推广的有关工作”。

（3）删除第三条第一款的“行政”，将“农业技术推广机构”修改为“国家农业技术推广机构”并将“国家事业机构”修改为“公共服务机构”。本法规第三条第一款规定，“本办法所称农业技术推广机构是指县级以上农业技术推广行政部门和乡（镇）人民政府设立的从事农业技术推广工作的国家事业机构”。上位法《农业技术推广法》在2012年修正时做了相应修改，删除了“行政”并将“农业技术推广机构”全部修改为“国家农业技术推广机构”，第十条规定“农业技术推广，实行国家农业技术推广机构与农业科研单位、有关学校、农民专业合作社、涉农企业、群众性科技组织、农民技术人员等相结合的推广体系”；第十一条规定，“各级国家农业技术推广机构属于公共服务机构”。“公共服务机构”是《农业技术推广法》2012年新增加的规定，且将农业技术推广机构全部限定为了公共服务机构，取消了任何有偿服务的行为。

删除第三条第二款、第三款中的“行政”，将“农业技术推广机构”修改为“国家农业技术推广机构”，“领导”修改为“管理”，“上级农业技术推广机构”修改为“上级农业技术推广部门”。本法规第三条第二款规定，“县级以上农业技术推广机构受同级农业技术推广行政部门的领导和上级农业技术推广机构的业务指导”；第三条第三款规定，“乡（镇）农业技术推广机构受乡（镇）人民政府的领导和上级农业技术推广机构的业务指导”。2012年上位法《农业技术推广法》修正时增加了“根据科学合理、集中力量的原则以及县域农业特色、森林资源、水系和水利设施分布等情况，因地制宜设置县、乡镇或者区域国家农业技术推广机构”和“乡镇国家农业技术推广机构，可以实行县级人民政府农业技术推广部门管理为主或者乡镇人民政府管理为主、县级人民政府农业技术推广部门业务指导的体制，具体由省、自治区、直辖市人民政府确定”。建议本法规根据上位法2012年的最新修正条款修改。

（4）建议删除本法规第五条“以各级农业技术推广机构为主”，并加入“农民专业合作社和涉农企业”。本法规第五条规定，“农业技术推广实行以各级农业技术推广机构为主，农业技术推广机构与农业科研单位、有关学校、群众性科技组织、村农业技术推广服务组织、农民技术人员、科技示范户相结合的推广体系”。本条款的规定与《农业技术推广法》2012年修正前第十条的规定一致，“农业技术推广，实行农业技术推广机构与农业科研单位、有关学校以及群众性科技组织、农民技术人员相结合的推广体系”，且在此基础上加以细化，增加了“村农业技术推广服务组织”和“科技示范户”。但是在该法律2012年修正时对此条做了修改，“农业技术推广，实行国家农业技术推广机构与农业科研单位、有关学校、农民专业合作社、涉农企业、群众性科技组织、农民技术人员等相结合的推广体系”，即删除了“以各级农业技术推广机构为主”并增加了“农民专业合作社、涉农企业”。经核实，“农业技术推广服务组织”和“科技示范户”在本省目前还存在，陕西省宝鸡市、榆林市、商洛市等均设有“村级农业技术服务站（点）”，并配有“农技推广协理员”，且仍存在“科技示范户”。因此，建议本法规第五条只根据《农业技术推广法》删除“以各级农业技术推广机构为主”，并加入“农民专业合作社和涉农企业”，仍然保留“村农业技术推广服务组织”和“科技示范户”。

（5）建议本法规第七条的规定根据《农业技术推广法》第十一条重新制定。本法规第七条规定：“县级以上农业技术推广机构的职责是：（一）参与制订农业技术推广规划、计划并组织实施；（二）组织农业技术培训和普及农业科技知识；（三）引进先进的农业技术和科研成果；（四）对选定推广的农业技术进行试验、示范；（五）制定技术规程，执行技术标准，参与农业技术推广的技术鉴定；（六）提供技术、信息和与之相关的物资服务；（七）组织、指导下级农业技术推广机构、群众性科技组织、农民技术人员的农业技术推广活动。”即本条款规定了县级以上农业技术推广机构的职责，其第一、二、四、六和七项分别与上位法修正前《农业技术推广法》第十一条第一、二、三、四和五项的规定完全一致，而 2012 年修正时对此做了大幅度修改。《农业技术推广法》第十一条规定，“各级国家农业技术推广机构属于公共服务机构，履行下列公益性职责：（一）各级人民政府确定的关键农业技术的引进、试验、示范；（二）植物病虫害、动物疫病及农业灾害的监测、预报和预防；（三）农产品生产过程中的检验、检测、监测咨询技术服务；（四）农业资源、森林资源、农业生态安全和农业投入品使用的监测服务；（五）水资源管理、防汛抗旱和农田水利建设技术服务；（六）农业公共信息和农业技术宣传教育、培训服务；（七）法律、法规规定的其他职责”。因此建议该条根据《农业技术推广法》第十一条并结合本省实际进行全面修改。

（6）建议本法规第八条在第七条修改的基础上结合本省实际重新制定。本法规第八条规定，“乡（镇）农业技术推广机构的主要职责是：（一）向农业劳动者宣传、示范和推广农业先进技术；（二）管理、指导村农业技术推广服务组织、农民技术人员和科技示范户的科技推广工作；（三）对村、组农民技术人员和科技示范户进行适用技术培训；（四）开展农业综合技术和与之相关的物资服务；（五）传播农业科技和经济信息”。2012 年修正的《农业技术推广法》中将县级国家农业技术推广机构与乡镇等各级做了一并规定，且较为细致。建议在修改本法规第七条时对此做一并修改，并结合社会发展进程及实际情况做更为细致的规定。

（7）建议本法规第十条第一款根据 2012 年修正的《农业技术推广法》第二十二条修改，并重新整合制定第十条第二款。本法规第十条规定，“教育部门应当将农业职业技术教育和农业技术培训列入教育规划、计划，根据当地农业产业发展的需要，兴办农村职业中学，培训农村基层干部和农业劳动者”，该规定与 1993 年的《农业技术推广法》第十六条第二款完全一致，“教育部门应当在农村开展有关农业技术推广的职业技术教育和农业技术培训，提高农业技术推广人员和农业劳动者的技术素质。国家鼓励农业集体经济组织、企业事业单位和其他社会力量在农村开展农业技术教育”。但是上位法在2012年修正时已将第十六条第二款作为第二十三条，并修改为“教育、人力资源和社会保障、农业、林业、水利、科学技术等部门应当支持农业科研单位、有关学校开展有关农业技术推广的职业技术教育和技术培训，提高农业技术推广人员和农业劳动者的技术素质”。建议本法规第十条第一款根据此规定修改，增加人力资源和社会保障、农业、林业、水利、科学技术等部门的职责。

本法规第十条第二款规定，“普通中等农业学校应当根据有关规定，每年从农业技术推广机构的农民技术人员和农村青年中定向招生，定向分配”。但是经咨询陕西省教育厅、西安市教育局、宝鸡市教育局以及宝鸡市农业技术推广中心等部门，均反映目前已基本没有定向招生和定向分配问题政策，且西安市从未设立过普通中等农业学校，宝鸡市的普通中等农业学校目前正在与宝鸡市职业技术学院合并。故而此条的具体实践环境还有待考察，建议本条在全面调研、核实的基础上重新制定。

（8）建议本法规第十一条结合《农业技术推广法》第十七条和本省实际进行全面修改，并与本法规第十条相协调。本法规第十一条规定，“农、林、牧、渔良种场应当利用技术优势，搞好良种繁育，为农业劳动者提供良种服务”。《农业技术推广法》第十七条规定，“国家鼓励农场、林场、牧场、渔场、水利工程管理单位面向社会开展农业技术推广服务”，本条只规定了农、林、牧、渔良种场的职责，且经审查法规全文也未规定“农场、林场、牧场、渔场、水利工程管理单位”的相关责任，因此建议本法规增加相应的鼓励规定，并在全面调研的基础上进一步完善。

（9）建议本法规第十二条根据《农业技术推广法》第二十五条及本法规第五条的修改完善。本法规第十二条规定，“群众性科技组织、村农业技术推广服务组织、农民技术人员和科技示范户，在农业技术推广机构的指导下，宣传农业技术知识，协助开展农业技术推广工作。村民委员会和村集体经济组织，应当支持、帮助村农业技术推广服务组织和农民技术人员开展工作”。《农业技术推广法》第二十五条规定，“国家鼓励和支持农民专业合作社、涉农企业，采取多种形式，为农民应用先进农业技术提供有关的技术服务”，即2012年修正增加了“农民专业合作社”和“涉农企业”，而本法规第五条亦将根据上位法的规定修改，增加“农民专业合作社”和“涉农企业”，因此建议本条在修改时协调本法规第五条的规定进一步完善。

（10）建议本法规第十三条根据《农业技术推广法》第十四条进行修改。本法规第十三条规定，“农业技术推广机构的专业技术人员应当具有中等以上有关专业学历，或者经省有关行政主管部门主持的专业技术考核取得相应的专业技术资格证书”。此规定与2012年修正前的《农业技术推广法》第十二条一致，“农业技术推广机构的专业科技人员，应当具有中等以上有关专业学历，或者经县级以上人民政府有关部门主持的专业考核培训，达到相应的专业技术水平”。但是本条在2012年修正时做了大幅改动，修改为第十四条，“国家农业技术推广机构的专业技术人员应当具有相应的专业技术水平，符合岗位职责要求。国家农业技术推广机构聘用的新进专业技术人员，应当具有大专以上有关专业学历，并通过县级以上人民政府有关部门组织的专业技术水平考核。自治县、民族乡和国家确定的连片特困地区，经省、自治区、直辖市人民政府有关部门批准，可以聘用具有中专有关专业学历的人员或者其他具有相应专业技术水平的人员。国家鼓励和支持高等学校毕业生和科技人员到基层从事农业技术推广工作。各级人民政府应当采取措施，吸引人才，充实和加强基层农业技术推广队伍”。即《农业技术推广法》第十四条根据不同的岗位设置了不同的专业技术要求，规定更为细化、合理，建议本法规第十三条根据2012年《农业技术推广法》第十四条进行全面修改。

（11）建议修改本法规第十四条第一款的“县级农业技术推广机构应当采取措施，培训农民技术人员”。本法规第十四条规定，“县级农业技术推广机构应当采取措施，培训农民技术人员，逐步使其达到初级以上专业技术水平，并由农业技术推广行政部门按有关规定评定技术职称”。此规定与修正前的第十三条第三款的规定基本一致，“国家采取措施，培训农民技术人员。农民技术人员经考核符合条件的，可以按照有关规定授予相应的技术职称，并发给证书”。但是在2012年修正时，已删除了此条。只规定了对“农业技术推广人员的培训”和“加强对村农业技术服务站点和农民技术人员的指导”，第三十一条规定，“农业技术推广部门和县级以上国家农业技术推广机构，应当有计划地对农业技术推广人员进行技术培训，组织专业进修，使其不断更新知识、提高业务水平”；第十五条第三款规定，“国家农业技术推广机构应当加强对村农业技术服务站点和农民技术人员的指导”。《农业技术推广法》直接删去了1993年文本中“国家采取措施，培训农民技术人员。农民技术人员经考核符合条件的，可以按照有关规定授予相应的技术职称，并发给证书”中的“国家采取措施，培训农民技术人员”，即已不再将对农民技术人员的培训作为强制义务，本法规可以结合本省实际，根据上位法做相应修改。

（12）建议重新审核完善本法规第十五条和第十六条。本法规第十五条和第十六条规定了农业技术推广人员的权利和义务，是本省自行创设的，无上位法依据，且经过与上海、甘肃、江苏等省市的地方性法规比较，规定基本一致，即就本条款而言不存在较大问题，但是鉴于《农业技术推广法》2012年的大幅修正以及本法规前几条所做的修改，并结合本省实际及社会发展情况，应重新审核制定。

（13）建议本法规第十七条第三款加入“县”。本法规第十七条第三款规定，“在乡（镇）、村从事农业技术推广的专业科技人员、农民技术人员在技术职称评定时，应以其推广工作的业务技术水平和实绩为主”，此规定与上位法不一致。《农业技术推广法》第二十九条规定，“对在县、乡镇、村从事农业技术推广工作的专业技术人员的职称评定，应当以考核其推广工作的业务技术水平和实绩为主”。即本条款的规定没有纳入在县级从事农业技术推广工作的专业技术人员的职称评定时的要求，与上位法规定不一致，且现实中在县级从事农业技术推广工作的专业技术人员职称评定时缺乏相应标准，因此根据《农业技术推广法》第二十九条的规定加入“在县从事农业技术推广的专业科技人员、农民技术人员”。

（14）建议本法规第二十条根据《农业技术推广法》第二十条修改完善，将“农业技术推广机构”修改为“农业技术推广单位”。本法规第二十条规定，“农业科研单位和农业院校的科研成果可以通过农业技术推广机构推广，也可以由该农业科研单位或农业院校直接向农业劳动者和农业生产经营组织推广”。此规定与2012年修正前的《农业技术推广法》第十八条一致，“农业科研单位和有关学校应当把农业生产中需要解决的技术问题列为研究课题，其科研成果可以通过农业技术推广机构推广，也可以由该农业科研单位、该学校直接向农业劳动者和农业生产经营组织推广”。但是《农业技术推广法》在2012年修正时已将此条修改为第二十二条，第二十条第一款规定，“农业科研单位和有关学校应当把农业生产中需要解决的技术问题列为研究课题，其科研成果可以通过有关农业技术推广单位进行推广或者直接向农业劳动者和农业生产经营组织推广”；第二十条第二款规定，“国家引导农业科研单位和有关学校开展公益性农业技术推广服务”。即2012年上位法修正时扩大了科研成果推广的方式，将“农业技术推广机构”修改为“农业技术推广单位”。因此，建议本法规第二十条根据《农业技术推广法》第二十条修改，将“农业技术推广机构”修改为“农业技术推广单位”。

（15）建议本法规第二十一条增加“农业生产经营者”和“安全性”。本法规第二十一条规定，“向农业劳动者推广的农业技术，必须在推广地区经过试验、示范，证明具有先进性和适用性。国家规定实行审定（登记）或许可证管理的，按有关规定执行”。本条款与2012年修正前《农业技术推广法》第十九条一致，“向农业劳动者推广的农业技术，必须在推广地区经过试验证明具有先进性和适用性”。但是本条在2012年修正时已做过改动，修改为第二十一条，“向农业劳动者和农业生产经营组织推广的农业技术，必须在推广地区经过试验证明具有先进性、适用性和安全性”。即推广对象增加了“农业生产经营者”，试验要求中增加了“安全性”。因此建议本法规第二十一条根据上位法做修改，增加“农业生产经营者”和“安全性”。

（16）建议本法规第二十四条第一款根据《农业技术推广法》第二十四条第一款修改，删除“除本条第二款另有规定外”。本法规第二十四条第一款规定，“农业技术推广机构向农业劳动者推广农业技术，除本条第二款另有规定外，实行无偿服务”，本款的规定与2012年《农业技术推广法》修正前第二十二条完全一致。即本款规定农业技术推广机构是可以有偿服务的，与新修正后的《农业技术推广法》立法精神和内容均不一致，且上位法《农业法》中也规定了农业技术推广机构的完全公益性。2012年修正后《农业技术推广法》第二十四条第一款规定，“各级国家农业技术推广机构应当认真履行本法第十一条规定的公益性职责，向农业劳动者和农业生产经营组织推广农业技术，实行无偿服务”。因此，建议删除本款中“除本条第二款另有规定外”的规定，并根据《农业技术推广法》第二十四条第一款进行全面修改。

建议本法规第二十四条第二款、第三款根据《农业技术推广法》第二十四条第二款修改完善，删除“农业技术推广机构”。本法规第二十四条第二款规定，“农业技术推广机构、农业科研单位、有关学校以及科技人员，以技术转让、技术服务和技术承包等形式提供农业技术的，可以实行有偿服务，其合法收入受法律保护”；第三款规定，“进行农业技术转让、技术服务和技术承包，当事人各方应当订立书面合同，约定各自的权利和义务”。根据《农业法》和《农业技术推广法》的主旨精神，农业技术推广机构属于纯公益性组织，且《陕西省农业厅关于贯彻落实〈中华人民共和国农业技术推广法〉的实施意见》中也已经确定了公益性的基本原则，经咨询陕西省农业厅、西安市农业局等单位，目前陕西省的实际情况也已经按照上位法实行。同时，《农业技术推广法》第二十四条第二款规定，“国家农业技术推广机构以外的单位及科技人员以技术转让、技术服务、技术承包、技术咨询和技术入股等形式提供农业技术的，可以实行有偿服务，其合法收入和植物新品种、农业技术专利等知识产权受法律保护。进行农业技术转让、技术服务、技术承包、技术咨询和技术入股，当事人各方应当订立合同，约定各自的权利和义务”。即2012年修正时增加了“技术咨询和技术入股”和“植物新品种、农业技术专利等知识产权”等问题，规定更加细化、完善，适应社会的发展实际，因此，建议根据《农业技术推广法》第二十四条第二款完善，补充相关信息。

（17）建议根据本省实际完善本法规第三十一条。本法规第三十一条规定，“在县、乡（镇）从事农业技术推广工作三十年以上的专业技术人员，经县级人民政府申报，由省人民政府颁发农业技术推广证章和荣誉证书，按有关规定给予奖励。并在退休后按月发给原基本工资额百分之十五的荣誉金，荣誉金与退休金之和不超过原基本工资。在乡（镇）以及山区县从事农业技术推广工作的科技人员，可以按照国家和省有关规定，享受岗位浮动工资和地区津贴的待遇”。本条款的规定为本省独创，无上位法依据，经审查，其他省市的规定不尽相同，如2010年《上海市实施〈中华人民共和国农业技术推广法〉办法》第二十七条第三项规定“从事农业技术推广工作满二十五年的专业技术人员，由市农业技术推广行政主管部门颁发荣誉证书”；2010年《甘肃省农业技术推广条例》中第四十一条规定“对在县以下农区从事农业技术推广工作连续二十年以上，在高寒阴湿、少数民族地区从事农业技术推广工作连续十五年以上的农业科技人员，由省人民政府颁发荣誉证书和证章”。本省规定的“30年”虽时间较长但对专业技术人员亦具有激励作用，但是经过咨询陕西省农业厅、西安市农业局等部门，本省尚没有发放过荣誉金，现实中陕西省并没有做过这样的工作，该类专业技术人员退休后与其他人员的待遇并无区别，且“荣誉金与退休金之和不超过原基本工资”也缺乏合理性和法律依据。因此建议本条结合本省实际进一步完善，并督促相关行政机关尽快制定具体实施办法，落实本条款的规定。

（18）删除本法规第三十二条第一款中的“各级农业技术推广机构”，并结合本法规第二十四条整合。本法规第三十二条第一款规定，“各级农业技术推广机构、农业科研单位和有关学校根据农业经济发展的需要，可以开展技术指导和物资供应相结合等多种形式的经营服务”。本款是重复上位法1993年文本的第二十六条，该部分内容目前已在2012年修正过程中被删除。目前本款的规定与上位法《农业技术推广法》冲突，《农业技术推广法》第二十四条明确规定“各级国家农业技术推广机构应当认真履行本法第十一条规定的公益性职责，向农业劳动者和农业生产经营组织推广农业技术，实行无偿服务”。即各级农业技术推广机构是完全的公益性组织，不能从事经营服务，因此，应当删除本款中的“各级农业技术推广机构”，同时本法规第二十四条已经阐述了相关单位和个人可以提供有偿服务，此处再次强调属于重复，因此建议在修改本法规第二十四条时，将此部分内容融入，使该法规更加具有逻辑性与系统性。

建议删除本法规第三十二条第二款中的“农业技术推广机构”。本法规第三十二条第二款规定，“各级人民政府应当执行国家和省对农业技术推广机构、农业科研单位和农业院校举办的为农业服务的企业的税收、信贷优惠政策”。本规定与2012年《农业技术推广法》修正前文本第二十六条完全一致，但是本条的规定在2012年修正时已做了根本性的修改。2012年《农业技术推广法》第三十三条规定：“从事农业技术推广服务的，可以享受国家规定的税收、信贷等方面的优惠。”取代了修正前文本中的“对农业技术推广机构、农业科研单位和有关学校举办的为农业服务的企业，国家在税收、信贷等方面给予优惠”。此外，《农业法》和《农业技术推广法》已明确规定农业技术推广机构是公益性组织，不从事经营活动。经咨询陕西省农业厅、西安市农业局等部门，目前本省农业技术推广机构是全额财政拨款，也不存在相关税收、信贷等方面的优惠。因此，应删除“农业技术推广机构”。

（19）建议修改完善本法规第三十四条。本法规第三十四条规定，“农业技术推广有偿服务取得的收入应主要用于农业技术推广、改善工作条件和技术人员的生活福利待遇，任何组织和个人不得挪用。各级人民政府不得因此减拨农业技术推广机构的事业经费和农业技术推广专项经费”。前句所针对的实施有偿服务的主体是指“农业技术推广机构”，而根据《农业法》和2012年修正后《农业技术推广法》的规定，农业技术推广机构为公益性组织，不得进行有偿经营，故此条的规定与上位法精神相违背，建议删除。但是“各级人民政府不得因此减拨农业技术推广机构的事业经费和农业技术推广专项经费”的规定与上位法《农业技术推广法》第二十八条规定的精神是一致的，第二十八条规定“国家逐步提高对农业技术推广的投入。各级人民政府在财政预算内应当保障用于农业技术推广的资金，并按规定使该资金逐年增长；各级人民政府通过财政拨款以及从农业发展基金中提取一定比例的资金的渠道，筹集农业技术推广专项资金，用于实施农业技术推广项目。中央财政对重大农业技术推广给予补助；县、乡镇国家农业技术推广机构的工作经费根据当地服务规模和绩效确定，由各级财政共同承担；任何单位或者个人不得截留或者挪用用于农业技术推广的资金”。因此，建议本法规第三十四条根据《农业技术推广法》第二十八条修改完善。

（20）建议本法规的法律责任部分根据《农业技术推广法》并结合本法规前述条款的修改重新制定。首先，目前本法规的法律责任规定体例不科学且与上位法《农业技术推广法》的内容、体例不一致，《农业技术推广法》的法律责任部分为2012年修正时新增加的部分，属于上位法修正在后的情况。本法规第三十五条罚则针对的五项行为中，第一项、第二项、第三项分别与《农业技术推广法》第三十六条、第三十七条和第三十八条罚则针对的行为一致，本法规第三十五条对此三项行为设定了完全一致的处罚，且均有“对其负责人和直接责任人由其主管部门给予行政纪律处分”的处罚规定，而《农业技术推广法》中将此三项行为分三条罚则处罚，且针对“国家农业技术推广机构及其工作人员未依照本法规定履行职责的”行为的行政处分另立一条规定。且经查证，《农业技术推广法》在2012年修正前并未设置法律责任一章，而是将一些处罚或行政处分散设于一些条款中，目前《农业技术推广法》中法律责任部分为2012年修正时新增加的部分，因此建议根据上位法修改。其次，本法规内容除法律责任外共有二十七条需做修改，从内容到体例均会发生较大变化，因此建议本法规的法律责任部分根据上位法《农业法》和《农业技术推广法》

以及本法规前述修改条款的具体规定重新制定。

2. 立法主体是否适格

《陕西省实施〈中华人民共和国农业技术推广法〉办法》根据2012年8月31日第十一届全国人民代表大会常务委员会第二十八次会议《关于修改〈中华人民共和国农业技术推广法〉的决定》修正。根据《立法法》第七十二条第一款："省、自治区、直辖市的人民代表大会及其常务委员会根据本行政区域的具体情况和实际需要，在不同宪法、法律、行政法规相抵触的前提下，可以制定地方性法规。"陕西省人大常委会拥有该地方性法规的制定权。

3. 立法程序是否规范

《陕西省实施〈中华人民共和国农业技术推广法〉办法》根据2012年8月31日第十一届全国人民代表大会常务委员会第二十八次会议《关于修改〈中华人民共和国农业技术推广法〉的决定》修正。根据《立法法》第七十七条："地方性法规案、自治条例和单行条例案的提出、审议和表决程序，根据中华人民共和国地方各级人民代表大会和地方各级人民政府组织法，参照本法第二章第二节、第三节、第五节的规定，由本级人民代表大会规定。"以及《陕西省地方立法条例》的相关规定，该立法程序规范，符合法律、法规规定。

4. 立法内容是否超越权限

《陕西省实施〈中华人民共和国农业技术推广法〉办法》为了加强农业技术推广工作，促使农业科研成果和实用技术尽快应用于农业生产，增强科技支撑保障能力，促进农业和农村经济可持续发展，实现农业现代化而制定。根据《立法法》第七十三条第一款、第二款："地方性法规可以就下列事项作出规定：（一）为执行法律、行政法规的规定，需要根据本行政区域的实际情况作具体规定的事项；（二）属于地方性事务需要制定地方性法规的事项。除本法第八条规定的事项外，其他事项国家尚未制定法律或者行政法规的，省、自治区、直辖市和设区的市、自治州根据本地方的具体情况和实际需要，可以先制定地方性法规。在国家制定的法律或者行政法规生效后，地方性法规同法律或者行政法规相抵触的规定无效，制定机关应当及时予以修改或者废止。"该法规立法内容并未超越法定权限。

（二）合理性

1. 与部门规章的协调性

《陕西省实施〈中华人民共和国农业技术推广法〉办法》存在与农业技术推广法修订后的、现行有效的部门规章不相适应的内容。

（1）2015年《农业部关于深化农业科技体制机制改革加快实施创新驱动发展战略的意见》（农科教发〔2015〕3号）指出：

第一，深化基层农技推广体系改革建设。依法完善乡镇国家农技推广机构设置，明确公益性职责，理顺管理体制，实现管人与管事的有机统一，发挥县乡服务机构的整体功能。按照因事设岗、以岗管人、优化组合的原则，设置国家农技推广机构岗位，实现农技人员由身份管理向岗位管理转变。完善农技推广责任制度，创新农技推广方式，探索国家农技推广机构服务新型经营主体的新机制。落实农技人员待遇，改善工作条件，切实解决基层农技推广工作经费不足问题，建立农技推广经费投入的长效机制。

第二，鼓励社会力量参与农技推广服务。采取支持农业科研院所和涉农高校承担农业技术推广项目、建立农业科技园和农业示范基地、建设新农村发展研究院等多种措施，引导其成为农业技术推广的重要力量。积极推行推广型教授、推广型研究员制度，鼓励科研教学人员深入基层开展技术服务。采取政府购买服务、定向委托、实施项目等多种方式，引导和支持涉农企业、农民合作社、专业化服务组织等开展农技推广服务，提高农民应用先进技术的组织化程度。

《陕西省实施〈中华人民共和国农业技术推广法〉办法》中需要增加与之相适应的适合本行政区域的法规引导。

（2）2013 年，《农业部关于贯彻实施〈中华人民共和国农业技术推广法〉的意见》（农科教发〔2013〕1 号）中指出：

第一，健全国家农业技术推广机构。

《陕西省实施〈中华人民共和国农业技术推广法〉办法》第十一条“各级国家农业技术推广机构属于公共服务机构，履行下列公益性职责”中未能体现《农业部关于贯彻实施〈中华人民共和国农业技术推广法〉的意见》中“县级以上机构要突出动植物良种繁育、作物栽培、土壤改良与肥料施用、植物保护、畜牧（草原）、水产、动物防疫、农业机械化等重点专业的技术推广工作”的要求。

《陕西省实施〈中华人民共和国农业技术推广法〉办法》未能依据《农业部关于贯彻实施〈中华人民共和国农业技术推广法〉的意见》中的职能分工，将农业技术推广法第十一条规定的公益性职责细化分解，落实到每个国家农业技术推广机构。

《陕西省实施〈中华人民共和国农业技术推广法〉办法》未能体现出《农业部关于贯彻实施〈中华人民共和国农业技术推广法〉的意见》突出职能、易于识别的原则，按照“行政区划名称+行（专）业名称+通用名称”的形式，对乡级国家农业技术推广机构名称予以统一。

《陕西省实施〈中华人民共和国农业技术推广法〉办法》第十三条未能体现出《农业部关于贯彻实施〈中华人民共和国农业技术推广法〉的意见》“编制确定要根据当地农业产业特点和规模、工作职责任务、服务对象数量与分布、服务半径与服务手段、交通状况等因素综合考虑”的要求。

第二，加强国家农业技术推广队伍建设。

《陕西省实施〈中华人民共和国农业技术推广法〉办法》第十四条未能体现出《农业部关于贯彻实施〈中华人民共和国农业技术推广法〉的意见》“建立公开招聘、竞争上岗、择优录用的人员聘用制度，按核定编制配齐技术人员，签订聘用合同，明确责任义务。根据规定权限和程序，以定编、定岗、不定人的方式，探索实行人员动态管理，逐步建立总体稳定、留优汰劣、人尽其才的人员进、管、出新机制，不断优化队伍结构。严格农技人员上岗条件，新进人员应当具备全日制普通高校相关专业大专以上学历，并符合岗位职责要求。省级农业部门要会同人事部门抓紧制定完善新进农技人员的专业技术水平考核办法，以及特定地区聘用中专学历或其他具有相应专业技术水平人员的办法”的要求。

第三，创新国家农业技术推广机构工作运行机制。

《陕西省实施〈中华人民共和国农业技术推广法〉办法》未能体现出《农业部关于贯彻实施〈中华人民共和国农业技术推广法〉的意见》“全面推行农业技术推广责任制度、建立农业技术推广工作激励机制、责任追究机制”的要求。

第四，落实农业技术推广保障措施。

《陕西省实施〈中华人民共和国农业技术推广法〉办法》未能体现出《农业部关于贯彻实施〈中华人民共和国农业技术推广法〉的意见》“建立农业技术推广经费投入的长效机制、发挥政府在农业技术推广投入中的主导作用并保证财政预算内用于农业技术推广的资金按规定幅度逐年增长、提高基层农技人员工资待遇”的要求。

第五，营造贯彻实施农业技术推广法的良好氛围。

《陕西省实施〈中华人民共和国农业技术推广法〉办法》未能体现出《农业部关于贯彻实施〈中华人民共和国农业技术推广法〉的意见》“广泛开展学习宣传活动、抓紧完善地方性法规规章、加强法律实施的监督检查”的要求。

2. 是否符合“十三五”科技规划

《中华人民共和国国民经济和社会发展第十三个五年规划纲要》提出，要“大力推进农业现代化。农业是全面建成小康社会、实现现代化的基础。加快转变农业发展方式，发展多种形式适度规模经营，发挥其在现代农业建设中的引领作用。着力构建现代农业产业体系、生产体系、经营体系，提高农业质量效益和竞争力，推动粮经饲统筹、农林牧渔结合、种养加一体、一二三产业融合发展，走产出高效、产品安全、资源节约、环境友好的农业现代化道路”。《陕西省实施〈中华人民共和国农业技术推广法〉办法》第1条提出“为了加强农业技术推广工作，促使农业科研成果和实用技术尽快应用于农业生产，增强科技支撑保障能力，促进农业和农村经济可持续发展，实现农业现代化，制定本法”，其立法目的符合“十三五”科技规划。

（三）配套性

《陕西省实施〈中华人民共和国农业技术推广法〉办法》具有相关配套性规章，具体表现在：

2014 年，出台《陕西省新型职业农民认定管理暂行办法》，对基本符合职业农民标准的农业经营主体及从业人员，进行系统的理论培训和实践操作，使之达到新型职业农民综合素质和专业技能水平。

1992 年，出台《陕西省农业技术推广成果奖励办法》，根据该办法，第十六届（2013~2014 年度）专业评审委员会推荐出 87 个拟奖项目，用于鼓励农业技术推广。

（四）可操作性

1. 是否具有规范的操作流程

由于《陕西省实施〈中华人民共和国农业技术推广法〉办法》与其上位法《农业法》和《农业技术推广法》存在时间冲突，在其上位法的立法精神与内容均发生大幅度修正的情况下，本法规中的现有操作流程仍有待依据前述修订建议进一步规范。

2. 是否有明确的实施主体和实施对象

建议将《陕西省实施〈中华人民共和国农业技术推广法〉办法》中所有“农业技术推广行政部门”修改为“农业技术推广部门”（第二条、第三条、第十四条、第十八条、第三十三条和第三十五条），“农业技术推广机构”修改为“国家农业技术推广机构”（第三条、第五条、第六条、第七条、第八条、第十条、第十二条、第十三条、第十四条、第十九条、第二十条、第二十四条、第二十五条、第二十七条、第二十九条、第三十二条和第三十四条），以便进一步明确法规实施主体以及对象。

（五）技术性

建议进一步修正《陕西省实施〈中华人民共和国农业技术推广法〉办法》中的相关法律概念、整体逻辑、条文表述、逻辑结构。

第三节　社会认知评估及分析

为配合了解《陕西省促进科技成果转化条例》在相关社会主体中的社会认知程度分析，以及收集社会主体对条例在制定、实施、修改等方面的意见和建议，课题组采取匿名电子方式，面向省内科技、法律等相关行业的行政事业单位工作人员、企业职工、高校在校学生以及科研院所、高等院校教学、研究人员等展开问卷调查。此次调查共发放问卷 139 份，内容涉及《陕西省促进科技成果转化条例》在内的合计 20 部陕西省地方性科技法规，回收有效问卷 139 份。课题组以调查收集的数据为基础，通过定量分析的方法对数据进行深入分析，最终形成调查报告。

本次调查问卷共设置 14 道题，均为客观选择题，其中普通单选题 12 道，矩阵单选题 1 道，普通多选题 1 道。问卷内容可归结为四个部分。第一部分主要为被调查对象的个人信息，问题设置包括被调查对象的年龄、学历、身份以及是否有法律方面的学习或工作经历。第二部分主要调研被调查对象对科技类法律法规的认知状况，问题设置包括被调查对象对现行《促进科技成果转化法》以及《陕西省促进科技成果转化条例》的了解程度。第三部分主要调研陕西省地方性科技法规的宣传推广情况，问题设置包括被调查对象是否获取过陕西省地方性科技法规的相关信息、是否提出过自己的意见或建议，以及如何提高陕西省地方性科技法规的立法质量。第四部分主要调研被调查对象对陕西省地方性科技法规社会效果的总体评价，问题设置包括宏观层面对陕西社会经济发展的效果以及微观层面对公民具体权利保护的作用两方面。

一、样本分析

与以往对调研结果直接按题顺次分析有所不同，本次调查拟采取交叉分析方法对数据进行定量分析，主要分为以下两步进行：第一步，将高校在校学生这一类被调查对象单列出来，与行政事业单位工作人员、企业职工以及科研院所、高等院校教学、研究人员等其他类型的被调查对象（下文中该类被调查对象统称为“在职人员”）进行对比分析；第二步，以是否有法律方面学习或工作经历为标准，对前述第一步两大类型的被调查对象展开交叉分析，从而进一步细分为“有法律方面学习经历的高校在校学生”“无法律方面学习经历的高校在校学生”“有法律方面学习、工作经历的在职人员”以及“无法律方面学习、工作经历的在职人员”四类主体，通过分析上述四类主体对陕西省地方性科技法规在认知情况、参与程度等各方面的异同，最终得出相关调查结论。

（一）高校在校学生样本分析

1. 高校在校学生样本人数分析

根据回收样本数据统计，共有 71 份样本被调查对象为高校在校学生，其中，有法律方面学习经历的高校在校学生人数为 57 人，占样本中高校在校学生人数的比例为 80.28%；没有法律方面学习经历的高校在校学生人数为 14 人，占样本中高校在校学生人数的比例为 19.72%，见图 5-3。

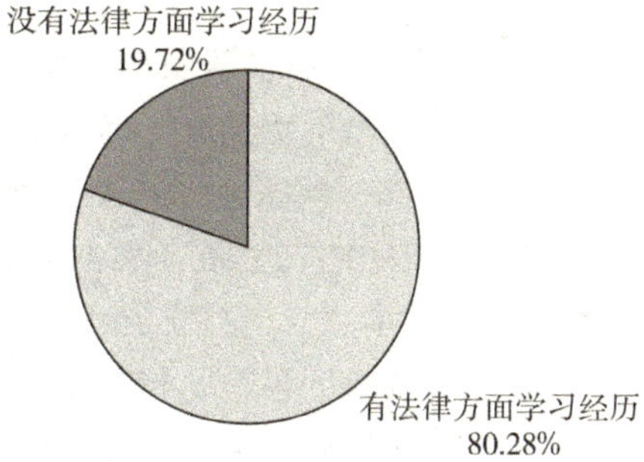

图 5-3　有无法律学习经历的高校在校学生样本人数比

2. 高校在校学生样本年龄分析

根据回收样本数据统计，在 71 份高校在校学生样本中，年龄在 20 岁及以下的有 7 人，占高校学生样本总数的 9.86%；年龄在 21～30 岁的有 64 人，占高校学生样本总数的 90.14%，见图 5-4。

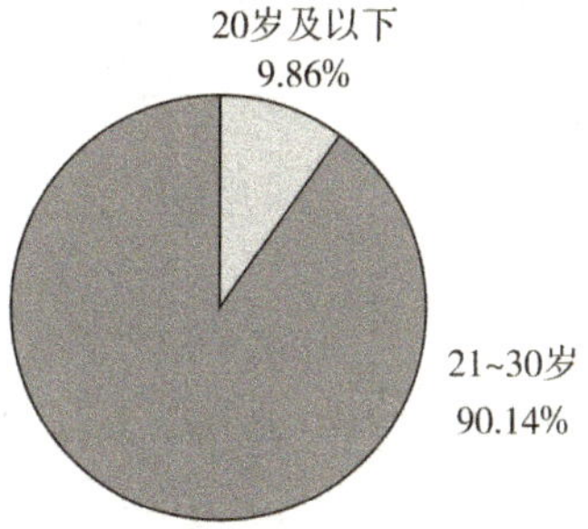

图 5-4　高校在校学生样本年龄分布

3. 高校在校学生样本学历分析

根据回收样本数据统计，在 71 份高校在校学生样本中，硕士及以上学历的有 38 人，占高校在校学生样本总数的 53.52%；本科学历的有 32 人，占高校在校学生样本总数的 45.07%；专科学历的有 1 人，占高校在校学生样本总数的 1.41%，见图 5-5。

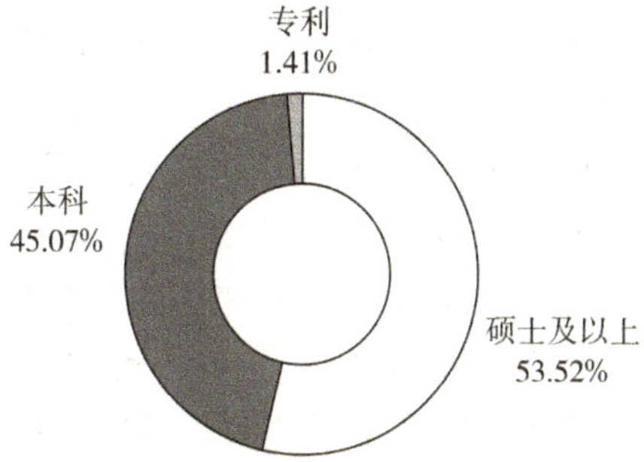

图 5-5　高校在校学生样本学历分布

4. 高校在校学生样本对国家科技类法律的认知情况分析

(1) 在“2015 年 8 月 29 日，第十二届全国人大常委会第十六次会议对下列哪部科技法律进行了修订”这一问题上（见图 5-6）：

高校在校学生样本总体 71 人中高达 56.34%的人回答是“不清楚”，其中有 8.45%的人回答是《科学技术进步法》，有 26.76%的人回答是《促进科技成果转化法》，分别有 5.63%、2.82%的人回答是《专利法》《著作权法》。

有法律方面学习经历的高校在校学生中，高达 57.89%的人回答“不清楚”，8.77%的人答案为《科学技术进步法》，24.56%的人答案为《促进科技成果转化法》，5.26%的人答案为《专利法》，3.51%的人答案为《著作权法》。

没有法律方面学习经历的高校在校学生，有 50%的人表示“不清楚”，7.14%的人答案是《科学技术进步法》，35.71%的人答案是《促进科技成果转化法》，7.14%的人认为是《专利法》，较为特殊的是，无法律方面学习经历的高校在校学生中没有人答案是《著作权法》。

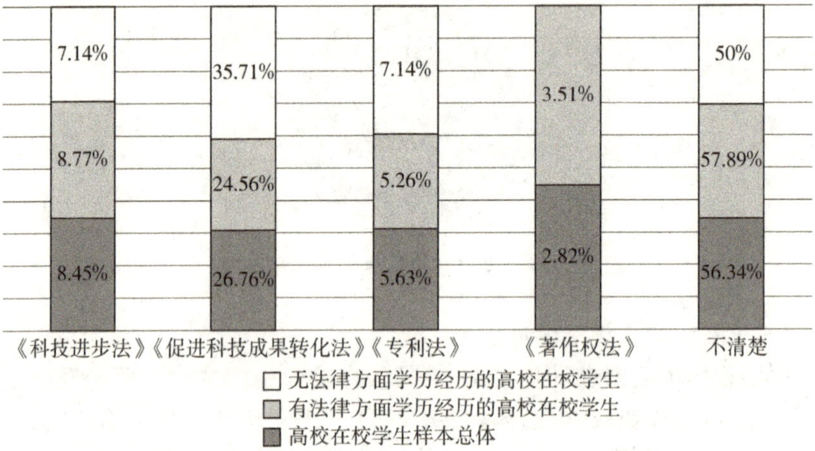

图 5-6 高校在校学生样本对国家科技类法律的认知情况（一）

(2) 在“是否了解现行《科学技术进步法》《促进科技成果转化法》制定并颁布于哪个时期”这一问题上（见图 5-7）：

高校在校学生样本总体 71 人中高达 66.2%的人回答“不清楚”，没有人回答“20 世纪 70 年代”，8.45%的人回答“20 世纪 80 年代”，14.08%的人回答“20 世纪 90 年代”，11.27%的人回答“21 世纪初”。

有法律方面学习经历的高校在校学生中，高达 66.67%的人回答“不清楚”，没有人回答“20 世纪 70 年代”，8.77%的人回答“20 世纪 80 年代”，14.79%的人回答“20 世纪 90 年代”，8.77%的人回答“21 世纪初”。

没有法律方面学习经历的高校在校学生，高达 64.29% 的人回答“不清楚”，没有人回答“20 世纪 70 年代”，7.14% 的人回答“20 世纪 80 年代”，7.14% 的人回答“20 世纪 90 年代”，21.43% 的人回答“21 世纪初”。

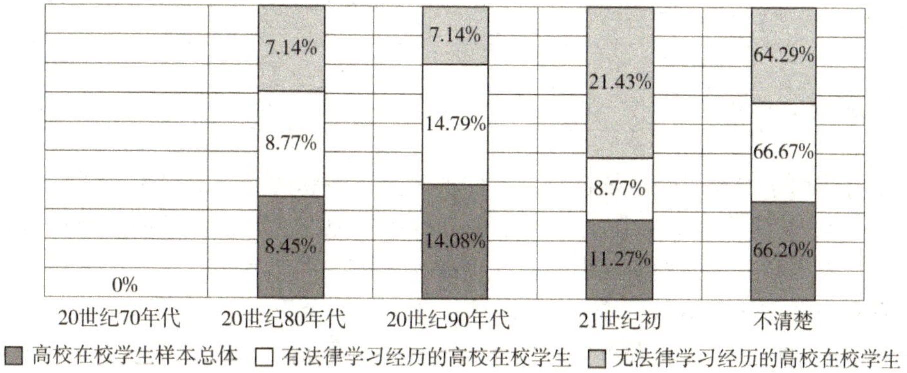

图 5-7 高校在校学生样本对国家科技类法律的认知情况（二）

5. 高校在校学生样本对陕西省地方性科技法规的认知情况分析

（1）在“您对下列陕西省地方性科技法规的了解程度如何”这一问题上：

高校在校学生样本总体 71 人中，大多数人对该问题下所列举的 9 部陕西省主要地方性科技法规“仅仅听说过”或者“完全没有听说过”。例如，在“仅仅听说过”这一回答选项上，《陕西省促进科技成果转化条例》以及《陕西省现代农业园区条例》的比例最低，但也达到了 35.21%；而在“完全没有听说过”这一回答选项上，《陕西省科学技术进步条例》比例最低，但达到了 46.48%。与此相反，没有人在某种情况下使用过《陕西省科学技术普查条例》《陕西省实施〈中华人民共和国农业技术推广法〉办法》《陕西省专业技术人员继续教育条例》以及《陕西省现代农业园区条例》4 部地方性科技法规（见表 5-2）。

表 5-2 高校在校学生样本总体对陕西省地方性科技法规的了解程度

	某种情形下使用过（%）	未使用过（%）	仅仅听说过（%）	完全没有听说过（%）
《陕西省科学技术进步条例》	4.23	8.45	39.44	47.89
《陕西省促进科技成果转化条例》	4.23	5.63	39.44	50.7
《陕西省民营科技企业条例》	1.41	5.63	35.21	57.75
《陕西省高新技术产业发展条例》	4.23	2.82	46.48	46.48
《陕西省经济技术开发区条例》	1.41	4.23	43.66	50.7
《陕西省科学技术普查条例》	0	5.63	42.25	52.11

续表

	某种情形下使用过（%）	未使用过（%）	仅仅听说过（%）	完全没有听说过（%）
《陕西省实施〈中华人民共和国农业技术推广法〉办法》	0	4.23	43.66	52.11
《陕西省专业技术人员继续教育条例》	0	7.04	39.44	53.52
《陕西省现代农业园区条例》	0	2.82	35.21	61.97

有法律学习经历的高校在校学生样本对上述问题的回答略微有所不同，主要体现在："完全没有听说过"陕西省 9 部主要地方性科技法规的人数比例稍微有所降低，除《陕西省民营科技企业条例》《陕西省专业技术人员继续教育条例》以及《陕西省现代农业园区条例》外，"完全没有听说过"其余 5 部陕西省地方性科技法规的人数比例均在 50% 以下。但是，《陕西省科学技术普查条例》《陕西省实施〈中华人民共和国农业技术推广法〉办法》《陕西省专业技术人员继续教育条例》以及《陕西省现代农业园区条例》4 部地方性科技法规，依旧没有人使用过（见表 5-3）。

表 5-3　有法律学习经历的高校在校学生样本对陕西省地方性科技法规的了解程度

	某种情形下使用过（%）	未使用过（%）	仅仅听说过（%）	完全没有听说过（%）
《陕西省科学技术进步条例》	5.26	8.77	38.6	47.37
《陕西省促进科技成果转化条例》	5.26	5.26	40.35	49.12
《陕西省民营科技企业条例》	1.75	5.26	35.09	57.89
《陕西省高新技术产业发展条例》	5.26	3.51	45.61	45.61
《陕西省经济技术开发区条例》	1.75	5.26	43.86	49.12
《陕西省科学技术普查条例》	0	5.26	45.61	49.12
《陕西省实施〈中华人民共和国农业技术推广法〉办法》	0	5.26	45.61	49.12
《陕西省专业技术人员继续教育条例》	0	7.02	40.35	52.63
《陕西省现代农业园区条例》	0	3.51	35.09	61.4

无法律学习经历的高校在校学生样本对上述问题的回答则大有不同，主要体现在："完全没有听说过"陕西省 9 部主要地方性科技法规的人数比例均在 50% 以上。此外，没有任何一个人在某种情况下使用过陕西省 9 部主要地方性科技法规，见表 5-4。

表 5-4　无法律学习经历的高校在校学生样本对陕西省地方性科技法规的了解程度

	某种情形下使用过（%）	未使用过（%）	仅仅听说过（%）	完全没有听说过（%）
《陕西省科学技术进步条例》	0	7.14	42.86	50
《陕西省促进科技成果转化条例》	0	7.14	35.71	57.14
《陕西省民营科技企业条例》	0	7.14	35.71	57.14
《陕西省高新技术产业发展条例》	0	0	50	50
《陕西省经济技术开发区条例》	0	0	42.86	57.14
《陕西省科学技术普查条例》	0	7.14	28.57	64.29
《陕西省实施〈中华人民共和国农业技术推广法〉办法》	0	0	35.71	64.29
《陕西省专业技术人员继续教育条例》	0	7.14	35.71	57.14
《陕西省现代农业园区条例》	0	0	35.71	64.29

（2）在“您所了解到的现行陕西省地方性科技法规主要涉及哪些方面的事项”这一问题上（见图 5-8）：

高校在校学生样本总体 71 人中，有 29.58%的人表示不清楚；至于科技项目申报与实施、科技人才培养与造就、科技奖励与税收减免以及知识产权等选项，回答的人所占比例大致相等；科技金融、科技交流与合作等选项，回答的人所占比例较少，但比例也分别达到了 18.31%、33.8%。

有法律学习经历的高校在校学生对上述问题的回答结果与高校学生样本总数较为相似，但是，有法律学习经历的高校在校学生对于该问题回答“不清楚”的比例最低，为 28.07%。

无法律学习经历的高校在校学生对于该问题回答则有所不同，主要体现在：无法律学习经历的高校学生回答“科技交流与合作”这一选项的比例偏低，仅为 14.29%；而其回答“不清楚”的人数所占的比例最高，达到了 35.71%。

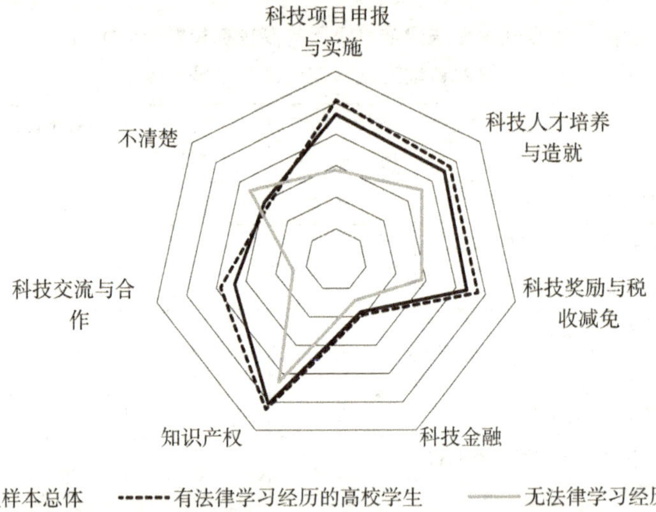

图 5-8　高校在校学生样本对陕西省地方性科技法规所涉事项的了解程度

6. 高校在校学生样本对陕西地方性科技法规推广宣传情况的认知

在“您是否主要通过人大、政府信息公开、法制宣传等途径获取陕西省地方性科技法规的相关信息”这一问题上（见图 5-9）：

高校在校学生样本总体 71 人中，有 45. 07% 的人回答“否”，这一比例略高于回答“是”人数比例的 54. 93%。

较为特殊的是，有法律学习经历的高校在校学生中，56. 14% 的回答“否”，而只有 43. 86%的人回答“是”。

至于无法律学习经历的高校在校学生，回答“是”和“否”的人均为 50%。

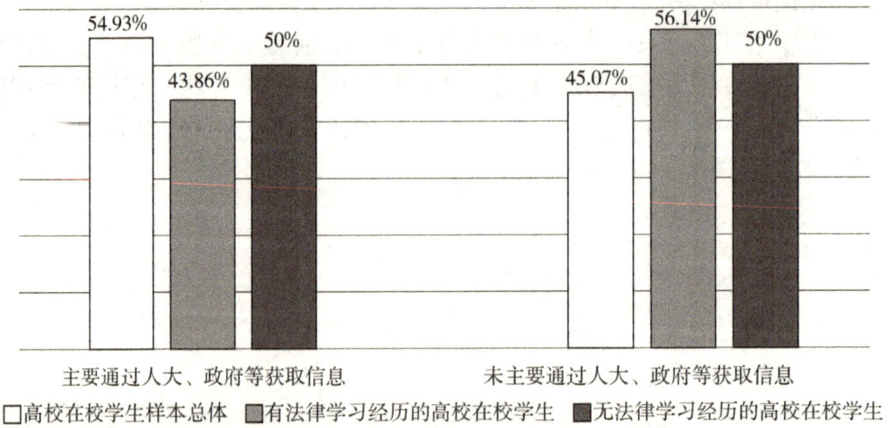

图 5-9　高校在校学生样本对陕西地方性科技法规宣传推广情况的认知

7. 高校在校学生样本对陕西省地方性科技法规立法参与情况的分析

就“在陕西省地方性科技法规的制定过程中，您是否提出过自己的意见”这一问题（见图 5-10）：

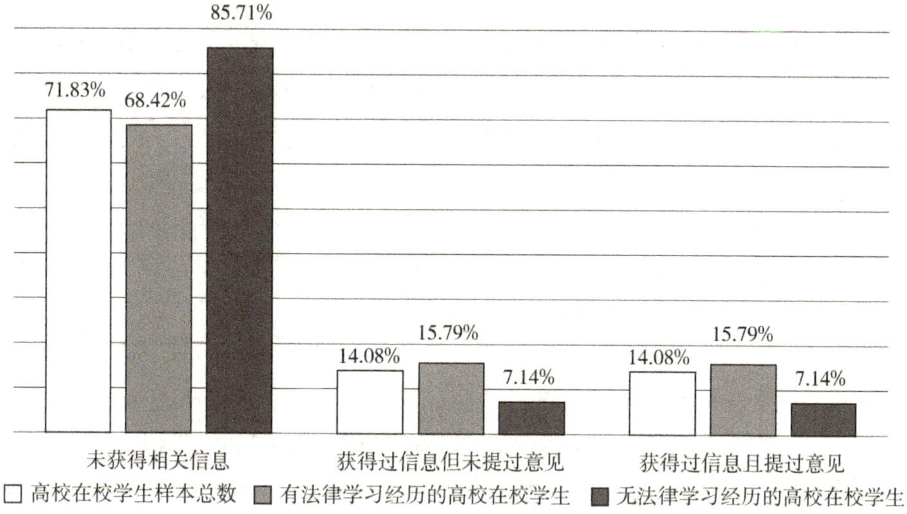

图 5-10　高校在校学生样本对陕西省地方性科技法规立法参与情况的分析

在高校在校学生样本总体 71 人中，有 71. 83% 的人表示未获得过法规向社会公开征求意见的信息；有 14. 08% 的人表示获得过法规向社会公开征求意见的信息，但未提出过意见；另有 14. 08% 的人表示获得过法规向社会公开征求意见的信息，而且提出过意见。

而在有法律学习经历的高校在校学生中，表示未获得过法规向社会公开征求意见的信息的人所占的比例最低，为 68. 42%；有 15. 79% 的人表示获得过法规向社会公开征求意见的信息，但未提出过意见；另有 15. 79% 的人表示获得过法规向社会公开征求意见的信息，而且提出过意见。

至于无法律学习经历的高校在校学生，表示未获得过法规向社会公开征求意见的信息的人所占的比例最高，达到了 85. 71%；仅有 7. 14% 的人表示获得过法规向社会公开征求意见的信息，但未提出过意见；也仅有 7. 14% 的人表示获得过法规向社会公开征求意见的信息，而且提出过意见。

8. 高校在校学生样本对提高陕西省地方性科技法规立法质量的途径认知

在“您认为以下哪种方式可有效提高陕西省地方性科技法规的立法质量”这一问题上（见表 5-5）：

无论是高校在校学生样本总体，还是有法律学习经历的高校在校学生，抑或是无法律学习经历的高校在校学生，对该问题的回答都出现了十分类似的情况，三者均认为省人大及其常委会委托有关专家、教学科研机构、社会组织起草最能提高陕西省地方性科技法规的立法质量，而省人大有关专门委员会、省人大常委会工作机构直接起草以及省人大及其常委会委托有关行政部门起草次之。

表 5-5　高校在校学生样本对提高陕西省地方性科技法规立法质量的途径认知

	高校在校学生样本总体（%）	有法律学习经历的高校在校学生（%）	无法律学习经历的高校在校学生（%）
省人大有关专门委员会、省人大常委会工作机构直接起草	18.31	19.3	14.29
省人大及其常委会委托有关专家、教学科研机构、社会组织起草	74.65	73.68	78.57
省人大及其常委会委托有关行政部门起草	7.04	7.02	7.14

9. 高校在校学生样本对陕西省地方性科技法规社会效果的总体评价

（1）宏观层面，在“您认为陕西省地方性科技法规在促进陕西社会经济发展、提高人民生活水平方面的效果如何”这一问题上（见图 5-11）：

高校在校学生样本总体 71 人中，有 54.92% 的人回答“不清楚”，认为效果好和较好的人数比例为 32.4%，而认为效果不好的比例为 12.68%。

而在有法律学习经历的高校学生中，56.14% 的人回答“不清楚”，28.07% 的人认为效果好和较好，15.79% 的人认为效果差和较差。

至于无法律学习经历的学生，50% 的人认为不清楚，另有 50% 的人认为效果比较好。

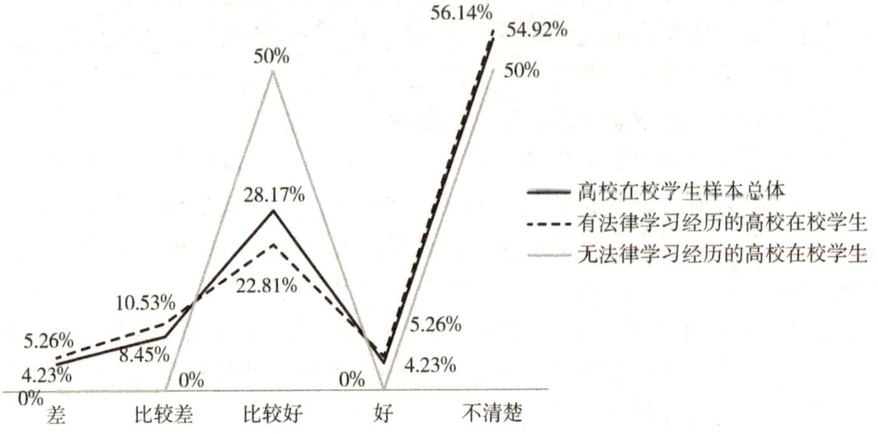

图 5-11　高校在校学生样本对陕西省地方性科技法规社会效果的宏观评价

（2）微观层面，在“您认为《陕西省促进科技成果转化条例》在公民具体权利保护方面的作用如何”这一问题上（见图 5-12）：

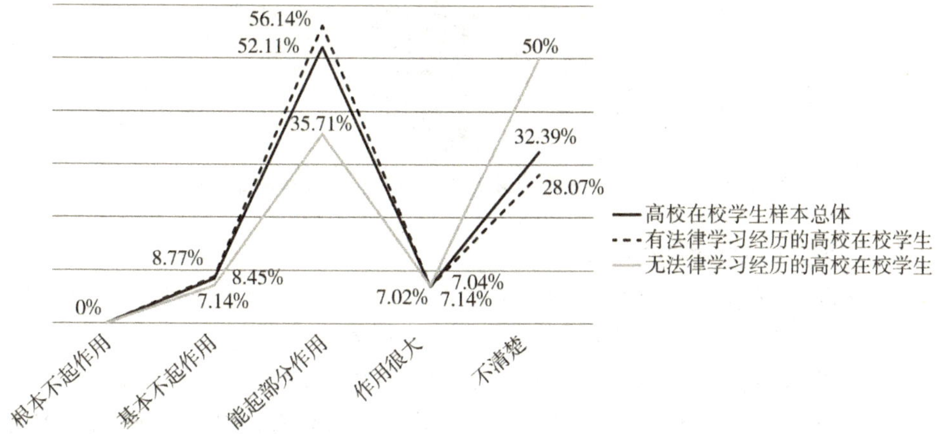

图 5-12 高校在校学生样本对陕西省地方性科技法规社会效果的微观评价

高校在校学生样本总体 71 人中，有 32.39% 人的回答“不清楚”；7.04% 的人认为作用很大，52.11% 的人认为能起一部分作用；8.45% 的人认为基本不起作用；无人认为根本不起作用。

而在有法律学习经历的高校学生中，回答“不清楚”的人数所占比例最少，为 28.07%；7.02% 的人认为作用很大；认为能起一部分作用的人最多，所占比例达到了 56.14%；8.77% 的人认为基本不起作用；没有人认为根本不起作用。

至于无法律学习经历的高校学生中，50% 的认为回答“不清楚”，7.14% 的人认为作用很大；35.71% 的人认为能起一部分作用；7.14% 的人认为基本不起作用；无人认为根本不起作用。

（二）在职人员样本分析

1. 在职人员样本人数分析

根据回收样本数据统计，共有 68 份样本被调查对象为在职人员，其中，有法律方面学习经历的在职人员人数为 33 人，占样本中在职人员人数的比例为 48.53%；没有法律方面学习经历的在职人员人数为 35 人，占样本中在职人员人数的比例为 51.47%（见图 5-13）。

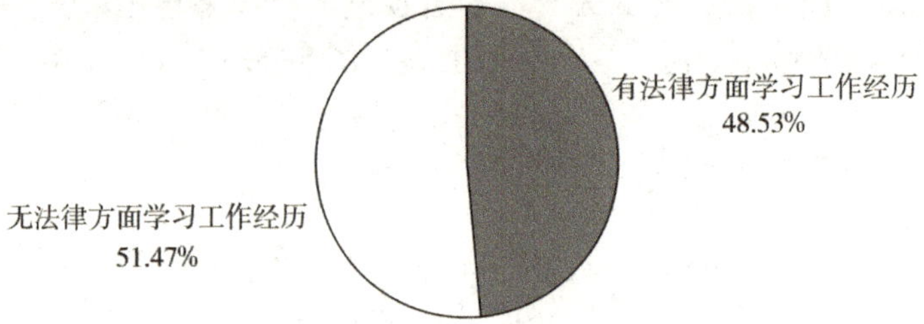

图 5-13　有无法律方面学习工作经历的在职人员样本人数比

2. 在职人员样本年龄分析

根据回收样本数据统计，在 68 份在职人员样本中，年龄在 21～30 岁的有 23 人，占非高校学生样本总数的 33.82%；年龄在 31～40 岁的有 20 人，占非高校学生样本总数的 29.41%；年龄在 41～50 岁的有 17 人，占非高校学生样本总数的 25%；年龄在 51～60 岁的有 7 人，占非高校学生样本总数的 10.29%；年龄在 60 岁以上的有 1 人，占非高校学生样本总数的 1.48%（见图 5-14）。

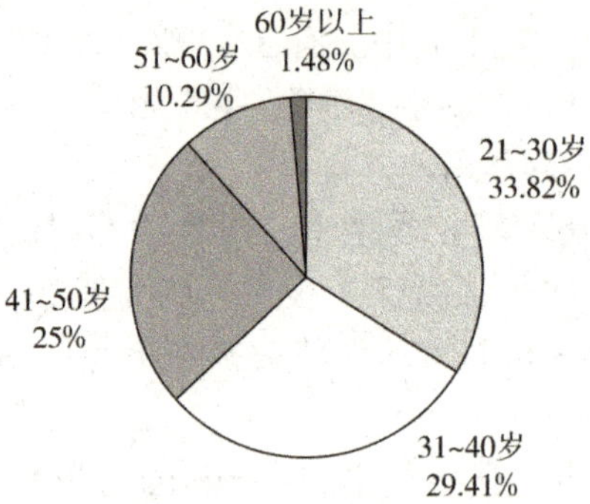

图 5-14　在职人员样本年龄分布

3. 在职人员样本学历分析

根据回收样本数据统计，在 68 份在职人员样本中，博士学历的有 8 人，占在职人员样本总数的 11.76%；硕士学历的有 16 人，占在职人员样本总数的 23.53%；本科学历的有 29 人，占在职人员样本总数的 42.65%；专科学历的有 14 人，占在职人员样本总数的 20.59%；高中及以下学历的有 1 人，占在职人员样本总数的 1.47%（见图 5-15）。

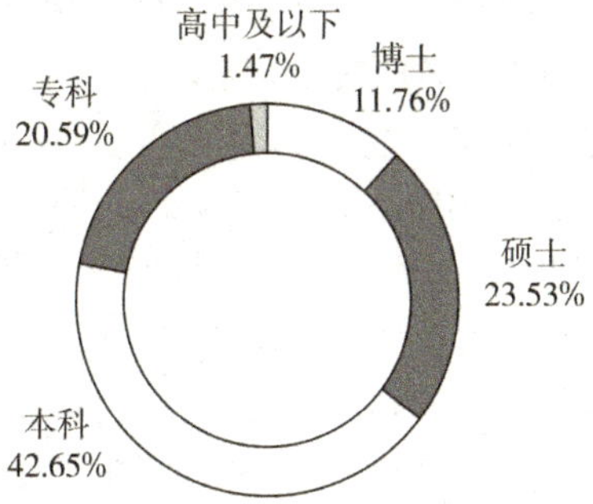

图 5-15　在职人员样本学历分布

4. 在职人员样本对国家科技类法律的认知情况分析

（1）在“2015 年 8 月 29 日第十二届全国人大常委会第十六次会议对下列哪部科技法律进行了修订”这一问题上（见图 5-16）：

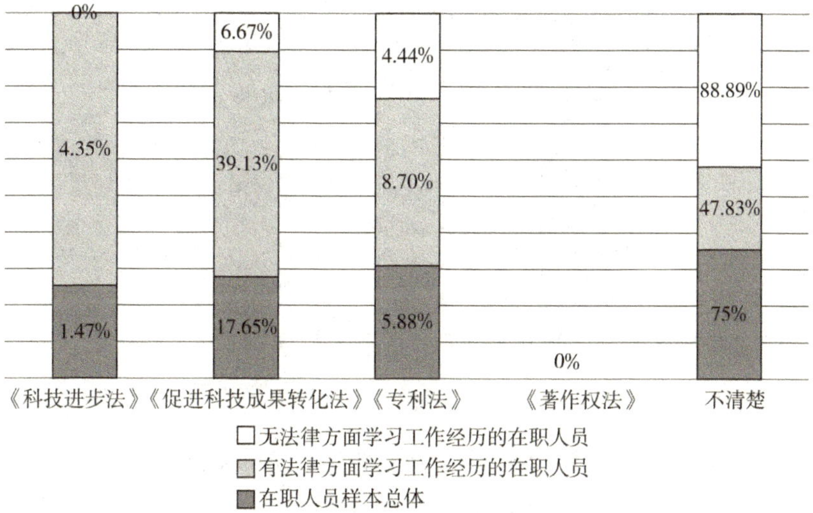

图 5-16　在职人员样本对国家科技类法律的认知情况（一）

在职人员样本总体 68 人中高达 75% 的人回答“不清楚”，其中有 1.47% 的人回答是《科学技术进步法》，有 17.65% 的人回答是《促进科技成果转化法》，分别有 5.88%、0% 的人回答是《专利法》《著作权法》。

而在有法律方面学习经历的在职人员中，高达 47.83% 的人回答“不清楚”，4.35% 的人答案为《科学技术进步法》，39.13% 的人答案为《促进科技成果转化法》，8.7% 的人答案为《专利法》，0% 的人答案为《著作权法》。

至于没有法律方面学习经历的在职人员，高达 88.89% 的人表示不清楚，0% 的人答案是《科学技术进步法》，6.67% 的人答案是《促进科技成果转化法》，4.44%的人认为是《专利法》，0%的人认为是《著作权法》。

（2）在“是否了解现行《科学技术进步法》《促进科技成果转化法》制定并颁布于哪个时期”这一问题上（见图5-17）：

在职人员样本总体68人中高达76.47%的人回答“不清楚”，没有人回答“20世纪70年代”，8.82%的人回答“20世纪80年代”，5.88%的人回答“20世纪90年代”，8.82%的人回答“21世纪初”。

而在有法律方面学习经历的在职人员中，高达56.52%的人回答“不清楚”，没有人回答“20世纪70年代”，8.7%的人回答“20世纪80年代”，17.39%的人回答“20世纪90年代”，17.39%的人回答“21世纪初”。

至于没有法律方面学习经历的在职人员，高达86.67%的人回答“不清楚”，没有人回答“20世纪70年代”，8.89%的人回答“20世纪80年代”，没有人回答“20世纪90年代”，4.44%的人回答“21世纪初”。

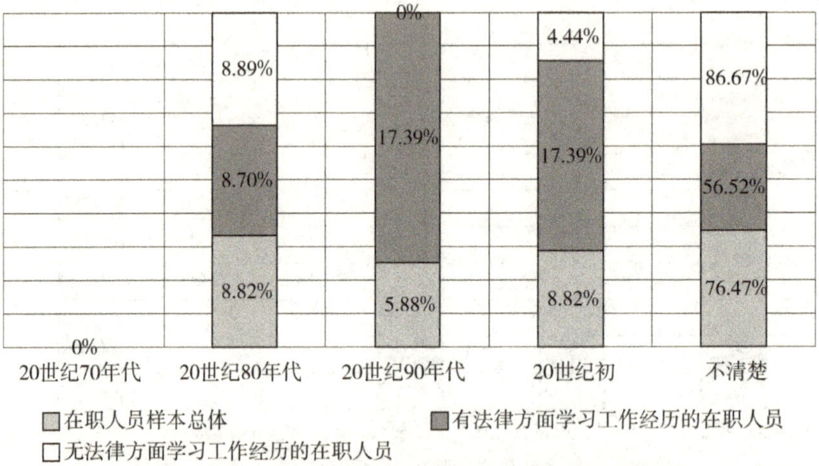

图5-17 在职人员样本对国家科技类法律的认知情况（二）

5. 在职人员样本对陕西省地方性科技法规的认知情况分析

（1）在“您对下列陕西省地方性科技法规的了解程度如何”这一问题上：

在职人员样本总体68人中，大多数人对该问题下所列举的9部陕西省主要地方性科技法规表示“仅仅听说过”或者“完全没有听说过”。具体而言，在“仅仅听说过”这一回答选项上，《陕西省现代农业园区条例》的比例最低，但也达到了22.06%；而在“完全没有听说过”这一回答选项上，《陕西省经济技术开发区条例》比例最低，但达到了41.18%（见表5-6）。

表 5-6　在职人员样本总体对陕西省地方性科技法规的了解程度

	某种情形下使用过（%）	未使用过（%）	仅仅听说过（%）	完全没有听说过（%）
《陕西省科学技术进步条例》	5.88	5.88	42.65	45.59
《陕西省促进科技成果转化条例》	4.41	13.24	27.94	54.41
《陕西省民营科技企业条例》	4.41	7.35	27.94	60.29
《陕西省高新技术产业发展条例》	4.41	10.29	35.29	50
《陕西省经济技术开发区条例》	4.41	5.88	48.53	41.18
《陕西省科学技术普查条例》	2.94	7.35	25	64.71
《陕西省实施〈中华人民共和国农业技术推广法〉办法》	2.94	7.35	26.47	63.24
《陕西省专业技术人员继续教育条例》	8.82	10.29	27.94	52.94
《陕西省现代农业园区条例》	1.47	7.35	22.06	69.12

有法律学习经历的在职人员样本对上述问题的回答略微有所不同，主要体现在："完全没有听说过"陕西省 9 部主要地方性科技法规的人数比例稍微有所降低，均在 50% 以下（见表 5-7）。

表 5-7　有法律学习工作经历的在职人员对陕西省地方性科技法规的了解程度

	某种情形下使用过（%）	未使用过（%）	仅仅听说过（%）	完全没有听说过（%）
《陕西省科学技术进步条例》	17.39	13.04	43.48	26.09
《陕西省促进科技成果转化条例》	13.04	26.09	26.09	34.78
《陕西省民营科技企业条例》	8.7	8.7	34.78	47.83
《陕西省高新技术产业发展条例》	13.04	21.74	26.09	39.13
《陕西省经济技术开发区条例》	13.04	13.04	52.17	21.74
《陕西省科学技术普查条例》	8.7	17.39	26.09	47.83
《陕西省实施〈中华人民共和国农业技术推广法〉办法》	8.7	17.39	34.78	39.13
《陕西省专业技术人员继续教育条例》	13.04	21.74	30.43	34.78
《陕西省现代农业园区条例》	4.35	17.39	34.78	43.48

无法律学习经历的在职人员样本对上述问题的回答则大有不同，主要体现

在："完全没有听说过"陕西省8部主要地方性科技法规的人数比例均在50%以上。此外，上述法规中有7部主要地方性科技法规没有任何一个人在某种情况下使用过（见表5-8）。

表5-8 无法律学习工作经历的在职人员对陕西省地方性科技法规的了解程度

	某种情形下使用过（%）	未使用过（%）	仅仅听说过（%）	完全没有听说过（%）
《陕西省科学技术进步条例》	0	2.22	42.22	55.56
《陕西省促进科技成果转化条例》	0	6.67	28.89	64.44
《陕西省民营科技企业条例》	2.22	6.67	24.44	66.67
《陕西省高新技术产业发展条例》	0	4.44	40	55.56
《陕西省经济技术开发区条例》	0	2.22	46.67	51.11
《陕西省科学技术普查条例》	0	2.22	24.44	73.33
《陕西省实施〈中华人民共和国农业技术推广法〉办法》	0	2.22	22.22	75.56
《陕西省专业技术人员继续教育条例》	6.67	4.44	26.67	62.22
《陕西省现代农业园区条例》	0	2.22	15.56	82.22

（2）在"您所了解到的现行陕西省地方性科技法规主要涉及哪些方面的事项"这一问题上（见图5-18）：

在职人员样本总体68人中，有26.47%的人表示不清楚；至于科技项目申报与实施、科技人才培养与造就以及知识产权等选项，回答的人所占比例大致相等；科技奖励与税收减免、科技金融、科技交流与合作等选项，回答的人所占比例较少，但比例也分别达到了22.06%、11.76%和17.65%。

有法律学习经历的在职人员对上述问题的回答结果与非高校学生样本总数较为相似，但是，有法律学习经历的在职人员对于该问题回答"不清楚"的比例最低，为8.7%。

无法律学习经历的在职人员对于该问题回答则有所不同，主要体现在：无法律学习经历的高校学生回答"科技金融"这一选项的比例偏低，仅为6.67%；而其回答"科技项目申报与实施"的人数所占的比例最高，达到了40%。

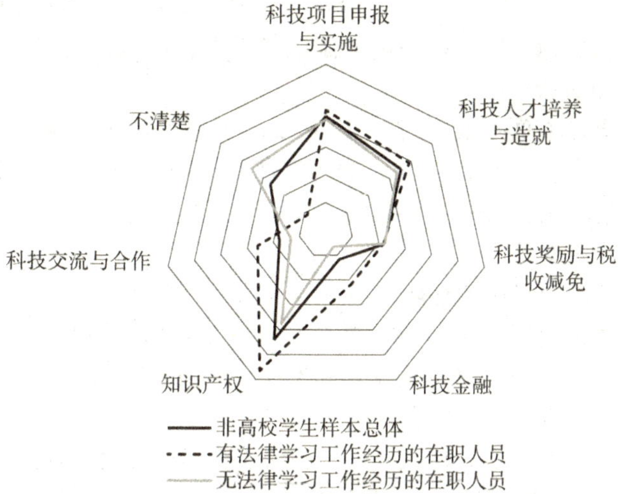

图 5-18　在职人员样本对陕西省地方性科技法规所涉事项的了解程度

6. 在职人员样本对陕西省地方性科技法规宣传推广情况的认知

在“您是否主要通过人大、政府信息公开、法制宣传等途径获取陕西省地方性科技法规的相关信息”这一问题上（见图 5-19）：

在职人员样本总体 68 人中，有 69. 12%的人回答“否”，这一比例高于回答“是”的人数比例 30. 88%。

较为特殊的是，在有法律学习经历的在职人员中，56. 52%的回答“否”，而只有 43. 48%的人回答“是”。

至于无法律学习经历的在职人员，回答“否”的人高达 75. 56%，回答“是”的为 24. 44%。

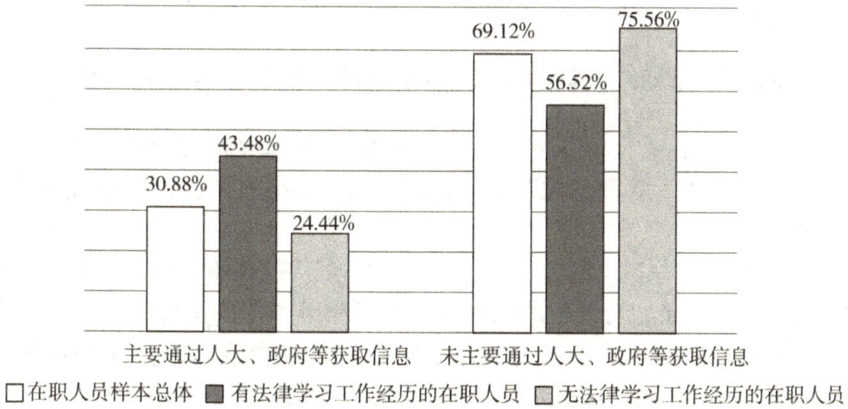

图 5-19　在职人员样本对陕西省地方性科技法规宣传推广情况的认知

7. 在职人员样本对陕西省地方性科技法规立法参与情况的分析

就“在陕西省地方性科技法规的制定过程中，您是否提出过自己的意见”这一问题（见图 5-20）：

在在职人员样本总体 68 人中，有 88.24% 的人表示未获得过法规向社会公开征求意见的信息；有 5.88% 的人表示获得过法规向社会公开征求意见的信息，但未提出过意见；另有 5.88% 的人表示获得过法规向社会公开征求意见的信息，而且提出过意见。

而在有法律学习经历的在职人员中，表示未获得过法规向社会公开征求意见的信息的人所占比例为 65.22%；有 17.39% 的人表示获得过法规向社会公开征求意见的信息，但未提出过意见；另有 17.39% 的人表示获得过法规向社会公开征求意见的信息，而且提出过意见。

至于无法律学习经历的在职人员，表示未获得过法规向社会公开征求意见的信息的人所占的比例最高，达到了 100%。

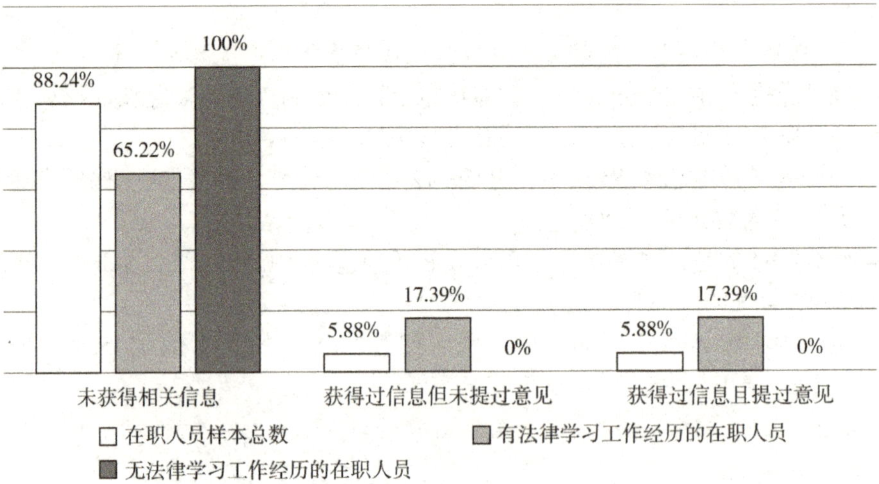

图 5-20　在职人员样本对陕西省地方性科技法规立法参与情况的分析

8. 在职人员样本对提高陕西省地方性科技法规立法质量的途径认知

在“您认为以下哪种方式可有效提高陕西省地方性科技法规的立法质量”这一问题上：

无论是在职人员样本总体，还是有法律学习经历的在职人员，抑或是无法律学习经历的在职人员，对该问题的回答出现了十分类似的情况，以上三者均认为，省人大及其常委会委托有关专家、教学科研机构、社会组织起草最能提高陕西省地方性科技法规的立法质量，而省人大有关专门委员会、省人大常委会工作机构直接起草以及省人大及其常委会委托有关行政部门起草次之，见表 5-9。

表 5-9　在职人员样本对提高陕西省地方性科技法规立法质量的途径认知

	在职人员样本总体（%）	有法律学习工作经历在职人员（%）	无法律学习工作经历在职人员（%）
省人大有关专门委员会、省人大常委会工作机构直接起草	10.29	13.04	8.89
省人大及其常委会委托有关专家、教学科研机构、社会组织起草	70.59	78.26	66.67
省人大及其常委会委托有关行政部门起草	19.12	8.7	24.44

9. 在职人员样本对陕西省地方性科技法规社会效果的总体评价

（1）宏观层面，在“您认为陕西省地方性科技法规在促进陕西社会经济发展、提高人民生活水平方面的效果如何”这一问题上（见图 5-21）：

在职人员样本总体 68 人中，有 54.41%的人回答“不清楚”，认为效果好的人数比例为 8.82%，认为效果比较好的为 16.18%，而认为效果差的为 8.82%，认为效果比较差的为 11.76%。

而在有法律学习经历的非高校学生中，有 34.78%的人回答“不清楚”，认为效果好的为 13.04%，认为效果比较好的为 26.09%，而认为效果差的为 17.39%，效果比较差的为 8.7%。

至于无法律学习经历的非高校学生，高达 64.44%的人认为不清楚。

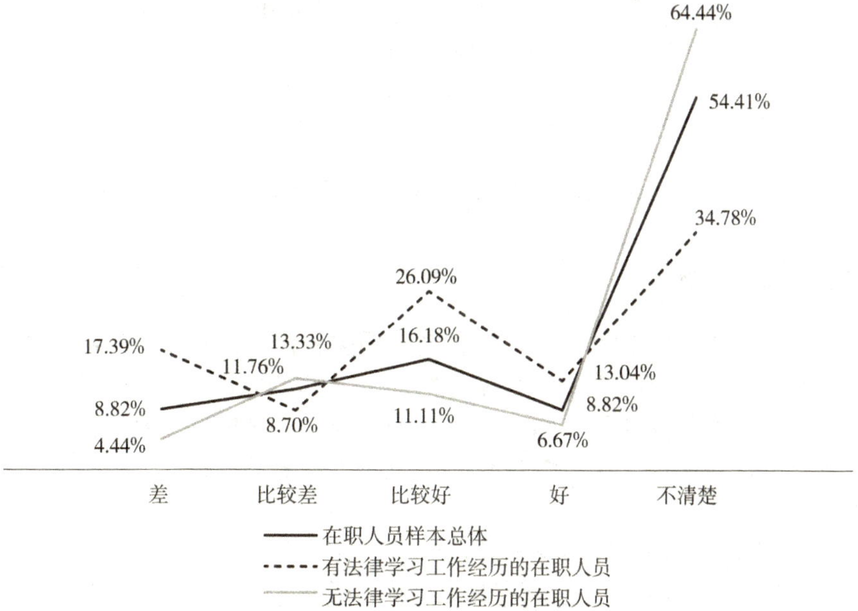

图 5-21　在职人员样本对陕西省地方性科技法规社会效果的宏观评价

（2）微观层面，在“您认为《陕西省促进科技成果转化条例》在公民具体权利保护方面的作用如何”这一问题上（见图5-22）：

在职人员样本总体68人中，有50%的人回答“不清楚”；有1.47%的人认为作用很大；有38.24%的人认为能起一部分作用；有5.88%的人认为基本不起作用；有4.41%的人认为根本不起作用。

而在有法律学习经历的非高校学生中，回答“不清楚”的人数为39.12%；4.35%的人认为作用很大；认为能起一部分作用的人最多，达到了43.48%；8.7%的人认为基本不起作用；4.35%的人认为根本不起作用。

至于无法律学习经历的非高校学生中，55.56%的认为回答“不清楚”；没有人认为作用很大；35.56%的人认为能起一部分作用；4.44%的人认为基本不起作用；4.44%的人认为根本不起作用。

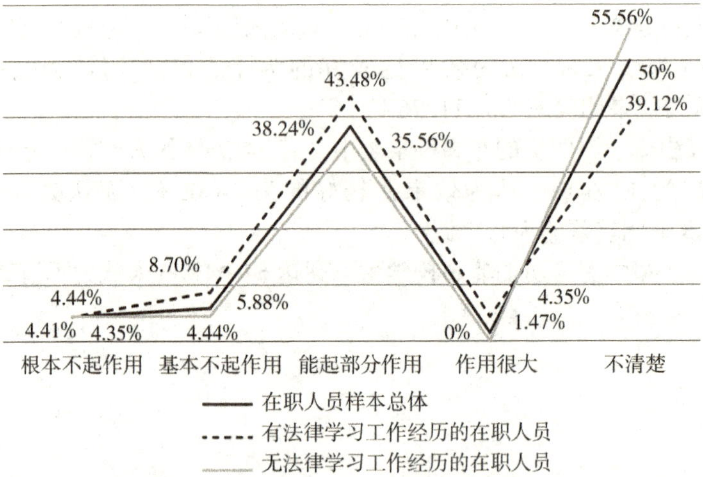

图5-22 在职人员样本对陕西省地方性科技法规社会效果的微观评价

二、调查结论

综合对“高校在校学生”“在职人员”两类主体以及由交叉分析而派生的“有法律方面学习经历的高校在校学生”“无法律方面学习经历的高校在校学生”和“有法律方面学习、工作经历的在职人员”“无法律方面学习、工作经历的在职人员”四类细化主体对调查问卷所涉及问题的分析，可初步得出以下调查结论。

（一）对国家科技类法律的总体认知

无论有无法律学习经历，均有超过半数的高校在校学生总体上对国家科技类法律的相关情况不清楚。而在职人员对国家科技类法律的总体认知呈现较大差异，主要体现在：无法律学习、工作经历的在职人员对国家科技类法律的总体熟悉程度远远低于有法律学习、工作经历的在职人员。说明高校在校大学生在走向工作岗位后，“是否从事法律方面工作”成为影响其对国家科技类法律认知的一个重要因素。

（二）对陕西省地方性科技法规的总体认知

无论有无法律学习经历，高校在校学生对陕西省地方性科技法规的总体认知并无较大差异，说明“有无法律方面学习经历”并非影响高校在校学生对陕西省地方性科技法规总体认知的主导因素。而在职人员对陕西省地方性科技法规的总体认知呈现较大差异，主要体现在：无法律学习、工作经历的在职人员对陕西省地方性科技法规的总体熟悉程度远远低于有法律学习、工作经历的在职人员。说明高校在校大学生在走向工作岗位后，“是否从事法律方面工作”成为影响其对陕西省地方性科技法规认知的一个重要因素。

（三）陕西省地方性科技法规的宣传推广

无论有无法律学习经历，高校在校学生对陕西省地方性科技法规的宣传推广的认知情况并无较大差异，说明“有无法律方面学习经历”并非影响高校在校学生对陕西省地方性科技法规宣传推广认知情况的主导因素。而在职人员对陕西省地方性科技法规的宣传、推广和认知情况呈现较大差异，主要体现在：无法律学习、工作经历的在职人员对陕西省地方性科技法规宣传推广熟悉程度低于有法律学习、工作经历的在职人员近 20 个百分点。说明高校在校大学生在走向工作岗位后，“是否从事法律方面工作”成为影响其获取陕西省地方性科技法规相关信息的一个重要因素。

（四）陕西省地方性科技法规的公众立法参与

无论是高校在校学生还是在职人员，无论有无法律方面的学习、工作经历，近三分之二的调查样本均表示“从未获得过相关信息”，说明陕西省地方性科技法规在立法过程中的公众参与度较低。

（五）提高陕西省地方性科技法规的立法质量的路径

无论是高校在校学生还是在职人员，无论有无法律方面的学习、工作经历，近三分之二的调查样本均认为“省人大及其常委会委托有关专家、教学科研单位、社会组织起草”能够有效提高陕西省地方性科技法规的立法质量。

（六）对陕西省地方性科技法规社会效果的总体评价

高校在校学生对陕西省地方性科技法规的宏观评价以及微观评价都存在较大差别，主要体现在：第一，宏观评价层面，无论有无法律学习经历，超过50%的高校在校学生对陕西省地方性科技法规的宏观社会效果表示不清楚；但在在职人员中，无法律学习、工作经历的在职人员对陕西省地方性科技法规的宏观社会效果表示不清楚的比例高达 64.44%，远远大于有法律学习、工作经历的在职人员比例 34.78%。第二，微观评价层面，超过半数的有法律学习经历的高校在校学生认为能起部分作用，但50%的无法律学习经历的高校在校学生却表示不清楚；至于在职人员，有法律学习、工作经历的在职人员认为能起部分作用的比例只略高于无法律学习、工作经历的在职人员比例。

三、调查分析及建议

第一，与科技法律相关的知识性题目，平均正确率仅有16.5%，包括《陕西省科学技术进步条例》《陕西省促进科技成果转化条例》在内的九部法规的平均使用率仅为3.04%，甚至连宏观性评价也有半数左右的被调研对象回答"不清楚"。被调研对象无论处于哪个划分组别，对于陕西省地方性科技法规乃至国家科技法律的认知程度均不高的情况说明科技法律、法规较之其他法律、法规的宏观性程度较高，直接适用程度较低。

第二，在认知程度均不高的前提之下，"有法律方面学习、工作经历的在职人员"对陕西省地方性科技法规具有更高的认知与接触度，之后依次为"有法律方面学习经历的高校在校学生""无法律方面学习经历的高校在校学生"和"无法律方面学习、工作经历的在职人员"。尤其是"无法律方面学习、工作经历的在职人员"表示未获得过法规向社会公开征求意见的信息的人所占比例达到了100%。说明科技法律、法规较之其他法律、法规的专业适用性程度较高，普遍适用程度较低。

第三，2015年12月14日，陕西省科技厅发布2014年度陕西省科普统计数据指出，2014年，全省科普人员9.43万人，比2010年增加29.5%。科普经费筹集额2.79亿元，科普专项经费1.13亿元，分别比2010年增加86.76%和119.22%。而问卷调研对象对科技法律、法规的知之甚少在一定程度上说明科普在科技法律、法规普及方面影响甚微。

综上所述，科技法律、法规较之其他法律、法规的宏观性、专业性程度较高，直接、普遍适用程度较低的特性，提升科技法律、法规的社会认知程度应该摒弃过去科学普及与法律普及的传统思路，以相关专业人群为对象，进行有针对性的科技法律、法规的社会推广，有重点地提高科技法律、法规的社会认知度，用以提高科技法律、法规的适用效能。

第四节　量化评估及分析

以前期针对《陕西省促进科技成果转化条例》进行的文本评估以及对法规进行的社会认知程度调查为基础，课题组邀请专家制定评估标准，相关人员参与，进一步对 20 部法规进行了量化评估。

一、《陕西省促进科技成果转化条例》评估的评价要素及其量化方案

地方性法规文本质量是由一些基本要素构成的，为了便于横向比较，量化说明法规质量，科学确定评估地方性法规质量的基本要素体系，并对这些基本要素进行可量化的评估，课题组邀请了 10 位专家，10 位专家分别来自大专院校（3 位）、企业（4 位）、政府机关（3 位）。课题组通过向 10 位专家分别以问卷结合面谈的形式，进行了陕西省地方性科技法规指标体系权重评分工作。专家组由来自政府机构、教育研究机构、企业实务机构的权威高级管理人员及教授组成，见表 5-10。

表 5-10　专家组成员（排名按姓氏拼音）

专家	单位	职务/职称
陈瑜	艾默生网络能源（西安）有限公司	高级知识产权专员
党雷	西安电视剧版权交易中心有限公司	总经理/法学博士
马治国	西安交通大学法学院	教授/西安交通大学知识产权研究中心主任
瞿淼	金杜律师事务所	合伙人
寿步	上海交通大学法学院	教授/上海交通大学知识产权研究中心主任
宋晓宁	同济大学法学院	教授/副院长
袁庆民	西安特锐德智能充电科技有限公司	总经理/中级工程师
岳喜栋	陕西省法制办	处长
张昭	陕西省发改委政策法规处	处长
钟晔	陕西省科技厅	副处长

根据 10 位专家的筛选结论，课题组首先确认了 5 个一级评价指标，以及从每项一级指标中分解出的 26 个二级指标；第二步，着重针对 10 位专家给出的不同权重，进行了加权平均，小数点保留到个位，完成了针对两级指标的不同赋值工作，见表 5-11。

表 5-11　陕西省地方性科技法规指标体系权重评分表

一级指标	二级指标	权重（%）
立法必要性 28%	是否填补了原有立法漏洞（相关法律行为缺乏法律依据）	9
	是否对原有立法进行了细化	10
	是否为授权立法地方立法的事项	8
	是否有利于推进陕西省相关领域科技发展	1

续表

一级指标	二级指标	权重（%）
地方特色 20%	立法是否符合陕西省科技发展需要	6
	立法是否符合陕西省经济发展需要	5
	立法是否体现陕西省文化发展状况	4
	立法是否体现陕西省人才发展状况	4
	立法是否解决地方现实问题	1
	立法是否体现绿色发展需求	0
	是否与地方企事业单位的具体情况相结合	0
	立法是否具有可操作性	0
法制统一 21%	是否存在上位法依据	7
	是否与法律存在冲突	4
	是否与行政法规存在冲突	4
	是否与部门规章不协调	3
	是否与陕西省其他地方性法规不协调	3
权力配置 18%	公权力的配置是否确实必要	5
	部门之间的权力配置是否协调	4
	权力、责任是否相适应	4
	对公权力是否存在制约监督机制	4
	是否实现资源配置均衡	1
	是否有具体的部门操作落实	0
技术规范 13%	用语是否简明、准确、规范	6
	逻辑（结构）是否清晰、完整	6
	是否具有可操作性	1
	是否有歧义	0

最终，根据10位专家意见形成的《陕西省地方性科技法规指标体系权重评分表》，合计5个有效一级指标，22个有效二级指标，权重合计100%，被用来对每部法规结合前述文本评估意见进行独立的定量分析、判断和计分，见表5-12。

表 5-12　评分表

一级指标	二级指标	评分	备注
立法必要性	是否填补了原有立法漏洞	9	是/否（1/0）
	是否对原有立法进行了细化	10	是/否（1/0）
	是否为授权立法地方立法的事项	8	是/否（1/0）
	是否有利于推进陕西省相关领域科技发展	1	是/否（1/0）
地方特色	立法是否符合陕西省科技发展需要	6	是/否（1/0）
	立法是否符合陕西省经济发展需要	5	是/否（1/0）
	立法是否体现陕西省文化发展状况	4	是/否（1/0）
	立法是否体现陕西省人才发展状况	4	是/否（1/0）
	立法是否解决地方现实问题	1	是/否（1/0）
法制统一	是否存在上位法依据	7	是/否（1/0）
	是否与法律存在冲突	4	是/否（1/0）
	是否与行政法规存在冲突	4	是/否（1/0）
	是否与部门规章不协调	3	是/否（1/0）
	是否与陕西省其他地方性法规不协调	3	是/否（1/0）
权力配置	公权力的配置是否确实必要	5	是/否（1/0）
	部门之间的权力配置是否协调	4	是/否（1/0）
	权力、责任是否相适应	4	是/否（1/0）
	对公权力是否存在制约监督机制	4	是/否（1/0）
	是否实现资源配置均衡	1	是/否（1/0）
技术规范	用语是否简明、准确、规范	6	是/否（1/0）
	逻辑（结构）是否清晰、完整	6	是/否（1/0）
	是否具有可操作性	1	是/否（1/0）
合计			

在评分表的使用上，为了尽量保证评估的客观性、公正性、科学性和全面性，课题组在量化评估方法上做了技术设计。首先，做到对每一件法规先后由三位评分人员评分，选取三人中的多数意见，作为最终评分意见；其次，三位评分人员分别来自一直参与课题研究的课题组成员，以及在社会认知调研中对陕西省地方性科技法规认知度最高的、有法律方面学习、具有工作经历的在职人员，三位评分人员背对背地对每一部法规进行评分，合计回收评分表 60 份；最后，20 部法规按照同一个评估计分参考标准，即用来表示两个对立的逻辑状

态的逻辑常量 0 和 1，进行是非选项评估，每部法规中的每个项目取多数意见计分，形成对该法规的综合量化计分。

二、陕西省科技法规综合量化评价概况及分析

（一）各项指标得分率

根据对 5 个一级指标以及 22 个有效、可计分二级指标的分数统计，可计分指标平均得分率为 87%。

用以评级陕西省 20 部地方性科技法规的五个一级指标中，得分率较高的为“地方特色”“权力配置”“立法必要性”，得分率均在 90% 以上，见图 5-23。其中，“地方特色”所得比例最高，为 96%，权力配置为第二，立法必要性位居第三，技术规范为第四，法制统一为末位，得分率仅为 74%。这在一定程度上说明，陕西省地方性科技法规所反映的地方特色比较鲜明，注重权利与权力的配置关系，能遵循法律规范，但在讲究立法技术方面仍有待加强，同时更需要注意的是，应科学地处理好法制统一的问题，及时与国家法律、行政法规的调整统一节奏。

得分率最低的二级指标为“是否与法律存在冲突”，项目得分率仅为 40%，这里的“是否与法律存在冲突”主要集中在与法规的上位法有冲突，在该项目中失分的法规主要包括：《陕西省实施〈中华人民共和国统计法〉办法》《陕西省股份合作企业条例》《陕西省人才市场条例》《陕西省劳动力市场条例》《陕西省实施〈中华人民共和国招标投标法〉办法》《陕西省实施〈中华人民共和国中小企业促进法〉办法》《陕西省科学技术普及条例》《陕西省促进科技成果转化条例》《陕西省实施〈中华人民共和国农业技术推广法〉办法》《陕西省循环经济促进条例》《陕西省科学技术进步条例》《陕西省标准化条例》；其次为“是否与部门规章不协调”项目，得分率为 55%；再次为“用语是否简明、准确、规范”项目，得分率为 60%，见图 5-24。失分项目主要集中在“法制统一”一级指标项下各二级指标，平均得分率为 74%，其次为“技术规范”一级指标项下各二级指标，平均得分率为 75%。

得分率最高的为“是否为授权立法地方立法的事项”“是否有利于推进陕西省相关领域科技发展”“立法是否符合陕西省科技发展需要”“立法是否符合陕西省经济发展需要”“是否存在上位法依据”“立法是否解决地方现实问题”“是否与陕西省其他地方性法规不协调”“公权力的配置是否确实必要”“部门之间的权力配置是否协调”“权力、责任是否相适应”，得分率均为 100%。

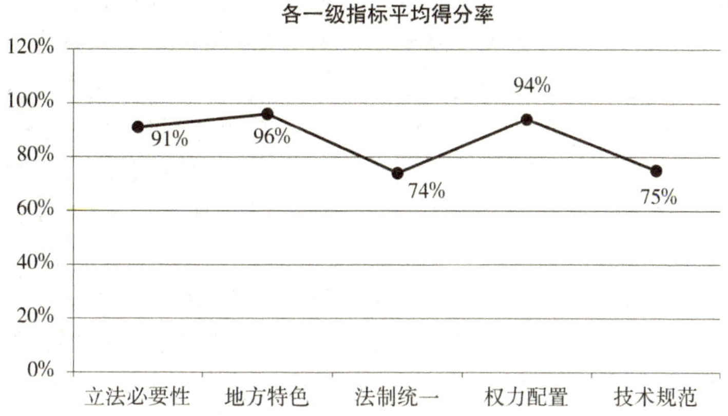

图 5-23　一级指标平均得分率

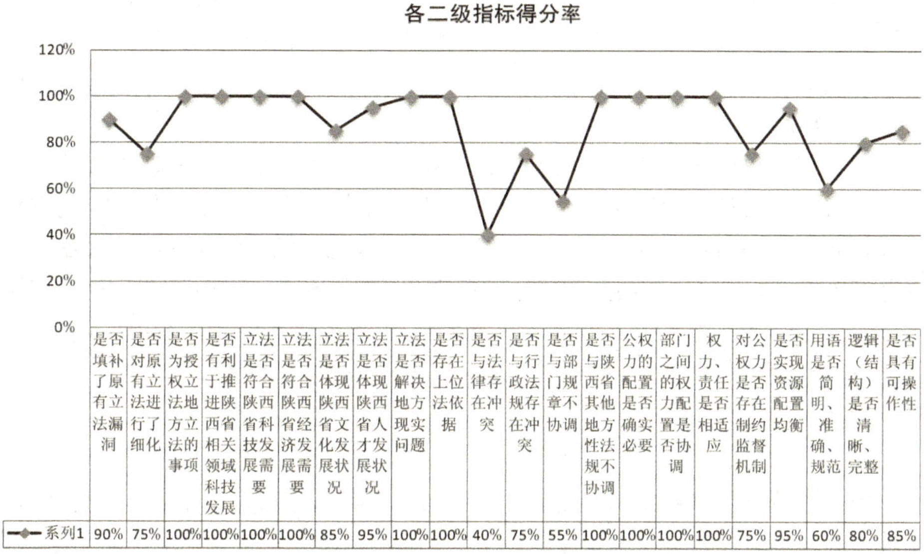

图 5-24　二级指标得分率

1. *立法必要性*

立法必要性中包含：是否填补了原有立法漏洞（相关法律行为缺乏法律依据）、是否对原有立法进行了细化、是否为授权立法地方立法的事项、是否有利于推进陕西省相关领域科技发展四个子项目。20 部法规在“填补了原有立法漏洞”项目中的得分率为 90%，在“是否对原有立法进行了细化”项目中的得分率为 75%，“是否为授权立法地方立法的事项”项目中的得分率为 100%，“是否有利于推进陕西省相关领域科技发展”项目中的得分率为 100%。

2. *地方特色*

地方特色中包含：立法是否符合陕西省科技发展需要、立法是否符合陕西省经济发展需要、立法是否体现陕西省文化发展状况、立法是否体现陕西省人才发展状况、立法是否解决地方现实问题五个子项目。20部法规在“是否符合陕西省科技发展需要”项目中的得分率为100%，在“立法是否符合陕西省经济发展需要”项目中的得分率为100%，“立法是否体现陕西省文化发展状况”项目中的得分率为85%，“立法是否体现陕西省人才发展状况”项目中的得分率为95%，在“立法是否解决地方现实问题”项目中的得分率为100%。

3. 法制统一

法制统一中包含：是否存在上位法依据、是否与法律存在冲突、是否与行政法规存在冲突、是否与部门规章不协调、是否与陕西省其他地方性法规不协调五个子项目。20部法规在“是否存在上位法依据”项目中的得分率为100%，在“是否与法律存在冲突”项目中的得分率为40%，“是否与行政法规存在冲突”项目中的得分率为75%，“是否与部门规章不协调”项目中的得分率为55%，在“是否与陕西省其他地方性法规不协调”项目中的得分率为100%。

4. 权力配置

权力配置中包含：公权力的配置是否确实必要、部门之间的权力配置是否协调权力、责任是否相适应、对公权力是否存在制约监督机制、是否实现资源配置均衡五个子项目。20部法规在“公权力的配置是否确实必要”项目中的得分率为100%，在“部门之间的权力配置是否协调权力”项目中的得分率为100%，“责任是否相适应”项目中的得分率为100%，“对公权力是否存在制约监督机制”项目中的得分率为75%，在“是否实现资源配置均衡”项目中的得分率为95%。

5. 技术规范

技术规范中包含：用语是否简明、准确、规范，逻辑（结构）是否清晰、完整，是否具有可操作性三个子项目。20部法规在“用语是否简明、准确、规范”项目中的得分率为60%，在“逻辑（结构）是否清晰、完整”项目中的得分率为80%，在“是否具有可操作性”项目中的得分率为85%。

（二）法规综合得分

合计20部陕西省地方性科技法规平均分为86.75，满分有五部法规，90~99分数区段有六部法规，80~89分数区段有四部法规，70~79分数区段有两部法规，60~69分数区段有三部法规，见图5-25。总的说是两头小，中间大。这表明，陕西省现行地方性科技法规总体质量较好，绝大多数法规文本在优良档次上，同时，也有相当一部分法规文本存在不同程度的问题，需要亟待修改的法规数量不少，立法质量有待进一步提高。

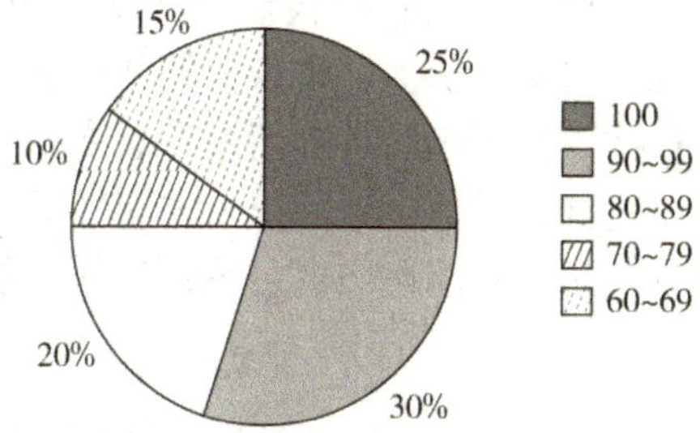

图 5-25　法规综合得分区段分布

进一步分析法规量化评估的分数，有两点情况需要作进一步的说明。

第一，分数较低的法规以制定年份比较早的法规为主。这类法规或者上位法已经修改，或者本法规制定时的社会经济发展状况现在已经发生重大变化。因而导致法规或者与上位法冲突，或者不符合社会发展现状。量化评估分数较低也正说明其需要进行修订或者修正。以得分最低的《陕西省实施〈中华人民共和国招标投标法〉办法》为例，该法规于 2004 年 8 月 3 日陕西省第十届人民代表大会常务委员会第十二次会议通过，自 2004 年 10 月 1 日起施行。该法规的直接上位法为《中华人民共和国招标投标法》，该法于 1999 年 8 月 30 日第九届全国人民代表大会常务委员会第十一次会议通过，至今未进行过修改，但是，《中华人民共和国招标投标法实施条例》是于 2011 年 11 月 30 日国务院第 183 次常务会议通过，自 2012 年 2 月 1 日起施行的。《陕西省实施〈中华人民共和国招标投标法〉办法》与《中华人民共和国招标投标法实施条例》有不少冲突之处，除此之外，由于是从科技性法规的角度来对《陕西省实施〈中华人民共和国招标投标法〉办法》进行考量，因此，该法规还存在《国家技术创新项目招标投标管理办法》部分不协调的问题。又以《陕西省股份合作企业条例》为例，在制定本法规时，全国正推行集体所有制企业和国有制企业的股份合作制改革，股份合作制企业只是一种过渡形式的企业，目前，股份合作制改革已经基本完成，该法规的各方面价值都正在逐渐降低，因此，量化评估客观地反映了该法规价值的衰落趋势。

第二，在说明了"分数较低的法规以制定年份比较早的法规为主"的情况的同时，还要进一步说明，并非制定年份比较早的法规都在量化评分中均不具有优势。以《陕西省促进科技成果转化条例》为例，由于其直接上位法《中华人民共和国促进科技成果转化法》在 2015 年进行了大幅度的修订，直接导致了该法规中的诸多内容与上位法冲突。2016 年 3 月，国务院又出台了实施《中华人民共和国促进科技成果转化法》若干规定，2016 年 5 月，国务院办公厅印发了《促进科技成果转移转化行动方案》，上述法律、法规、政策的调整无疑都凸显了《陕西省促进科技成果转化条例》的时效性不足。与上位法冲突以及时效性不足等问题都是《陕西省促进科技成果转化条例》的明显缺陷，但是，并不足以立即使该法规变得毫无价值，在量化评估中分数极低。事实上，由于其仍然在促进陕西省科技、文化等诸多方面发挥着有效作用，并在权力配置等诸多方面仍然具有一定优势，因此，课题组一方面针对该法规存在的现实问题客观地提出了修订建议；另一方面该法规的量化评估仍然正常地反映了其所具有的积极价值。

三、《陕西省促进科技成果转化条例》量化评价概况及分析

根据对5个一级指标以及22个有效、可计分二级指标的分数统计，《陕西省促进科技成果转化条例》综合得分为68分（见表5-13），位列陕西省20部参评科技法规综合得分（分数自高向低排序）的第17位。

表5-13 《陕西省促进科技成果转化条例》评分表

一级指标	二级指标	评分	备注
立法必要性	是否填补了原有立法漏洞	0	否
	是否对原有立法进行了细化	10	是
	是否为授权立法地方立法的事项	8	是
	是否有利于推进陕西省相关领域科技发展	1	是
地方特色	立法是否符合陕西省科技发展需要	6	是
	立法是否符合陕西省经济发展需要	5	是
	立法是否体现陕西省文化发展状况	4	是
	立法是否体现陕西省人才发展状况	4	是
	立法是否解决地方现实问题	1	是
法制统一	是否存在上位法依据	7	是
	是否与法律存在冲突	0	是
	是否与行政法规存在冲突	0	是
	是否与部门规章不协调	0	是
	是否与陕西省其他地方性法规不协调	3	否
权力配置	公权力的配置是否确实必要	5	是
	部门之间的权力配置是否协调	4	是
	权力、责任是否相适应	4	是
	对公权力是否存在制约监督机制	4	是
	是否实现资源配置均衡	1	是

续表

一级指标	二级指标	评分	备注
技术规范	用语是否简明、准确、规范	0	否
	逻辑（结构）是否清晰、完整	0	否
	是否具有可操作性	1	是
合计		68	

首先，用以评价《陕西省促进科技成果转化条例》的五个一级指标中，得分率较高的为“地方特色”“权力配置”，得分率均为100%，高于陕西省科技法规的平均得分率；在“法制统一性”“立法技术规范”两项一级指标中的得分率最低，分别为40%和33%，明显低于陕西省科技法规的平均得分率74%和75%；在“立法必要性”这一指标上的得分率为75%，低于陕西省科技法规的平均得分率91%，见图5-26。这在一定程度上说明，《陕西省促进科技成果转化条例》所反映的地方特色比较鲜明，注重权利与权力的配置关系，但是在突出立法必要性的表现上，以及在规范立法技术方面都仍有待加强，同时更需要注意的是科学地处理好法制统一的问题，及时与国家法律、行政法规的修正统一步调。

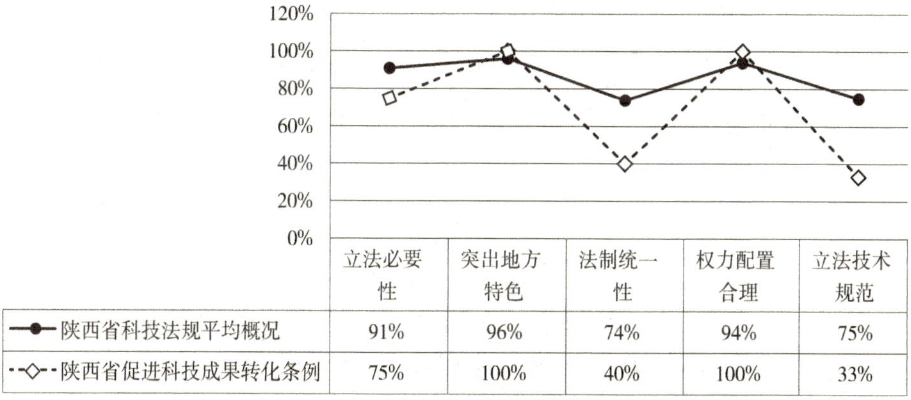

图5-26　《陕西省促进科技成果转化条例》一级指标得分率及陕西省科技法规一级指标平均得分率对比

其次，用以评价《陕西省促进科技成果转化条例》的二十二个二级指标中（见图5-27），明显存在亟待改进问题并低于陕西省科技法规二级指标平均得分率的分别为“是否填补了原有立法漏洞”“是否与法律存在冲突”“是否与行政法规存在冲突”“是否与部门规章不协调”“用语是否简明、准确、规范”“逻辑（结构）是否清晰、完整”，这些指标均为未来要对《陕西省促进科技成果转化条例》进行修订的重要内容；而在“是否对原有立法进行了细化”“立法是否体现陕西省文化发展状况”“对公权力是否存在制约监督机制”“是否具有可操作性”的二级指标得分中，《陕西省促进科技成果转化条例》均高于陕西省科技法规二级指标平均得分率，应该在未来的修订工作中作为该条例的优势特征发扬。

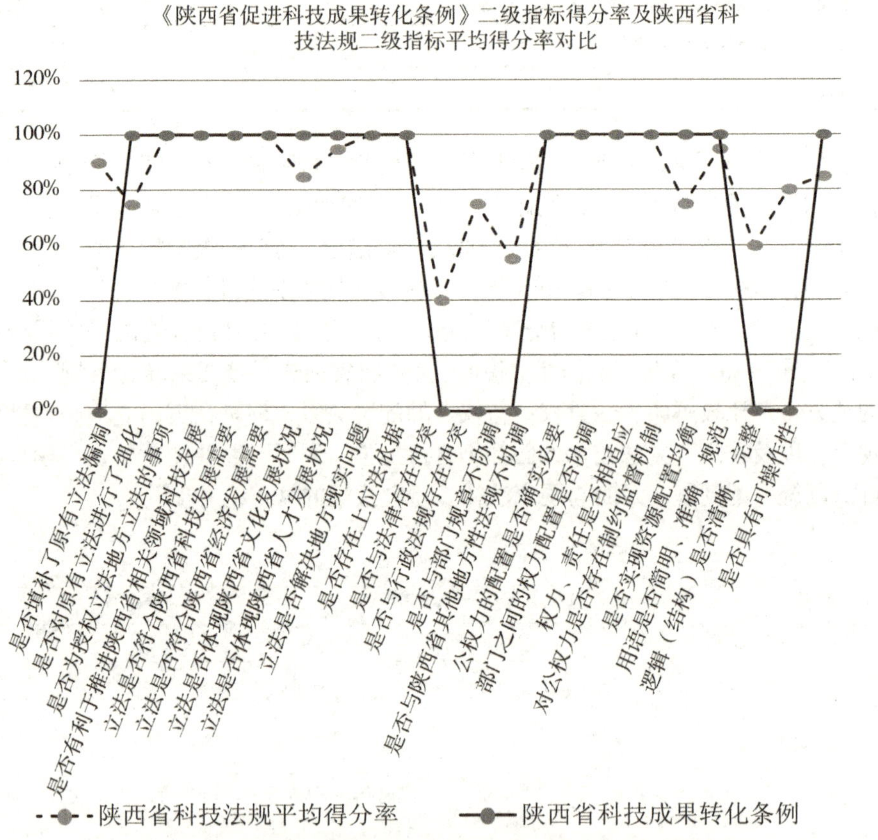

图 5-27 《陕西省促进科技成果转化条例》二级指标得分率及陕西省科技法规二级指标平均得分率对比

四、评估后的初步修改建议及依据

课题组针对《陕西省促进科技成果转化条例》共提出修改建议二十二条，见表 5-14。修改原因主要表现为以下两个方面。

第一，与上位法规定不一致。陕西省地方性科技法规与上位法不一致主要体现在与上位法的规定存在冲突、不协调或落后于国家政策、社会现实的变革两方面。例如，将第三条“后续试验、开发、应用、推广、转让、引进直至形成新产品、新工艺、新产业”修改为“后续试验、开发、应用、推广直至形成新产品、新工艺、新材料，发展新产业等”主要是基于《促进科技成果转化法》第二条修订而产生的，与上位法不符，基于此种原因的修改是本次修改的主要部分。

第二，部门名称变化。2008 年《国务院机构改制方案》和 2013 年《国务院机构改革和职能转变方案》出台后，省级及以下地方人民政府配合改制，目前正在或已经完成改制。但地方性科技法规具有滞后性，尚未依照新部门职能设置进行修正。例如，将第六条第三款“人事行政部门”修改为“人力资源和社会保障行政部门”则依据 2008 年国务院机构改革方案的部门改制。

表 5-14　《陕西省促进科技成果转化条例》初步修订建议汇总表

法规名称	《陕西省促进科技成果转化条例》			
评估建议	修订			
需要修改的条款		条款修改建议	理由	依据
条目	需要修改的内容			
第三条	“后续试验、开发、应用、推广、转让、引进直至形成新产品、新工艺、新产业”	“后续试验、开发、应用、推广直至形成新产品、新工艺、新材料，发展新产业等”	与上位法不符	《中华人民共和国促进科技成果转化法》第二条
第六条第一款	“县级以上人民政府”	“各级人民政府”	与上位法冲突	《中华人民共和国促进科技成果转化法》第八条
第六条第三款	“人事行政部门”	“人力资源和社会保障行政部门”	部门改制	2008 年国务院机构改革方案
第七条	县级以上科学技术行政部门应当会同有关行政部门，根据国家产业政策以及本行政区域国民经济与社会发展规划，制订科技成果转化计划，适时发布科技成果目录和重点科技成果转化项目供求信息	第九条　国务院和地方各级人民政府应当将科技成果的转化纳入国民经济和社会发展计划，并组织协调实施有关科技成果的转化。 第十条　利用财政资金设立应用类科技项目和其他相关科技项目，有关行政部门、管理机构应当改进和完善科研组织管理方式，在制定相关科技规划、计划和编制项目指南时应当听取相关行业、企业的意见；在组织实施应用类科技项目时，应当明确项目承担者的科技成果转化义务，加强知识产权管理，并将科技成果转化和知识产权创造、运用作为立项和验收的重要内容和依据。	与上位法冲突	《中华人民共和国促进科技成果转化法》第九、十条

续表

法规名称	《陕西省促进科技成果转化条例》				
评估建议	修订				
需要修改的条款		条款修改建议	理由	依据
条目	需要修改的内容			
第二十二条	企业、科研机构、高等学校和其他事业单位转化职务科技成果，应当按照下列规定对科技成果完成人及其他为科技成果转化作出重要贡献的人员给予奖励：（一）以技术转让方式将职务科技成果转让他人实施的，从转让后的净收入中提取不低于百分之二十用于一次性奖励；（二）自行或者与他人合作转化科技成果的，在项目投产后三至五年内，每年从实施该项科技成果新增留利中提取不低于百分之五用于奖励；（三）采用股份形式的企业实施科技成果转化的，可以以不低于科技成果入股作价金额百分之二十的股权予以奖励。对在研究开发和成果转化中作出主要贡献的人员的奖励份额，应当不低于奖励总额的百分之五十。奖励总额超过技术转让净收入或者科技成果作价金额百分之五十，以及超过实施转化年净收入百分之二十的，由该单位职工代表大会或者其他法定决策机构讨论决定。	科技成果完成单位未规定、也未与科技人员约定奖励和报酬的方式和数额的，按照下列标准对完成、转化职务科技成果作出重要贡献的人员给予奖励和报酬：（一）将该项职务科技成果转让、许可给他人实施的，从该项科技成果转让净收入或者许可净收入中提取不低于百分之五十的比例；（二）利用该项职务科技成果作价投资的，从该项科技成果形成的股份或者出资比例中提取不低于百分之五十的比例；（三）将该项职务科技成果自行实施或者与他人合作实施的，应当在实施转化成功投产后连续三至五年，每年从实施该项科技成果的营业利润中提取不低于百分之五的比例。国家设立的研究开发机构、高等院校规定或者与科技人员约定奖励和报酬的方式和数额应当符合前款第一项至第三项规定的标准。国有企业、事业单位依照本法规定对完成、转化职务科技成果作出重要贡献的人员给予奖励和报酬的支出计入当年本单位工资总额，但不受当年本单位工资总额限制、不纳入本单位工资总额基数。	与上位法冲突	《中华人民共和国促进科技成果转化法》第四十五条

续表

法规名称	《陕西省促进科技成果转化条例》			
评估建议	修订			
需要修改的条款		条款修改建议	理由	依据
条目	需要修改的内容			
第二十三条第二款	企业、科研机构、高等学校和其他事业单位在专业技术职称评审时，应当将专业技术人员在科技成果转化中的贡献作为重要依据。	国家设立的研究开发机构、高等院校应当建立符合科技成果转化工作特点的职称评定、岗位管理和考核评价制度，完善收入分配激励约束机制。	与上位法不符	《中华人民共和国促进科技成果转化法》第二十条第二款
依法补充	未作规定	本法所称科技成果，是指通过科学研究与技术开发所产生的具有实用价值的成果。职务科技成果，是指执行研究开发机构、高等院校和企业等单位的工作任务，或者主要是利用上述单位的物质技术条件所完成的科技成果。	与上位法不符	《中华人民共和国促进科技成果转化法》第二条第一款
依法补充	未作规定	国家鼓励科技成果首先在中国境内实施。中国单位或者个人向境外的组织、个人转让或者许可其实施科技成果的，应当遵守相关法律、行政法规以及国家有关规定。	与上位法不符	《中华人民共和国促进科技成果转化法》第六条
依法补充	未作规定	国家为了国家安全、国家利益和重大社会公共利益的需要，可以依法组织实施或者许可他人实施相关科技成果。	与上位法不符	《中华人民共和国促进科技成果转化法》第七条
依法补充	未作规定	国家建立、完善科技报告制度和科技成果信息系统，向社会公布科技项目实施情况以及科技成果和相关知识产权信息，提供科技成果信息查询、筛选等公益服务。公布有关信息不得泄露国家秘密和商业秘密。对不予公布的信息，有关部门应当及时告知相关科技项目承担者。 利用财政资金设立的科技项目的承担者应当按照规定及时提交相关科技报告，并将科技成果和相关知识产权信息汇交到科技成果信息系统。 国家鼓励利用非财政资金设立的科技项目的承担者提交相关科技报告，将科技成果和相关知识产权信息汇交到科技成果信息系统，县级以上人民政府负责相关工作的部门应当为其提供方便。	与上位法不符	《中华人民共和国促进科技成果转化法》第十一条

续表

法规名称	《陕西省促进科技成果转化条例》			
评估建议	修订			
需要修改的条款		条款修改建议	理由	依据
条目	需要修改的内容			
依法补充	未作规定	对下列科技成果转化项目，国家通过政府采购、研究开发资助、发布产业技术指导目录、示范推广等方式予以支持： （一）能够显著提高产业技术水平、经济效益或者能够形成促进社会经济健康发展的新产业的； （二）能够显著提高国家安全能力和公共安全水平的； （三）能够合理开发和利用资源、节约能源、降低消耗以及防治环境污染、保护生态、提高应对气候变化和防灾减灾能力的； （四）能够改善民生和提高公共健康水平的； （五）能够促进现代农业或者农村经济发展的； （六）能够加快民族地区、边远地区、贫困地区社会经济发展的。	与上位法不符	《中华人民共和国促进科技成果转化法》第十二条
依法补充	未作规定	国家加强标准制定工作，对新技术、新工艺、新材料、新产品依法及时制定国家标准、行业标准，积极参与国际标准的制定，推动先进适用技术推广和应用。 国家建立有效的军民科技成果相互转化体系，完善国防科技协同创新体制机制。军品科研生产应当依法优先采用先进适用的民用标准，推动军用、民用技术相互转移、转化。	与上位法不符	《中华人民共和国促进科技成果转化法》第十四条
依法补充	未作规定	国家设立的研究开发机构、高等院校对其持有的科技成果，可以自主决定转让、许可或者作价投资，但应当通过协议定价、在技术交易市场挂牌交易、拍卖等方式确定价格。通过协议定价的，应当在本单位公示科技成果名称和拟交易价格。	与上位法不符	《中华人民共和国促进科技成果转化法》第十八条

续表

<table>
<tr><td>法规名称</td><td colspan="4">《陕西省促进科技成果转化条例》</td></tr>
<tr><td>评估建议</td><td colspan="4">修订</td></tr>
<tr><td colspan="2">需要修改的条款</td><td rowspan="2">条款修改建议</td><td rowspan="2">理由</td><td rowspan="2">依据</td></tr>
<tr><td>条目</td><td>需要修改的内容</td></tr>
<tr><td>依法补充</td><td>未作规定</td><td>国家设立的研究开发机构、高等院校所取得的职务科技成果，完成人和参加人在不变更职务科技成果权属的前提下，可以根据与本单位的协议进行该项科技成果的转化，并享有协议规定的权益。该单位对上述科技成果转化活动应当予以支持。
科技成果完成人或者课题负责人，不得阻碍职务科技成果的转化，不得将职务科技成果及其技术资料和数据占为己有，侵犯单位的合法权益。</td><td>与上位法不符</td><td>《中华人民共和国促进科技成果转化法》第十九条</td></tr>
<tr><td>依法补充</td><td>未作规定</td><td>国家设立的研究开发机构、高等院校应当向其主管部门提交科技成果转化情况年度报告，说明本单位依法取得的科技成果数量、实施转化情况以及相关收入分配情况，该主管部门应当按照规定将科技成果转化情况年度报告报送财政、科学技术等相关行政部门。</td><td>与上位法不符</td><td>《中华人民共和国促进科技成果转化法》第二十一条</td></tr>
<tr><td>依法补充</td><td>未作规定</td><td>企业为采用新技术、新工艺、新材料和生产新产品，可以自行发布信息或者委托科技中介服务机构征集其所需的科技成果，或者征寻科技成果转化的合作者。
县级以上地方各级人民政府科学技术行政部门和其他有关部门应当根据职责分工，为企业获取所需的科技成果提供帮助和支持。</td><td>与上位法不符</td><td>《中华人民共和国促进科技成果转化法》第二十二条</td></tr>
<tr><td>依法补充</td><td>未作规定</td><td>对利用财政资金设立的具有市场应用前景、产业目标明确的科技项目，政府有关部门、管理机构应当发挥企业在研究开发方向选择、项目实施和成果应用中的主导作用，鼓励企业、研究开发机构、高等院校及其他组织共同实施。</td><td>与上位法不符</td><td>《中华人民共和国促进科技成果转化法》第二十四条</td></tr>
</table>

续表

法规名称	《陕西省促进科技成果转化条例》				
评估建议	修订				
需要修改的条款		条款修改建议	理由	依据
条目	需要修改的内容			
依法补充	未作规定	国家鼓励研究开发机构、高等院校与企业及其他组织开展科技人员交流，根据专业特点、行业领域技术发展需要，聘请企业及其他组织的科技人员兼职从事教学和科研工作，支持本单位的科技人员到企业及其他组织从事科技成果转化活动。	与上位法不符	《中华人民共和国促进科技成果转化法》第二十七条
依法补充	未作规定	国家培育和发展技术市场，鼓励创办科技中介服务机构，为技术交易提供交易场所、信息平台以及信息检索、加工与分析、评估、经纪等服务。	与上位法不符	《中华人民共和国促进科技成果转化法》第三十条
依法补充	未作规定	利用财政资金设立的科技项目的承担者未依照本法规定提交科技报告、汇交科技成果和相关知识产权信息的，由组织实施项目的政府有关部门、管理机构责令改正；情节严重的，予以通报批评，禁止其在一定期限内承担利用财政资金设立的科技项目。国家设立的研究开发机构、高等院校未依照本法规定提交科技成果转化情况年度报告的，由其主管部门责令改正；情节严重的，予以通报批评。	与上位法不符	《中华人民共和国促进科技成果转化法》第四十六条
依法补充	未作规定	违反本法规定，职工未经单位允许，泄露本单位的技术秘密，或者擅自转让、变相转让职务科技成果的，参加科技成果转化的有关人员违反与本单位的协议，在离职、离休、退休后约定的期限内从事与原单位相同的科技成果转化活动，给本单位造成经济损失的，依法承担民事赔偿责任；构成犯罪的，依法追究刑事责任。	与上位法不符	《中华人民共和国促进科技成果转化法》第五十一条

续表

<table>
<tr><td>法规名称</td><td colspan="4">《陕西省促进科技成果转化条例》</td></tr>
<tr><td>评估建议</td><td colspan="4">修订</td></tr>
<tr><td colspan="2">需要修改的条款</td><td rowspan="2">条款修改建议</td><td rowspan="2">理由</td><td rowspan="2">依据</td></tr>
<tr><td>条目</td><td>需要修改的内容</td></tr>
<tr><td>第二十四条第三款第三项</td><td>违反本条例规定，有下列情形之一的，由县级以上科学技术行政部门或者其他有关行政部门在其职权范围内依法予以警告，有违法所得的，没收违法所得，并处五千元以上三万元以下罚款；没有违法所得的，处二千元以上五千元以下罚款。给他人造成经济损失的，依法承担民事责任；构成犯罪的，依法追究刑事责任：（三）侵占他人科技成果，侵犯他人商业秘密的。</td><td>违反本法第十条规定侵犯商业秘密的，监督检查部门应当责令停止违法行为，可以根据情节处以一万元以上二十万元以下的罚款。</td><td>与上位法不符</td><td>《中华人民共和国反不正当竞争法》第二十五条</td></tr>
</table>

第六章
《陕西省促进科技成果转化条例》修订历程

加速科技成果转化，依靠科技进步，转变经济增长方式，是我国经济发展中迫切需要解决的问题。2015 年 8 月 29 日，第十二届全国人民代表大会常务委员会第十六次会议对《中华人民共和国促进科技成果转化法》进行了修订，在下放成果处置收益权、强化对人的激励、完善考核评价体系、加强技术交易服务、促进成果信息公开等方面实现了重大突破，为促进科技成果转化为现实生产力，加速科学技术进步，推动经济建设和社会发展提供了必要的法律保障。

陕西省是科教大省，是我国重要的国防科技工业基地，科教资源富集，创新综合实力雄厚。随着创新型省份建设试点、国家知识产权运营军民融合特色试点平台启动等工作的逐步展开，《陕西省促进科技成果转化条例》的修订，对于陕西省“打通科技与经济结合的通道，推进经济提质增效升级”，具有十分重要的意义。

第一节　修订工作的实施

陕西科教资源丰富，推进科技成果转移转化是我省科技工作的一项重要任务。近几年，我们积极贯彻落实《促进科技成果转化法》和《实施促进成果转化法若干规定》的精神，大力推动科技成果转化为现实生产力。

一、主要工作现状

第一，不断完善政策，形成促进成果转移转化的长效机制。一是制定《陕西省深化科技体制改革实施方案》，目前已通过省委深改领导小组会议审议，方案提出改革科技成果处置权和收益权，允许高校和科研院所科技成果（包括职务发明成果）转化、转让收益归属研发团队所得比例不低于 80%，收益用于人员激励的部分可直接发放给个人，不计入工资总额基数。同时完善国有企事业单位成果转化奖励的相关政策，鼓励企业通过股权、期权、分红等激励方式，调动科研人员创新积极性。对国有企业在创新中作出重要贡献的技术人员实施股权和分红激励。二是已经起草了《陕西省科技成果转化若干规定（代拟稿）》，已经政府常务会议研究通过。在操作层面上，加快完善高校院所职务成果使用权、处置权、收益权的实施细则，形成市场导向的职务成果转移转化长效机制。在税收层面上，加快建立"变现纳税"的实务操作机制，加快远景好、风险大的高新科技职务成果以入股方式转化，形成新兴产业增长点。在创业层面上，打通创业的"第一公里"。加快改造老大楼、老厂房、老市场等物业资源，环绕高校院所设立众创空间，建成一批"廉价有效、模式多样"的创业载体，支持科技人员走出创业的"第一步"。在服务层面上，构建"创业导师+天使基金"服务体系。鼓励大中型企业负责人担任创业导师、发起设立天使基金，引导创业者找准市场方向、获取产品销售通道，支持创业者投资构建生产体系，形成"产销两旺、资金充裕"的创业新模式。

第二，大力推广复制西安光机所、西北有色院科技成果转化模式，构建研发—中试—产业化全链条。我省光机所、有色院各自形成了成效显著、广泛影响的科技成果就地转化新模式。总结出西安光机所、西北有色院科技创新成功经验，提炼出两个模式的内涵（西安光机所"开放办所+股权激励+专业孵化+种子天使+创业生态+全球视野"、西北有色院"股权激励+平台支撑+母体控股+资本运作"），并开始在全省推广西安光机所、西北有色院科技创新成功经验。为了使复制推广工作更具有针对性，我厅结合两个模式运行特点，对中央驻陕和省属科研院所的基本情况、创新平台建设、领军人物及创新团队、重要科研成果及专利、子公司及孵化企业、技术服务情况，以及开展两个模式的具体方案、具体需求进行深度调研，建立全省科研院所数据库，编制完成了《陕西省科技厅推广"西安光机所、西北有色院模式"工作建议方案》，已经选择40家有代表性的转制科研院所开展科技成果处置权和收益权改革、孵化科技企业，鼓励有基础的高校科技人员、团队，转化科技成果，创办、领办科技企业，突破科技成果转化"第一公里"和"最后一公里"瓶颈，取得了很好的效果。

第三，推进产学研一体化紧密合作，加速科技成果转移转化。一是强化产学研一体化的联建型合作方式。鼓励大型企业集团发挥资金实力和科研能力，根据市场情况向高校提供科研资金和科研课题，科研成果由企业产业化；也可以吸收大学和科研院所转制机构进入企业研发部门，将其转化为企业工程技术研究中心。鼓励企业在高校建立孵化机构和科研平台，由企业出资和管理，大学出场地，其创新人才和研究团队围绕企业需求开展创新创业活动，通过这种方式，实现高校成果和企业需求的对接转化。二是探索建立产学研一体化经济利益共同体。鼓励高等学校、科研院所、企业等各主体按照现代企业制度及市场机制，建立目标明确、产权明晰、机制灵活、适应市场的经济利益共同体，促进产学研一体化发展从松散型向紧密型发展，努力实现产业发展与科技研发的共生融合。三是加强科技资源统筹。目前陕西省正在建设“陕西省创新发展数据库”“追赶超越数据库”“一带一路国家数据库”三个大数据库，构建“资源优势→信息优势→发展优势”转化的完整链条，打造陕西“一带一路”信息化制高点。同时我们着力构建省科技资源统筹中心体系，发挥统筹体系的承载、示范、展示、服务作用，推动省内科技资源有针对性地在地方转化和释放，推动资源共享和成果转化。

二、存在的问题

近年来，我们做了大量工作，但是还存在一些问题。主要体现在：一是政策法规针对性、系统性还不够不强，相关的政策法规涉及职能部门较多，且存在一些交叉现象。二是中试环节薄弱，从技术到市场存在断档。中试都面临社会资金投入机制不完善、实验室研发单位参与中试的动力不足、中试基础条件平台薄弱、缺乏相关配套政策优惠等重大问题，使得中试成为创新驱动发展的瓶颈，大量科技成果仍滞留于实验室、表现为实验室成果，未能转化为先进生产力。三是金融服务体系不健全，企业融资渠道单一。科技型中小微企业逐渐成为市场主体，最具创新活力，但由于受现有体制束缚，很难从国有金融机构得到融资，再加上目前退出机制不健全，许多中小微企业尚处于初创期，只有极少部分企业能够从风险投资机构融资。

三、综合修订建议参考

第一，继续完善关于促进成果转化的政策措施，加强政策的落实落地。从建设国家技术转移西北中心和众包众筹平台、推动产学研和军民深度融合、建立“人才池”“专利池”、推行科技创新券、加强科技金融、培养转移转化人才等方面，形成符合科技创新规律和市场经济规律的科技成果转移转化体系。

第二，不断扩大各级各类促进科技成果转化的基金规模，尽快形成由政府资金引导、金融信贷、风险投资、民间资本多方参与的多元化的投融资体系。

第三，大力发展技术中介组织，提高中介组织的专业能力，为企业提供多样化的技术咨询、信息服务、技术服务、成果孵化等技术创新服务。大力支持我省成果转移转化机构、众包众筹平台、成果转移转化人才建设，加快科技成果就地转化。

第四，不断加强中试环节。中试是科技成果向现实生产力转化的关键环节，通过中试对实验室小试成果进行熟化和孵化，降低科技成果转化风险，促进科技成果的转移转化。

第二节 《陕西省促进科技成果转化条例》修订草案第一版及论证

陕西省科技厅按照陕西省人民政府2016年度立法计划，以及陕西省人大常委会2016年度预备审议项目进程，于2016年7月至12月期间，就《陕西省促进科技成果转化条例（草案）》起草组织多次研讨。西安交通大学“《陕西省促进科技成果转化条例》修订研究”课题组，完成了《陕西省促进科技成果转化条例》修订草案的初次修订工作。

一、《陕西省促进科技成果转化条例》修订草案（2016年8月31日）

第一条 为促进科技成果转化为现实生产力，推动经济和社会的全面、协调、可持续发展，根据《促进科技成果转化法》和有关法律、行政法规，结合本省实际，制定本条例。

第二条 本条例适用于在本省行政区域内的科技成果转化活动。

第三条 本条例所称科技成果，是指通过科学研究与技术开发所产生的具有实用价值的成果。职务科技成果，是指执行高等院校、研究开发机构和企业等单位的工作任务，或者主要是利用上述单位的物质技术条件所完成的科技成果。

本条例所称科技成果转化，是指为提高生产力水平而对科技成果所进行的后续试验、开发、应用、推广直至形成新技术、新工艺、新材料、新产品，发展新产业等活动。

第四条 科技成果转化活动应当有利于加快实施创新驱动发展战略，促进科技与经济的结合，有利于提高经济效益、社会效益和保护环境、合理利用资源，有利于促进经济建设、社会发展和维护国家安全。

科技成果转化活动应当尊重市场规律，发挥企业的主体作用，遵循自愿、互利、公平、诚实信用的原则，依照法律法规规定和合同约定，享有权益，承担风险。依法对科技成果转化活动中的知识产权实施严格保护。

科技成果转化活动应当遵守法律法规，维护国家利益，不得损害社会公共利益和他人合法权益。

第五条 县级以上人民政府应当加强对科技成果转化工作的领导，将科技成果转化工作纳入国民经济和社会发展计划，健全科技成果转化体制机制。

县级以上人民政府科学技术行政部门负责管理、指导和协调本行政区域内的科技成果转化促进工作。

县级以上人民政府其他有关部门在各自的职责范围内，负责促进科技成果转化的相关工作。

第六条 县级以上科学技术行政部门应当会同有关行政部门，根据国家产业政策以及本行政区域国民经济与社会发展计划，制订科技成果转化计划，适时发布科技成果目录和重点科技成果转化项目供求信息。

县级以上人民政府科学技术行政部门在确定科技成果转化的总体目标和重点领域，制定相关科技规划和计划，编制科技成果目录和重点科技成果转化项目指南时，应当吸收高等院校、研究开发机构及相关行业、企业的意见。

县级以上人民政府科学技术行政部门及有关部门组织实施财政资金设立的应用类项目，应当明确项目承担者的科技成果转化义务，并将科技成果转化作为立项和验收的重要内容和依据。

第七条 县级以上人民政府应当将科技成果转化的扶持资金纳入本级财政预算，主要用作科技成果转化的引导资金、贷款贴息、补助资金和风险投资以及其他促进科技成果转化的资金。

省、设区的市人民政府和本省的国家级新区、国家级高新技术产业开发区、农业高新技术产业示范区、经济技术开发区的管理机构以及有条件的县（市、区）应当设立科技成果转化专项资金，主要用于支持重大科技成果转化及其产业化项目以及为科技成果转化服务的中间试验示范基地、工程技术（研究）中心、科技企业孵化机构、科技信息网络、农业技术推广服务体系的建设。对具有自主知识产权或者在本省首次实施转化的项目，应当优先支持。

省、设区的市人民政府和本省的国家级新区、国家级高新技术产业开发区、农业高新技术产业示范区、经济技术开发区用于固定资产投资、技术改造和农业发展的财政资金，应当有一定比例用于促进科技成果转化。

第八条 高新技术产业开发区、经济技术开发区、高技术产业基地，应当采取措施，加快体制创新、机制创新，制定吸引优秀科技人员和经营管理者创新创业的优惠政策，增强为各类企业转化高新技术成果提供服务的功能，发挥在区域经济发展中的示范、辐射和带动作用。

农业高新技术产业示范区、农业科技示范园区和星火技术密集区应当结合实际，围绕农业产业结构调整和区域主导产业、特色产业，面向农民普及农业科技知识，推广农业先进适用技术，开展农业科技成果交流和人才培训、科技咨询、信息服务，培育、扶持为农业服务的企业，为农村经济发展和农民致富提供科技支持。

第九条 县级以上人民政府应当在规划、用地、财政等方面支持创办多种类型、多种所有制的科技企业孵化基地、大学科技园、生产力促进中心等科技企业孵化机构。科技企业孵化机构应当为科技人员创办企业提供孵化场地，提供技术开发、技术转让、技术咨询、技术服务、技术市场和科技信息等支持。

经国家和本省科学技术行政部门认定的科技企业孵化机构，比照同级高新技术企业享受有关优惠政策。

第十条 县级以上人民政府应当培育和发展技术市场，鼓励创办科技中介服务机构，为技术交易提供交易场所和信息平台、信息加工与分析、评估、经纪等服务。

科技中介服务机构提供服务，应当遵循公正、客观的原则，不得提供虚假的信息和证明，对其在服务过程中知悉的国家秘密和当事人的商业秘密负有保密义务。

第十一条 省人民政府科学技术行政部门应该建立、完善科技报告制度和科技成果信息系统，向社会公布科技项目实施情况以及科技成果和相关知识产权信息，提供科技成果信息查询、筛选等公益服务。公布有关信息不得泄露国家秘密和商业秘密。对不予公布的信息，应当及时告知相关科技项目承担者。

利用财政资金设立的科技项目的承担单位和完成人应当按照规定及时提交相关科技报告，并将科技成果和相关知识产权信息汇交到科技成果信息系统。

县级以上地方人民政府鼓励利用非财政资金设立的科技项目的承担者提交相关科技报告，将科技成果和相关知识产权信息汇交到科技成果信息系统。县级以上地方人民政府负责相关工作的部门应当为其提供方便。

第十二条 技术交易应当依法订立书面合同。技术合同订立后，技术合同的让与方、受托方或者取得收入的研究开发方在六十日内可以向技术合同认定登记机构申请认定登记。经技术合同认定登记机构对技术合同和技术性收入审核认定后，按照有关规定享受国家税收优惠政策。同一技术合同不得重复登记。

技术合同登记不得向合同当事人收取费用，认定登记工作所需经费由本级财政负担。

省科学技术行政部门负责全省技术合同认定登记工作的指导、管理和监督，根据实际需要，可以在设区的市、省级有关行政部门和国家级高新技术产业开发区、农业高新技术产业示范区、经济技术开发区，指定或者委托技术合同认定登记机构，具体办理技术合同认定登记工作。

第十三条 鼓励境内外组织和个人在本省设立以促进科技成果转化为主要目的的创业投资机构。创业投资机构可以以全额资本进行投资。

创业投资机构包括创业投资企业和创业投资管理企业。创业投资企业是以直接股权投资为主营业务的非金融性企业；创业投资管理企业是受创业投资企业委托，代其投资、经营、管理，或者推荐、评估投资项目的企业。

第十四条　创业投资企业向本省行政区域内的高新技术企业、科技型中小企业或者科技成果转化项目的累计投资总额，超过本公司总投资额百分之五十的，比照高新技术企业享受国家和本省的有关优惠政策。

创业投资企业每年度可按其向本省行政区域内的高新技术企业、科技型中小企业或者科技成果转化项目投资总额的百分之三提取风险准备金。风险准备金可以计入经营成本。

创业投资管理企业比照高新技术企业享受国家和本省的有关优惠政策。

第十五条　县级以上地方人民政府鼓励银行业金融机构在组织形式、管理机制、金融产品和服务等方面进行创新，开展知识产权质押贷款、股权质押贷款等业务，为科技成果转化提供金融支持。

第十六条　利用财政性资金资助形成的科技成果，除涉及国防、国家安全、国家利益和重大社会公共利益外，可以由高等院校、研究开发机构的项目完成人自主决定转让、许可、作价投资。

自主决定转让、许可、作价投资应当通过协议定价、在技术交易市场挂牌交易、拍卖等市场化方式确定价格。通过协议定价的，由研发团队主持公开询价，谈判确定成交价格，无须经过单位审批，但应在本单位公示。

第十七条　国有企业应当增加技术创新和科技成果转化的投入，国有大中型企业应当建立和完善技术开发体系，提高自主创新能力和核心竞争力。

高新技术企业年均研究开发经费投入所占年销售收入的比例应当符合国家有关规定。

企业对技术创新和科技成果转化的投入，享受国家促进企业技术进步的有关优惠政策。

第十八条　省、设区的市人民政府应当采取措施，根据需要建立军民融合公共服务平台，完善国防科学技术市场需求信息发布，支持军工企业、地方企业、高等院校、研究开发机构发挥技术优势、人才优势，参与重大科技项目和重大设备国产化项目的联合攻关，促进军民两用技术双向转移和其他科技资源军民共享，加快技术创新和科技成果转化，实现军工经济与地方经济协调发展。

第十九条　鼓励和支持符合条件的企业事业单位与军工单位合作或者独立承担武器装备科学技术研究、开发、生产等任务。维护军品市场竞争秩序，营造公开公平公正的竞争环境。

第二十条　各级人民政府应当加强农业科技成果转化的投入，支持企业、高等院校、研究开发机构与农业技术推广机构、农业专业技术协会和农户建立互利合作的利益分配机制，加强农业先进适用技术的示范、推广、培训和普及，加速农业科技成果转化。

第二十一条 科技成果完成单位与其他单位合作进行科技成果转化的，应当依法由合同约定该科技成果有关权益的归属。合同未作约定的，按照下列原则办理：

（一）在合作转化中无新的发明创造的，该科技成果的权益，归该科技成果完成单位；

（二）在合作转化中产生新的发明创造的，该新发明创造的权益归合作各方共有；

（三）对合作转化中产生的科技成果，各方都有实施该项科技成果的权利，转让该科技成果应经合作各方同意。

第二十二条 利用本省财政资金资助形成的职务科技成果，高等院校、研究开发机构、企业等单位，自项目完成之日起一年内未实施转化的，在不变更职务科技成果权属的前提下，科技成果完成人或者参加人可以与本单位签订协议实施转化；自项目完成之日起二年内，项目承担单位、科技成果完成人或参加人无正当理由不实施转化的，具备实施转化条件的单位或者个人可提出申请，国有资产管理部门可以授权其有偿或者无偿实施成果转化。法律法规另有规定的，从其规定。

第二十三条 科技成果完成单位实施科技成果转化的，可以规定或者与科技人员约定科技成果转化奖励和报酬的方式、数额。

科技成果完成单位未规定、也未与科技人员约定奖励和报酬的方式和数额的，按照下列标准对完成、转化职务科技成果作出重要贡献的人员给予奖励和报酬：

（一）将该项职务科技成果转让、许可给他人实施的，从该项科技成果转让净收入或者许可净收入中提取不低于百分之八十的比例；

（二）利用该项职务科技成果作价投资的，从该项科技成果形成的股份或者出资比例中提取不低于百分之八十的比例；

（三）将该项职务科技成果自行实施或者与他人合作实施的，应当在实施转化成功投产后连续三至五年，每年从实施该项科技成果的营业利润中提取不低于百分之五的比例。

国有企业、事业单位依照本法规定对完成、转化职务科技成果作出重要贡献的人员给予奖励和报酬的支出计入当年本单位工资总额，但不受当年本单位工资总额限制、不纳入本单位工资总额基数。

第二十四条 县级以上人民政府及其科学技术行政部门对在科技成果转化中做出突出贡献的单位和个人，应当给予表彰奖励。

政府设立的高等院校、研究开发机构的主管部门以及科学技术、财政、人力资源和社会保障等相关行政部门和国有企业应当建立有利于促进科技成果转化的绩效考核评价体系，将科技成果转化情况作为对相关单位及人员评价、科研资金支持的重要内容和依据之一，并对科技成果转化绩效突出的相关单位及人员加大科研资金支持。

省人力资源与社会保障行政部门应当会同有关部门建立健全科学技术人员分类评价制度，优化专业技术职称评定办法。

第二十五条　利用财政资金设立的科技项目的承担者未依照本法规定提交科技报告、汇交科技成果和相关知识产权信息的，由组织实施项目的政府有关部门、管理机构责令改正；情节严重的，予以通报批评，禁止其在三年内承担利用财政资金设立的科技项目。

第二十六条　违反本条例规定，在科技成果转化活动中弄虚作假，采取欺骗手段，骗取奖励和荣誉称号、诈骗钱财、非法牟利的，由政府有关部门依照管理职责责令改正，取消该奖励和荣誉称号，没收违法所得，并处以五千元以上三万元以下罚款。给他人造成经济损失的，依法承担民事赔偿责任。构成犯罪的，依法追究刑事责任。

第二十七条　科技服务机构及其从业人员违反本条例规定，故意提供虚假的信息、实验结果或者评估意见等欺骗当事人，或者与当事人一方串通欺骗另一方当事人的，由政府有关部门依照管理职责责令改正，没收违法所得，并处以五千元以上三万元以下罚款；情节严重的，由工商行政管理部门依法吊销营业执照。给他人造成经济损失的，依法承担民事赔偿责任；构成犯罪的，依法追究刑事责任。

科技中介服务机构及其从业人员违反本法规定泄露国家秘密或者当事人的商业秘密的，依照有关法律、行政法规的规定承担相应的法律责任。

第二十八条　科学技术行政部门和其他有关部门及其工作人员在科技成果转化中滥用职权、玩忽职守、徇私舞弊的，由任免机关或者监察机关对直接负责的主管人员和其他直接责任人员依法给予处分；构成犯罪的，依法追究刑事责任。

第二十九条　违反本条例规定，以唆使窃取、利诱胁迫等手段侵占他人的科技成果，侵犯他人合法权益的，依法承担民事赔偿责任，可以处以五千元以上三万元以下罚款；构成犯罪的，依法追究刑事责任。

第三十条　违反本条例规定，职工未经单位允许，泄露本单位的技术秘密，或者擅自转让、变相转让职务科技成果的，参加科技成果转化的有关人员违反与本单位的协议，在离职、离休、退休后约定的期限内从事与原单位相同的科技成果转化活动，给本单位造成经济损失的，依法承担民事赔偿责任；构成犯罪的，依法追究刑事责任。

第三十一条　依照本条例规定，科学技术行政部门和有关行政部门作出二万元以上罚款处罚决定的，当事人有权要求听证。

第三十二条 本条例自 年 月 日起施行。

二、起草说明

现就《陕西省促进科技成果转化条例（草案）》以下简称《条例（草案）》的起草情况做以下说明：

（一）制定《条例（草案）》的必要性

加速科技成果转化，依靠科技进步转变经济增长方式，是我国经济发展中迫切需要解决的问题。2015 年 8 月 29 日，第十二届全国人民代表大会常务委员会第十六次会议对《促进科技成果转化法》进行了修订，在下放成果处置收益权、强化对人的激励、完善考核评价体系、加强技术交易服务、促进成果信息公开等方面实现了重大突破，为促进科技成果转化为现实生产力，加速科学技术进步，推动经济建设和社会发展提供了必要的法律保障。

陕西省是科教大省，是我国重要的国防科技工业基地，科教资源富集，创新综合实力雄厚。随着创新型省份建设试点、国家知识产权运营军民融合特色试点平台启动等工作的逐步展开，《陕西省促进科技成果转化条例》的修订，对于陕西省“打通科技与经济结合的通道，推进经济提质增效升级”具有十分重要的意义。

（二）制定《条例（草案）》的依据及起草过程

按照陕西省人民政府 2016 年度立法计划，以及陕西省人大常委会 2016 年度预备审议项目进程，依据《科学技术进步法》《促进科技成果转化法》《农业技术推广法》《科学技术普及法》《实施〈中华人民共和国促进科技成果转化法〉若干规定》等法律、法规，借鉴外省、市的立法成果，结合陕西省实际，《条例（草案）》初稿的起草工作于 2016 年 8 月底之前完成。在对初稿进行了合法性审查，并按照立法技术规范对文字表述进行了修改的基础之上形成了《条例（草案）》。

（三）《条例（草案）》的主要内容及需要说明的几个问题

《条例（草案）》合计三十二条，包括：《条例（草案）》的立法目的与依据、适用范围、基本原则、政府支持与职能分工、成果登记与转化信息公开、科技成果转化方式、成果的市场定价机制、成果处置权改革、职称评定改革、提高企业主体地位、财政经费扶持、科技金融支持、转化收益分配、单位收益处置、军民融合、法律责任等多项内容，对《陕西省促进科技成果转化条例》原有二十七条条文中的二十一条进行了修改，合并原有条文一条，另增加条文七条。修改及增加原因主要基于上位法修订、陕西省科技成果转化实践需求以及术语规范化等技术性原因，其分别占《条例（草案）》条文总数的

47%、22%、15%（见图 6-1）。

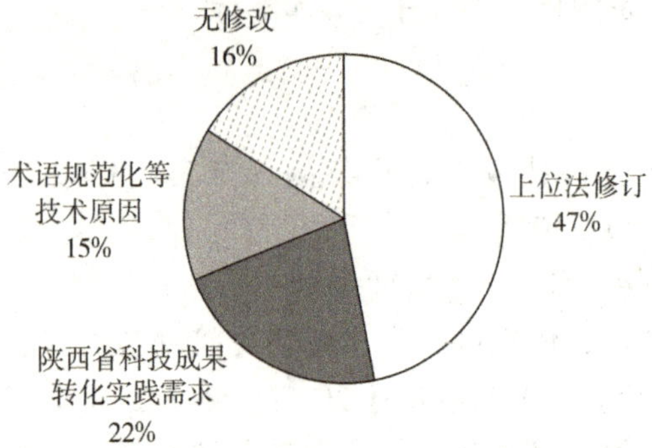

图 6-1 《陕西省促进科技成果转化条例》修订原因类型

第一，关于科技成果转化的法定含义。科技成果转化，是一个涉及范围广泛、环节较多、关系复杂的系列化活动。科技成果大体分为两类：一类是理论性的科技成果，这一类成果具有探索、研究性质，另一类是应用性科技成果。其中，具有应用价值的科技成果转化为现实生产力，往往需要经过“后续试验、开发、应用、推广”等过程，才能提高生产能力或形成产品，进入市场。为此，《条例（草案）》依据《促进科技成果转化法》，在明确“科技成果”“职务科技成果”的概念的基础之上，进一步明确了“本条例所称的科技成果转化，是指对科学研究与技术开发所产生的具有实用价值的科技成果所进行的后续试验、开发、应用、推广直至形成新产品、新工艺、新材料，发展新产业，以及其他提高生产力水平的活动”。

第二，关于科技成果转化的资金保障措施。资金缺乏是制约科技成果转化的重要因素之一。《中共中央 国务院关于加速科学技术进步的决定》明确提出：“科技投入是科技进步的必要条件，是实施科教兴国战略的基本保证，必须采取有力措施，调整投资结构，鼓励、引导全社会多渠道、多层次地增加科技投入，尽快扭转我国科技投入过低的局面。”依据《中华人民共和国促进科技成果转化法》，《条例（草案）》修改、增加了保障政府投入、扩大科技贷款规模、建立科技成果转化基金或风险基金、实行税收优惠、健全科学技术信息网络等多项引导条款，为促进陕西省科技成果转化投入提供了法规依据。

第三，关于本省财政资金资助形成的科技成果的处置权。科技成果处置权的下放是促进科技成果转化试点改革的一项重要内容，也是本次《条例（草案）》关注的重点问题之一。

《条例（草案）》首次提出将利用本省财政性资金形成的科技成果的处置权赋予单位。根据《条例（草案）》第十六条第一款规定：“利用本省财政资金资助形成的科技成果，除涉及国防、国家安全、国家利益和重大社会公共利益外，可由高等院校、研究开发机构和企业等项目承担者自主决定转让、许可或者作价投资。自主决定转让、许可或者作价投资的，应当通过协议定价、在技术交易市场挂牌交易、拍卖等方式确定价格。”此处修订扩大了享有处置权的主体范围，使成果转化主体不再受单位性质限制，有助于鼓励更多享受本省财政性资金项目支持的单位根据市场需求和单位情况，自主开展项目的科技成果转化活动，调动转化活力。

《条例（草案）》首次提出将成果转化的定价权赋予科研人员。根据《条例（草案）》第十六条第二款规定：“通过协议定价的，可由科技人员主持询价、谈判，确定成交价格，并在本单位公示；进行挂牌交易的，可由科技人员提出挂牌价，挂牌后采用拍卖方式确定价格的，可由科技人员提出拍卖保留价。”此处修订将进一步激励科研人员在科技成果转化中的积极性，且在符合法律的前提下，有效地促进了成果处置权向科研人员延伸。

第四，关于科技成果转化中的军民融合。陕西是全国唯一的“国家知识产权运营军民融合平台试点”，因此，根据《条例（草案）》第十八条、第十九条中的规定：“实现军工经济与地方经济协调发展……鼓励和支持符合条件的企业事业单位与军工单位合作或者独立承担武器装备科学技术研究、开发、生产等任务……”将有助于陕西省加快探索寓军于民、隐军于市的创新机制，促进省内军民融合产业集约化和规模化发展的步伐。

第五，关于本省财政资金资助形成的科技成果的自主转化。在科技成果转化中，具有转化意愿与转化能力的主体是转化的关键要素。为了更为有效地督促权利主体实现科技成果的自主转化：

鼓励高等院校、研究开发机构、企业等单位积极转化利用本省财政资金资助形成的科技成果，依法扩大了享有自主转化权的主体的范围，使成果转化主体不再受单位性质限制；

高等院校、研究开发机构、企业等单位，自项目完成之日起一年内未实施转化的，在不变更职务科技成果权属的前提下，允许科技成果完成人或者参加人可以与本单位签订协议实施转化，依法充分保障了科技人员在科技成果转化中应有的权利；

自项目完成之日起二年内，项目承担单位、科技成果完成人或参加人无正当理由不实施转化的，具备实施转化条件的单位或者个人可提出申请，国有资产管理部门可以依法授权其有偿或者无偿实施成果转化，为第三人参与本省财政资金资助形成的科技成果转化提供了可能性。

第六，关于科技成果转化的奖励与报酬。

《条例（草案）》第二十三条鼓励科技成果完成单位在实施科技成果转化

时，规定或者与科技人员约定科技成果转化奖励和报酬的方式、数额。一方面，本条第一款的修改旨在督促科技成果完成单位，积极制定或者主动与科技人员约定更加符合本单位特点及实际需求的奖励与报酬方法；另一方面，对于没有明确规定与约定的，本条第二款的修改则旨在进一步依法对完成、转化职务科技成果作出重要贡献的人员给予的奖励和报酬进行立法引导。

《条例（草案）》第二十三条第二款借鉴了各省、市在先试先行中提高给予空间人员奖励和报酬标准的做法与规定，结合本省实践需求，在《促进科技成果转化法》第四十五条的基础之上对奖励和报酬的标准做了适当提高，规定“将该项职务科技成果转让、许可给他人实施的，从该项科技成果转让净收入或者许可净收入中提取不低于百分之八十的比例；利用该项职务科技成果作价投资的，从该项科技成果形成的股份或者出资比例中提取不低于百分之八十的比例”。而对于国家设立的高等院校、研究开发机构规定或者与科技人员约定奖励和报酬的方式和数额，法律法规另有规定的，从其规定；非国家设立的高等院校、研究开发机构等其他单位，规定或者与科技人员约定奖励和报酬的方式和数额，法律法规另有规定的，从其规定，没有规定的，可自主决定。

第七，关于科技成果转化的单位与人员激励机制。考核和监督，是促进高等院校、研究开发机构科技成果转化的重要保障。只有将促进科技成果转化的权利与义务纳入单位的考核评价体系。因此，《条例（草案）》第二十四条规定“县级以上人民政府及其科学技术行政部门对在科技成果转化中做出突出贡献的单位和个人，应当给予表彰奖励。政府设立的高等院校、研究开发机构的主管部门以及科学技术、财政、人力资源和社会保障等相关行政部门和国有企业应当建立有利于促进科技成果转化的绩效考核评价体系，将科技成果转化情况作为对相关单位及人员评价、科研资金支持的重要内容和依据之一，并对科技成果转化绩效突出的相关单位及人员加大科研资金支持”，并且，督促“省人力资源与社会保障行政部门应当会同有关部门建立健全科学技术人员分类评价制度，优化专业技术职称评定办法”。希望借助法规引导，最终实现陕西省构建有国际竞争力的人才制度优势，以“高精尖缺”为导向提高人才质量，优化人才结构，营造良好的人才发展环境，加快人才强省的建设步伐。

三、修订对照表（见表6-1）

表6-1 《陕西省促进科技成果转化条例》修订草案第一版修订对照表

陕西省促进科技成果转化条例 （2010年修正本）	陕西省促进科技成果转化条例 （修订草案） 2016年8月31日
（2005年9月29日陕西省第十届人民代表大会常务委员会第二十一次会议通过2005年9月30日陕西省人民代表大会常务委员会公告第44号公布根据2010年5月27日陕西省第十一届人民代表大会常务委员会第十四次会议通过2010年5月27日陕西省第十一届人民代表大会常务委员会公告第28号公布自公布之日起施行的《陕西省人民代表大会常务委员会关于修改部分地方性法规的决定》修正）	——
第一条 为促进科技成果转化为现实生产力，推动经济和社会的全面、协调、可持续发展，根据《中华人民共和国促进科技成果转化法》和有关法律、行政法规，结合本省实际，制定本条例。	**第一条** 为促进科技成果转化为现实生产力，推动经济和社会的全面、协调、可持续发展，根据《中华人民共和国促进科技成果转化法》和有关法律、行政法规，结合本省实际，制定本条例。
第二条 本条例适用于在本省行政区域内的科技成果转化及其管理活动。	**第二条** 本条例适用于在本省行政区域内的**科技成果转化活动。**
第三条 本条例所称科技成果转化，是指为提高生产力水平对科技成果进行的后续试验、开发、应用、推广、转让、引进直至形成新产品、新工艺、新产业等活动。	**第三条** **本条例所称科技成果，是指通过科学研究与技术开发所产生的具有实用价值的成果。职务科技成果，是指执行高等院校、研究开发机构和企业等单位的工作任务，或者主要是利用上述单位的物质技术条件所完成的科技成果。** 本条例所称科技成果转化，是指为提高生产力水平而对科技成果所进行的后续试验、开发、应用、推广直至形成**新技术**、新工艺、**新材料**、新产品，**发展**新产业等活动。
第四条 促进科技成果转化，应当遵循市场主导与政府扶持相结合、自主创新与引进创新相结合、发展高新技术产业与改造提升传统产业相结合的原则。	**第四条** 科技成果转化活动应当**有利于加快实施创新驱动发展战略，促进科技与经济的结合，有利于提高经济效益、社会效益和保护环境、合理利用资源，有利于促进经济建设、社会发展和维护国家安全。** 科技成果转化活动应当**尊重市场规律，发挥企业的主体作用，遵循自愿、互利、公平、诚实信用的原则，依照法律法规规定和合同约定，享有权益，承担风险。依法对科技成果转化活动中的知识产权实施严格保护。** 科技成果转化活动应当遵守法律法规，维护国家利益，不得损害社会公共利益和**他人合法权益。**

续表

陕西省促进科技成果转化条例 （2010 年修正本）	陕西省促进科技成果转化条例 （修订草案） 2016 年 8 月 31 日
第五条　科技成果转化活动应当遵守法律、法规，保守国家秘密，维护国家利益和社会公共利益。 科技成果转化活动中形成的知识产权及其利益受法律保护，任何单位和个人不得侵占他人科技成果，侵犯他人商业秘密。	修改后合并入第四条
第六条　县级以上人民政府应当加强对科技成果转化工作的领导，将科技成果转化工作纳入国民经济和社会发展计划，及时协调解决科技成果转化工作中的重大问题。 县级以上人民政府科学技术行政部门负责本行政区域内的科技成果转化指导、管理和监督工作。 县级以上人民政府发展改革、财政、税务、教育、人事、工商行政管理、知识产权和其他有关行政部门在各自职责范围内，做好与科技成果转化有关的工作。	第五条　县级以上人民政府应当加强对科技成果转化工作的领导，将科技成果转化工作纳入国民经济和社会发展计划，**健全科技成果转化体制机制。** 县级以上人民政府科学技术行政部门**负责管理、指导和协调本行政区域内的科技成果转化促进工作。** **县级以上人民政府其他有关部门在各自的职责范围内，负责促进科技成果转化的相关工作。**
第七条　县级以上科学技术行政部门应当会同有关行政部门，根据国家产业政策以及本行政区域国民经济与社会发展规划，制订科技成果转化计划，适时发布科技成果目录和重点科技成果转化项目供求信息。	第六条　县级以上科学技术行政部门应当会同有关行政部门，根据国家产业政策以及本行政区域国民经济与社会发展计划，制订科技成果转化计划，适时发布科技成果目录和重点科技成果转化项目供求信息。 **县级以上人民政府科学技术行政部门在确定科技成果转化的总体目标和重点领域，制订相关科技规划和计划，编制科技成果目录和重点科技成果转化项目指南时，应当吸收高等院校、研究开发机构及相关行业、企业的意见。** **县级以上人民政府科学技术行政部门及有关部门组织实施财政资金设立的应用类项目，应当明确项目承担者的科技成果转化义务，并将科技成果转化作为立项和验收的重要内容和依据。**

续表

陕西省促进科技成果转化条例 （2010年修正本）	陕西省促进科技成果转化条例 （修订草案） 2016年8月31日
第八条　县级以上人民政府应当将科技成果转化的扶持资金纳入本级财政预算，主要用作科技成果转化的引导资金、贷款贴息、补助资金和风险投资以及其他促进科技成果转化的资金。 省、设区的市人民政府和本省的国家级高新技术产业开发区、农业高新技术产业示范区、经济技术开发区的管理机构以及有条件的县（市、区）应当设立科技成果转化专项资金，主要用于支持重大科技成果转化及其产业化项目以及为科技成果转化服务的中间试验示范基地、工程技术（研究）中心、科技企业孵化组织、科技信息网络、农业技术推广服务体系的建设。对具有自主知识产权或者在本省首次实施转化的项目，应当优先支持。 省、设区的市人民政府和本省的国家级高新技术产业开发区、农业高新技术产业示范区、经济技术开发区用于固定资产投资、技术改造和农业发展的财政资金，应当有一定比例用于科技成果转化。	第七条　县级以上人民政府应当将科技成果转化的扶持资金纳入本级财政预算，主要用作科技成果转化的引导资金、贷款贴息、补助资金和风险投资以及其他促进科技成果转化的资金。 省、设区的市人民政府和本省的**国家级新区**、国家级高新技术产业开发区、农业高新技术产业示范区、经济技术开发区的管理机构以及有条件的县（市、区）应当设立科技成果转化专项资金，主要用于支持重大科技成果转化及其产业化项目以及为科技成果转化服务的中间试验示范基地、工程技术（研究）中心、科技企业孵化**机构**、科技信息网络、农业技术推广服务体系的建设。对具有自主知识产权或者在本省首次实施转化的项目，应当优先支持。 省、设区的市人民政府和本省的**国家级新区**、国家级高新技术产业开发区、农业高新技术产业示范区、经济技术开发区用于固定资产投资、技术改造和农业发展的财政资金，应当有一定比例用于**促进**科技成果转化。
第九条　高新技术产业开发区、经济技术开发区、高技术产业基地，应当采取措施，加快体制创新、机制创新，制定吸引优秀科技人员和经营管理者创新创业的优惠政策，增强为各类企业转化高新技术成果提供服务的功能，发挥在区域经济发展中的示范、辐射和带动作用。 农业高新技术产业示范区、农业科技示范园区和星火技术密集区应当结合实际，围绕农业产业结构调整和区域主导产业、特色产业，面向农民普及农业科技知识，推广农业先进适用技术，开展农业科技成果交流和人才培训、科技咨询、信息服务，培育、扶持为农业服务的企业，为农村经济发展和农民致富提供科技支持。	第八条　高新技术产业开发区、经济技术开发区、高技术产业基地，应当采取措施，加快体制创新、机制创新，制定吸引优秀科技人员和经营管理者创新创业的优惠政策，增强为各类企业转化高新技术成果提供服务的功能，发挥在区域经济发展中的示范、辐射和带动作用。 农业高新技术产业示范区、农业科技示范园区和星火技术密集区应当结合实际，围绕农业产业结构调整和区域主导产业、特色产业，面向农民普及农业科技知识，推广农业先进适用技术，开展农业科技成果交流和人才培训、科技咨询、信息服务，培育、扶持为农业服务的企业，为农村经济发展和农民致富提供科技支持。

续表

陕西省促进科技成果转化条例 （2010 年修正本）	陕西省促进科技成果转化条例 （修订草案） 2016 年 8 月 31 日
第十条　县级以上人民政府应当在规划、用地、财政等方面支持创办多种类型、多种所有制的科技企业孵化基地、大学科技园、生产力促进中心等科技企业孵化组织。科技企业孵化组织应当为科技人员创办企业提供技术信息、技术咨询、技术培训、技术开发、技术转让和投融资等服务。 经国家和本省科学技术行政部门认定的科技企业孵化组织，比照高新技术企业享受国家和本省有关优惠政策。	第九条　县级以上人民政府应当在规划、用地、财政等方面支持创办多种类型、多种所有制的科技企业孵化基地、大学科技园、生产力促进中心等科技企业孵化**机构**。科技企业孵化**机构**应当为科技人员创办企业提供**孵化场地**，提供**技术开发、技术转让、技术咨询、技术服务、技术市场和科技信息等支持**。 经国家和本省科学技术行政部门认定的科技企业孵化**机构**，比照**同级**高新技术企业享受有关优惠政策。
第十一条　县级以上人民政府及其有关行政部门应当维护技术市场秩序，保护科技成果所有人的合法权益，为技术开发、技术转让、技术咨询、技术服务等技术交易活动创造有序的市场环境。 依法成立的技术产权交易机构，应当通过互联网、信息发布会、洽谈会、招标投标、拍卖等多种途径和方式，在技术产权转让、投资融资、项目推介引进、科技成果转化方面为科研机构、高等学校、企业和个人提供服务，提高科技成果转化的市场化水平。	第十条　县级以上人民政府**应当培育和发展技术市场，鼓励创办科技中介服务机构，为技术交易提供交易场所和信息平台、信息加工与分析、评估、经纪等服务。** **科技中介服务机构提供服务，应当遵循公正、客观的原则，不得提供虚假的信息和证明，对其在服务过程中知悉的国家秘密和当事人的商业秘密负有保密义务。**
	第十一条　省人民政府科学技术行政部门应该建立、完善科技报告制度和科技成果信息系统，向社会公布科技项目实施情况以及科技成果和相关知识产权信息，提供科技成果信息查询、筛选等公益服务。公布有关信息不得泄露国家秘密和商业秘密。对不予公布的信息，应当及时告知相关科技项目承担者。 **利用财政资金设立的科技项目的承担单位和完成人应当按照规定及时提交相关科技报告，并将科技成果和相关知识产权信息汇交到科技成果信息系统。** **县级以上地方人民政府鼓励利用非财政资金设立的科技项目的承担者提交相关科技报告，将科技成果和相关知识产权信息汇交到科技成果信息系统。县级以上地方人民政府负责相关工作的部门应当为其提供方便。**

续表

陕西省促进科技成果转化条例 （2010年修正本）	陕西省促进科技成果转化条例 （修订草案） 2016年8月31日
第十二条 技术交易应当依法订立书面合同。技术合同订立后，技术合同的让与方、受托方或者取得收入的研究开发方在六十日内可以向技术合同认定登记机构申请认定登记。经技术合同认定登记机构对技术合同和技术性收入审核认定后，按照有关规定享受国家税收优惠政策。同一技术合同不得重复登记。 技术合同登记不得向合同当事人收取费用，认定登记工作所需经费由本级财政负担。 省科学技术行政部门负责全省技术合同认定登记工作的指导、管理和监督，根据实际需要，可以在设区的市、省级有关行政部门和国家级高新技术产业开发区、农业高新技术产业示范区、经济技术开发区，指定或者委托技术合同认定登记机构，具体办理技术合同认定登记工作。	第十二条 技术交易应当依法订立书面合同。技术合同订立后，技术合同的让与方、受托方或者取得收入的研究开发方在六十日内可以向技术合同认定登记机构申请认定登记。经技术合同认定登记机构对技术合同和技术性收入审核认定后，按照有关规定享受国家税收优惠政策。同一技术合同不得重复登记。 技术合同登记不得向合同当事人收取费用，认定登记工作所需经费由本级财政负担。 省科学技术行政部门负责全省技术合同认定登记工作的指导、管理和监督，根据实际需要，可以在设区的市、省级有关行政部门和国家级高新技术产业开发区、农业高新技术产业示范区、经济技术开发区，指定或者委托技术合同认定登记机构，具体办理技术合同认定登记工作。
第十三条 鼓励境内外组织和个人在本省设立以促进科技成果转化为主要目的的创业投资机构。创业投资机构可以以全额资本进行投资。 创业投资机构包括创业投资企业和创业投资管理企业。创业投资企业是以直接股权投资为主营业务的非金融性企业；创业投资管理企业是受创业投资企业委托，代其投资、经营、管理，或者推荐、评估投资项目的企业。	第十三条 鼓励境内外组织和个人在本省设立以促进科技成果转化为主要目的的创业投资机构。创业投资机构可以以全额资本进行投资。 创业投资机构包括创业投资企业和创业投资管理企业。创业投资企业是以直接股权投资为主营业务的非金融性企业；创业投资管理企业是受创业投资企业委托，代其投资、经营、管理，或者推荐、评估投资项目的企业。
第十四条 创业投资企业向本省行政区域内的高新技术企业、科技型中小企业或者科技成果转化项目的累计投资总额，超过本公司总投资额百分之五十的，比照高新技术企业享受国家和本省的有关优惠政策。 创业投资企业每年度可按其向本省行政区域内的高新技术企业、科技型中小企业或者科技成果转化项目投资总额的百分之三提取风险准备金。风险准备金可以计入经营成本。 创业投资管理企业比照高新技术企业享受国家和本省的有关优惠政策。	第十四条 创业投资企业向本省行政区域内的高新技术企业、科技型中小企业或者科技成果转化项目的累计投资总额，超过本公司总投资额百分之五十的，比照高新技术企业享受国家和本省的有关优惠政策。 创业投资企业每年度可按其向本省行政区域内的高新技术企业、科技型中小企业或者科技成果转化项目投资总额的百分之三提取风险准备金。风险准备金可以计入经营成本。 创业投资管理企业比照高新技术企业享受国家和本省的有关优惠政策。

续表

陕西省促进科技成果转化条例 （2010 年修正本）	陕西省促进科技成果转化条例 （修订草案） 2016 年 8 月 31 日
第十五条　金融机构应当根据国家和本省有关产业政策，增加对科技成果转化及产业化项目和科技型中小企业的贷款额度，对重大科技成果转化及其产业化项目，应当优先安排贷款。商标权、专利权等无形资产经法定评估机构评估后，依法可以作为贷款质押。 县级以上人民政府对支持科技成果转化及其产业化项目和科技型中小企业业绩突出的金融机构，应当给予奖励。	**第十五条　县级以上地方人民政府鼓励银行业金融机构在组织形式、管理机制、金融产品和服务等方面进行创新，开展知识产权质押贷款、股权质押贷款等业务，为科技成果转化提供金融支持。**
第十六条　企业、科研机构、高等学校和其他事业单位以及个人可以以科技成果作价投资入股。科技成果作价所占比例，由当事人各方共同约定。 国有企业、科研机构、高等学校和其他事业单位所有的或者由政府出资完成的科技成果作价入股时，应当经法定评估机构评估。评估机构应当对评估结果的真实性负责。	**第十六条　利用财政性资金资助形成的科技成果，除涉及国防、国家安全、国家利益和重大社会公共利益外，可以由高等院校、研究开发机构的项目完成人自主决定转让、许可、作价投资。** **自主决定转让、许可、作价投资应当通过协议定价、在技术交易市场挂牌交易、拍卖等市场化方式确定价格。通过协议定价的，由研发团队主持公开询价，谈判确定成交价格，无须经过单位审批，但应在本单位公示。**
第十七条　企业应当增加技术创新和科技成果转化的投入，国有大中型企业应当建立和完善技术开发体系，提高自主创新能力和核心竞争力。 高新技术企业年均研究开发经费投入所占年销售收入的比例应当符合国家有关规定。 企业对技术创新和科技成果转化的投入，享受国家促进企业技术进步的有关优惠政策。	第十七条　**国有**企业应当增加技术创新和科技成果转化的投入，**国有**大中型企业应当建立和完善技术开发体系，提高自主创新能力和核心竞争力。 高新技术企业年均研究开发经费投入所占年销售收入的比例应当符合国家有关规定。 企业对技术创新和科技成果转化的投入，享受国家促进企业技术进步的有关优惠政策。
第十八条　省、设区的市人民政府应当采取措施，支持军工企业、地方企业、科研机构、高等学校发挥技术优势、人才优势，参与重大科技项目和重大设备国产化项目的联合攻关，促进军民两用技术双向转移和其他科技资源军民共享，加快技术创新和科技成果转化，实现军工经济与地方经济协调发展。	第十八条　省、设区的市人民政府应当采取措施，**根据需要建立军民融合公共服务平台，完善国防科学技术市场需求信息发布**，支持军工企业、地方企业、高等院校、研究开发机构发挥技术优势、人才优势，参与重大科技项目和重大设备国产化项目的联合攻关，促进军民两用技术双向转移和其他科技资源军民共享，加快技术创新和科技成果转化，实现军工经济与地方经济协调发展。

续表

陕西省促进科技成果转化条例 （2010 年修正本）	陕西省促进科技成果转化条例 （修订草案） 2016 年 8 月 31 日
	第十九条　鼓励和支持符合条件的企业事业单位与军工单位合作或者独立承担武器装备科学技术研究、开发、生产等任务。维护军品市场竞争秩序，营造公开公平公正的竞争环境。
第十九条　各级人民政府应当加强农业科技成果转化的投入，支持企业、科研机构、高等学校与农业技术推广机构、农业专业技术协会和农户建立互利合作的利益分配机制，加强农业先进适用技术的示范、推广、培训和普及，加速农业科技成果转化。	第二十条　各级人民政府应当加强农业科技成果转化的投入，支持企业、**高等院校、研究开发机构**与农业技术推广机构、农业专业技术协会和农户建立互利合作的利益分配机制，加强农业先进适用技术的示范、推广、培训和普及，加速农业科技成果转化。
第二十条　科技成果所有权人与其他单位或者个人合作进行科技成果转化的，应当依法签订合同，约定该科技成果转化过程中形成的新科技成果的权益归属。合同未作约定的，按照以下规定处理： （一）合作转化过程中未形成新科技成果的，该科技成果归原所有权人所有； （二）合作转化过程中形成的新科技成果归合作方共有，各方均有权实施转化； （三）转让在合作转化过程中形成的新科技成果的，应当经合作各方同意，各方均享有优先受让权。 实施政府科技计划项目所形成的科技成果，属于项目完成单位。国家另有规定或者科技计划项目主管部门与项目承担单位另有书面约定的除外。	**第二十一条　科技成果完成单位与其他单位合作进行科技成果转化的，应当依法由合同约定该科技成果有关权益的归属。合同未作约定的，按照下列原则办理： （一）在合作转化中无新的发明创造的，该科技成果的权益，归该科技成果完成单位； （二）在合作转化中产生新的发明创造的，该新发明创造的权益归合作各方共有； （三）对合作转化中产生的科技成果，各方都有实施该项科技成果的权利，转让该科技成果应经合作各方同意。**
第二十一条　国有企业、科研机构、高等学校和其他事业单位所有的或者由政府出资完成的非专利职务科技成果，成果鉴定通过一年后未实施转化的，成果完成人、参加人可以与本单位签订合同实施转化，并享有合同约定的权益。成果完成人、参加人提出实施转化的书面要求后，成果所有单位在六个月内不与其签订合同也未与其他单位和个人签订合同实施转化的，成果完成人、参加人可以向单位主管部门或者出资的人民政府有关行政部门提出书面申请，经批准后，可以自行实施职务科技成果转化并自转化获利之日起，连续三年提取净收入的百分之十至百分之二十返还本单位。	**第二十二条　利用本省财政资金资助形成的科技成果，高等院校、研究开发机构、企业等单位，自项目完成之日起一年内未实施转化的，在不变更职务科技成果权属的前提下，科技成果完成人或者参加人可以与本单位签订协议实施转化；自项目完成之日起二年内，项目承担单位、科技成果完成人或参加人无正当理由不实施转化的，具备实施转化条件的单位或者个人可提出申请，国有资产管理部门可以授权其有偿或者无偿实施成果转化。法律法规另有规定的，从其规定。**

续表

陕西省促进科技成果转化条例 （2010年修正本）	陕西省促进科技成果转化条例 （修订草案） 2016年8月31日
第二十二条　企业、科研机构、高等学校和其他事业单位转化职务科技成果，应当按照下列规定对科技成果完成人及其他为科技成果转化作出重要贡献的人员给予奖励： （一）以技术转让方式将职务科技成果转让他人实施的，从转让后的净收入中提取不低于百分之二十用于一次性奖励； （二）自行或者与他人合作转化科技成果的，在项目投产后三至五年内，每年从实施该项科技成果新增留利中提取不低于百分之五用于奖励； （三）采用股份形式的企业实施科技成果转化的，可以以不低于科技成果入股作价金额百分之二十的股权予以奖励。 对在研究开发和成果转化中做出主要贡献的人员的奖励份额，应当不低于奖励总额的百分之五十。 奖励总额超过技术转让净收入或者科技成果作价金额百分之五十，以及超过实施转化年净收入百分之二十的，由该单位职工代表大会或者其他法定决策机构讨论决定。	**第二十三条　科技成果完成单位实施科技成果转化的，可以规定或者与科技人员约定科技成果转化奖励和报酬的方式、数额。** **科技成果完成单位未规定、也未与科技人员约定奖励和报酬的方式和数额的，按照下列标准对完成、转化职务科技成果作出重要贡献的人员给予奖励和报酬：** **（一）将该项职务科技成果转让、许可给他人实施的，从该项科技成果转让净收入或者许可净收入中提取不低于百分之八十的比例；** **（二）利用该项职务科技成果作价投资的，从该项科技成果形成的股份或者出资比例中提取不低于百分之八十的比例；** **（三）将该项职务科技成果自行实施或者与他人合作实施的，应当在实施转化成功投产后连续三至五年，每年从实施该项科技成果的营业利润中提取不低于百分之五的比例。** **国有企业、事业单位依照本法规定对完成、转化职务科技成果作出重要贡献的人员给予奖励和报酬的支出计入当年本单位工资总额，但不受当年本单位工资总额限制、不纳入本单位工资总额基数。**
第二十三条　县级以上人民政府及其科学技术行政部门对在科技成果转化中做出突出贡献的单位和个人，应当给予表彰奖励。 企业、科研机构、高等学校和其他事业单位在专业技术职称评审时，应当将专业技术人员在科技成果转化中的贡献作为重要依据。	第二十四条　县级以上人民政府及其科学技术行政部门对在科技成果转化中做出突出贡献的单位和个人，应当给予表彰奖励。 **政府设立的高等院校、研究开发机构的主管部门以及科学技术、财政、人力资源和社会保障等相关行政部门和国有企业应当建立有利于促进科技成果转化的绩效考核评价体系，将科技成果转化情况作为对相关单位及人员评价、科研资金支持的重要内容和依据之一，并对科技成果转化绩效突出的相关单位及人员加大科研资金支持。** **省人力资源与社会保障行政部门应当会同有关部门建立健全科学技术人员分类评价制度，优化专业技术职称评定办法。** **第二十五条　利用财政资金设立的科技项目的承担者未依照本法规定提交科技报告、汇交科技成果和相关知识产权信息的，由组织实施项目的政府有关部门、管理机构责令改正；情节严重的，予以通报批评，禁止其在三年内承担利用财政资金设立的科技项目。**

续表

陕西省促进科技成果转化条例 （2010年修正本）	陕西省促进科技成果转化条例 （修订草案） 2016年8月31日
第二十四条　违反本条例规定，有下列情形之一的，由县级以上科学技术行政部门或者其他有关行政部门在其职权范围内依法予以警告，有违法所得的，没收违法所得，并处五千元以上三万元以下罚款；没有违法所得的，处二千元以上五千元以下罚款。给他人造成经济损失的，依法承担民事责任；构成犯罪的，依法追究刑事责任： （一）弄虚作假骗取奖励、荣誉称号、获取非法利益的； （二）科技成果检测、评估机构故意提供虚假检测结果或者评估证明的； （三）侵占他人科技成果，侵犯他人商业秘密的； （四）技术交易中介机构欺骗委托人或者与当事人一方串通欺骗另一方当事人的。 有前款第（一）项情形的，除依照前款规定处罚外，由授予单位撤销已获得的奖励和荣誉称号，追缴有关款项；有前款第（二）项、第（四）项情形的，除依照前款规定处罚外，情节严重的，依法吊销营业执照或者资格证书。	**第二十六条　违反本条例规定，在科技成果转化活动中弄虚作假，采取欺骗手段，骗取奖励和荣誉称号、诈骗钱财、非法牟利的，由政府有关部门依照管理职责责令改正，取消该奖励和荣誉称号，没收违法所得，并处以五千元以上三万元以下罚款。给他人造成经济损失的，依法承担民事赔偿责任。构成犯罪的，依法追究刑事责任。**
第二十五条　依照本条例规定，科学技术行政部门和有关行政部门作出二万元以上罚款处罚决定的，当事人有权要求听证。	修改作为第三十一条
	第二十七条　科技服务机构及其从业人员违反本条例规定，故意提供虚假的信息、实验结果或者评估意见等欺骗当事人，或者与当事人一方串通欺骗另一方当事人的，由政府有关部门依照管理职责责令改正，没收违法所得，并处以五千元以上三万元以下罚款；情节严重的，由工商行政管理部门依法吊销营业执照。给他人造成经济损失的，依法承担民事赔偿责任；构成犯罪的，依法追究刑事责任。 **科技中介服务机构及其从业人员违反本法规定泄露国家秘密或者当事人的商业秘密的，依照有关法律、行政法规的规定承担相应的法律责任。**

续表

陕西省促进科技成果转化条例 （2010 年修正本）	陕西省促进科技成果转化条例 （修订草案） 2016 年 8 月 31 日
第二十六条　县级以上科学技术行政部门、有关行政部门及其工作人员在科技成果转化活动中滥用职权、玩忽职守、徇私舞弊的，依法给予行政处分；构成犯罪的，依法追究刑事责任。	**第二十八条　科学技术行政部门和其他有关部门及其工作人员在科技成果转化中滥用职权、玩忽职守、徇私舞弊的，由任免机关或者监察机关对直接负责的主管人员和其他直接责任人员依法给予处分；构成犯罪的，依法追究刑事责任。**
	第二十九条　违反本条例规定，以唆使窃取、利诱胁迫等手段侵占他人的科技成果，侵犯他人合法权益的，依法承担民事赔偿责任，可以处以五千元以上三万元以下罚款；构成犯罪的，依法追究刑事责任。
	第三十条　违反本条例规定，职工未经单位允许，泄露本单位的技术秘密，或者擅自转让、变相转让职务科技成果的，参加科技成果转化的有关人员违反与本单位的协议，在离职、离休、退休后约定的期限内从事与原单位相同的科技成果转化活动，给本单位造成经济损失的，依法承担民事赔偿责任；构成犯罪的，依法追究刑事责任。
	第三十一条　依照本条例规定，科学技术行政部门和有关行政部门作出二万元以上罚款处罚决定的，当事人有权要求听证。
第二十七条　本条例自 2005 年 12 月 1 日起施行。	**第三十二条　本条例自　年　月　日起施行。**

四、《陕西省促进科技成果转化若干规定（试行）》修订论证

陕西省科技厅于 2016 年 8 月期间，就《陕西省促进科技成果转化若干规定（草案）》的起草进行多次研讨。西安交通大学知识产权研究中心主任马治国教授应邀参与《若干规定》起草研讨，并对第一条、第二条提出修改意见及说明。

（一）《陕西省促进科技成果转化若干规定（试行）》（代拟稿）

为贯彻落实创新驱动发展战略，促进科技成果转化，依据《中华人民共和国促进科技成果转化法》《国务院关于印发实施〈中华人民共和国促进科技成果转化法〉若干规定的通知》（国发〔2016〕16 号）和《国务院办公厅关于印发促进科技成果转化行动方案的通知》（国办发〔2016〕28 号），立足我省实际，制定本规定。

（1）建立市场导向的科技成果定价机制。利用财政性资金资助形成的科技成果，除涉及国防、国家安全、国家利益和重大社会公共利益外，可以由高等院校、研究开发机构的项目完成人自主决定转让、许可、作价投资。自主决定转让、许可、作价投资应当通过协议定价、在技术交易市场挂牌交易、拍卖等市场化方式确定价格。通过协议定价的，由研发团队主持公开询价，谈判确定成交价格，无须经过单位审批，但应在本单位公示。

（2）提高科技人员职务科技成果转化收益比例。研究开发机构、高等院校职务科技成果，由成果完成人实施转化的，将不低于90%的转化收益奖励给成果完成人和为成果转化做出贡献的人员。科技成果2年内未转化的，采取挂牌交易、拍卖等方式实施转化，将不低于80%转化净收益奖励给成果完成人和为成果转化做出贡献的人员。奖励收益直接发放给个人，不计入工资总额基数。

（3）加快科技成果产学研协同转化。支持企业依托高等院校建立产学研深度融合的新型研发中心（中试基地），设立联合基金，省财政按总额20%的比例出资支持，支持新型研发中心（中试基地）按照需求导向原则自行确定研发项目。对获得国家科技奖励的重大成果进行转化的，省科技计划给予支持。

（4）推动军工科技成果转移转化。建立军民技术双向转化“人才池”，构建专业孵化环境，吸引军工单位技术人员入驻，5年内保留回原单位的通道。支持科研院所与地方高等院校以“双导师”制联合培养研究生、联建专业孵化器方式建立“人才池”。根据“人才池”孵化企业业绩，给予后补助支持。

（5）建立“专利池”推动成果共享转化。围绕重点产业、领域，推动相关单位组建产业技术创新战略联盟并设立“专利池”、成立“专利池”管理委员会，专利成果以使用权许可方式在联盟成员间共享共用，联盟成员按照一定比例获取成果转化后的收益。每年给予专利持有单位50%的专利年费补贴，并根据专利成果转化和共享情况给予一定的后补助。

（6）推动大众创业万众创新。鼓励高等院校、研究开发机构成果完成人创办企业，可按其现金出资额度的20%申请省科技成果转化引导基金支持；股权退出时，按照原值加不高于银行同期贷款基准利率的50%利息优先回购给创业团队。扩大省科技成果转化引导基金规模，撬动社会资本形成100亿元总规模的投资基金。对符合条件的科技型中小企业贷款给予风险补偿，对于创业投资机构投资种子期、初创期科技型企业发生的实际投资损失，可按照损失额的一定比例给予风险救助。

（7）鼓励科技成果就地转移转化。省内科技成果在同等条件下，优先在省内转化。对就地成功实施转化的重大科技成果实施双向补助，根据产业化规模和纳税总额，给予成果供给方和吸纳方总额合计30%、最高不超过150万元的后补助或贴息。对省内企业自主研发生产并投向市场的首台首套产品，政府优先采购，按开发成本给予每项产品一次性最高不超过50万元的奖励。支持科技成果转化服务机构、众创空间和科技企业孵化器建设，根据其业绩给予奖励和后补助。将科技金融人才、科技中介人才、创业指导人才等纳入省级人才计划重点培育。

(8) 加大科技成果转移转化财税支持力度。高等院校、研究开发机构转化科技成果以股份或出资比例等形式奖励成果完成人的部分，暂不缴纳个人所得税，在其获得分红或转让时，依法缴纳个人所得税；高新技术企业和科技型中小企业技术人员获得的股权奖励，技术人员一次性缴纳税款有困难的，可按规定分期缴纳个人所得税。设立股权激励专项资金，对符合条件的团队和个人，给予股权认购、代持及股权取得阶段所产生的个人所得税代垫等资金支持。

(9) 创新科技成果转移转化评价机制。高等院校、研究开发机构应建立科技成果转化机构，设立科技成果转化岗位。科技成果转化业绩与论文指标、纵向课题同等对待，对科技成果转移转化绩效突出的，纳入破格晋升职称序列。将科技成果转化情况作为省属高等院校、研究开发机构年度考核的指标之一。省属高等院校每年向教育主管部门报送科技成果转移转化报告，由教育主管部门统一报省政府，作为增加高等院校生均拨款的重要依据。

省级相关部门应根据本规定制定实施细则，省属高等院校、研究开发机构应根据本规定制定操作规程，中央在陕单位参照本规定执行。此前有关规定与本规定不一致的，按本规定执行。

(二) 部分修订意见

1. 修改前条文

(1) 改革高等院校、研究开发机构科技成果处置方式。利用财政性资金资助形成的科技成果，除涉及国防、国家安全、国家利益和重大社会公共利益外，赋予高等院校、研究开发机构科技成果完成人科技成果的使用权、处置权、收益权，所在单位只需备案，无须审批。

(2) 建立市场导向的科技成果定价机制。高等院校、研究开发机构职务科技成果以转让、许可、作价投资等方式进行转化的，可通过协议定价、在技术交易市场挂牌交易、拍卖等市场化方式确定价格。对协议定价的，由研发团队主持公开询价，交易双方通过谈判确定成交价格，无须经过单位审批，但应在本单位公示。

2. 修改后条文

利用本省财政性资金资助形成的科技成果，除涉及国防、国家安全、国家利益和重大社会公共利益外，可以由高等院校、研究开发机构和企业等项目承担者自主决定转让、许可或者作价投资。自主决定转让、许可或者作价投资的，应当通过协议定价、在技术交易市场挂牌交易、拍卖等方式确定价格。通过协议定价的，可由研发团队主持询价、谈判，确定成交价格，并在本单位公示；进行挂牌交易的，可由研发团队提出挂牌价，挂牌后采用拍卖方式确定价格的，可由研发团队提出拍卖保留价。

3. 修改说明

第一，将一、二条合并为一条。

第二，修改后的条文核心内容是两层赋权：将利用本省财政性资金形成的科技成果赋权给高校、科研机构，将该类成果转化的定价权赋予科研团队。

第三，原第一条内容是利用财政性资金形成的科技成果赋权给高校、科研机构的科技成果完成人，行使权利不需审批，只需备案。

做了如下修改：

（1）加入“本省”，不归我们管理的财政资金，不在赋权范围。

（2）直接赋权成果完成人，越过了单位，请慎重考虑：

剥夺了单位的管理权和成果权，但单位又是科技项目申报人，势必会失去申报积极性，不利于科技成果转化；将国有资金形成成果直接赋予完成人（团队或个人），法律依据不足，完成人的法律性质更倾向于个人，我们的目的是要给予完成人成果转化的自主权（通过转化获得利益），不是成果所有权。所以，修改为赋予单位成果权。

（3）将“赋予”权利改为完成单位“享有”权利，意思也是赋权，但更符合法律用语。

（4）将只需备案，无须审批，改为应当在主管部门备案。备案就排除了审批，但要有主管部门。至于是哪个部门，可以另行明确。

第四，将原第二条并入第一条，核心是市场定价、成果完成团队主导。主要修改：

明确自主定价的成果是“该成果”，即以本省财政资金资助的成果，其他成果我们无权管理。这样第一、第二条就有逻辑关系，就可以合并。

以上条文依据《促进科技成果转化法》18 条。有四点突破：第一，转化主体不受单位性质限制；第二，研发团队有权参与挂牌、拍卖定价；第三，协议定价主体是研发团队；第四，不用备案。总体上扩大了转化权，但又符合法律规定。

第三节 《陕西省促进科技成果转化条例》修订草案第二版及论证

陕西省科技厅按照陕西省人民政府 2016 年度立法计划，以及陕西省人大常委会 2016 年度预备审议项目进程，于 2016 年 9 月至 12 月期间，组织科技厅、西安交通大学、西北工业大学相关人员参与了陕西省人民政府法制办公室承办的陕西省人民政府对于《陕西省促进科技成果转化条例（第二次征求意见稿）》进行的审查、意见征集及相关起草、修订工作。西安交通大学“《陕西省促进科技成果转化条例》修订研究”课题组，完成了“《陕西省促进科技成果转化条例》修订草案”的进一步修订工作。

一、《陕西省促进科技成果转化条例》修订草案（2016 年 11 月 30 日）

第一条［立法目的］为促进科技成果转化为现实生产力，推动经济和社会的全面、协调、可持续发展，根据《促进科技成果转化法》和有关法律、行政法规，结合本省实际，制定本条例。

第二条［适用范围］本条例适用于在本省行政区域内的科技成果转化活动。

第三条［用语解释］本条例所称科技成果，是指通过科学研究与技术开发所产生的具有实用价值的成果。

本条例所称职务科技成果，是指执行高等院校、研究开发机构和企业等单位的工作任务，或者主要是利用上述单位的物质技术条件所完成的科技成果。

本条例所称科技成果转化，是指为提高生产力水平而对科技成果所进行的后续试验、开发、应用、推广直至形成新技术、新工艺、新材料、新产品，发展新产业等活动。

第四条［转化原则］科技成果转化活动应当有利于加快实施创新驱动发展战略，促进科技与经济的结合，有利于提高经济效益、社会效益和保护环境、合理利用资源，有利于促进经济建设、社会发展和维护国家安全。

科技成果转化活动应当尊重市场规律，发挥企业的主体作用，遵循自愿、互利、公平、诚实信用的原则，依照法律法规规定和合同约定，享有权益，承担风险。依法对科技成果转化活动中的知识产权实施保护。

科技成果转化活动应当遵守法律法规，维护国家利益，不得损害社会公共利益和他人合法权益。

第五条［政府职责］县级以上人民政府应当加强对科技成果转化工作的领导，将科技成果转化工作纳入国民经济和社会发展计划，建立健全科技成果转化机制。

第六条［部门职责］县级以上人民政府科学技术行政部门负责管理、指导和协调本行政区域内的科技成果转化工作。

县级以上人民政府其他有关部门在各自的职责范围内，负责促进科技成果转化的相关工作。

第七条［发展计划］县级以上人民政府科学技术行政部门应当会同有关部

门，根据国家产业政策以及本行政区域国民经济与社会发展计划，制定相关科技规划和计划，编制科技成果目录和重点科技成果转化项目指南时，应当征求高等院校、研究开发机构及相关行业、企业的意见，并适时发布科技成果目录和重点科技成果转化项目供求信息。

第八条［财政支持项目规定］县级以上人民政府科学技术行政部门及其有关部门组织实施财政资金设立的应用类项目，应当明确项目承担者的科技成果转化义务，并将科技成果转化作为立项和验收的重要内容和依据。

第九条［扶持资金］县级以上人民政府应当将科技成果转化的扶持资金纳入本级财政预算，主要用作科技成果转化的引导资金、贷款贴息、补助资金和风险投资以及其他促进科技成果转化的资金。

省、设区的市人民政府和本省的国家级新区、国家级高新技术产业开发区、农业高新技术产业示范区、经济技术开发区的管理机构以及有条件的县（市、区）应当设立科技成果转化专项资金，支持重大科技成果转化及其产业化项目以及为科技成果转化服务的中间试验示范基地、工程技术（研究）中心、科技企业孵化机构、科技信息网络、农业技术推广服务体系的建设。对具有自主知识产权或者在本省首次实施转化的项目，应当优先支持。

省、设区的市人民政府和本省的国家级新区、国家级高新技术产业开发区、农业高新技术产业示范区、经济技术开发区用于固定资产投资、技术改造和农业发展的财政资金，应当有一定比例用于促进科技成果转化。

第十条［园区责任］高新技术产业开发区、经济技术开发区、高技术产业基地，应当制定吸引优秀科技人员和经营管理者创新创业的优惠政策，创新各类企业转化高新技术成果提供服务的机制，发挥在区域经济发展中的示范、辐射和带动作用。

农业高新技术产业示范区、农业科技示范园区和星火技术密集区应当围绕农业产业结构调整和区域主导产业、特色产业，向农民普及农业科技知识，推广农业先进适用技术，开展农业科技成果交流和人才培训、科技咨询、信息服务，培育、扶持为农业服务的企业。

第十一条［孵化机构］县级以上人民政府应当在规划、用地、财政等方面支持创办多种类型、多种所有制的科技企业孵化基地、大学科技园、生产力促进中心等科技企业孵化机构。科技企业孵化机构应当为科技人员创办企业提供孵化场地，提供技术开发、技术转让、技术咨询、技术服务、技术市场和科技信息等支持。

经国家和本省科学技术行政部门认定的科技企业孵化机构，比照高新技术企业享受有关优惠政策。

第十二条［中介机构］县级以上人民政府应当培育和发展技术市场，鼓励创办科技中介服务机构，为技术交易提供交易场所和信息平台、信息加工与分析、评估、经纪等服务。

科技中介服务机构提供服务，应当遵循公正、客观的原则，不得提供虚假的信息和证明，对其在服务过程中知悉的国家秘密和当事人的商业秘密负有保密义务。

第十三条［成果登记与转化信息公开］省人民政府科学技术行政部门应该建立、完善科技报告制度和科技成果信息系统，向社会公布科技项目实施情况以及科技成果和相关知识产权信息，提供科技成果信息查询、筛选等公益服务。公布有关信息不得泄露国家秘密和商业秘密。对不予公布的信息，应当及时告知相关科技项目承担者。

利用财政资金设立的科技项目的承担单位和完成人应当按照规定及时提交相关科技报告，并将科技成果和相关知识产权信息汇交到科技成果信息系统。

县级以上人民政府鼓励利用非财政资金设立的科技项目的承担者提交相关科技报告，将科技成果和相关知识产权信息汇交到科技成果信息系统。县级以上人民政府负责相关工作的部门应当为其提供便利条件。

第十四条［技术交易合同］技术交易应当依法订立书面合同。技术合同订立后，技术合同的让与方、受托方或者取得收入的研究开发方在六十日内可以向技术合同认定登记机构申请认定登记。经技术合同认定登记机构对技术合同和技术性收入审核认定后，按照有关规定享受国家税收优惠政策。同一技术合同不得重复登记。

技术合同登记不得向合同当事人收取费用，认定登记工作所需经费由本级财政负担。

省科学技术行政部门负责全省技术合同认定登记工作的指导、管理和监督，根据实际需要，可以在设区的市、省级有关行政部门和国家级高新技术产业开发区、农业高新技术产业示范区、经济技术开发区，指定或者委托技术合同认定登记机构，具体办理技术合同认定登记工作。

第十五条［创业投资机构］鼓励境内外组织和个人在本省设立以促进科技成果转化为主要目的的创业投资机构。创业投资机构可以以全额资本进行投资。

创业投资机构包括创业投资企业和创业投资管理企业。创业投资企业是以直接股权投资为主营业务的非金融性企业；创业投资管理企业是受创业投资企业委托，代其投资、经营、管理，或者推荐、评估投资项目的企业。

第十六条［创业投资机构优惠政策］创业投资企业向本省行政区域内的高新技术企业、科技型中小企业或者科技成果转化项目的累计投资总额，超过本公司总投资额百分之五十的，比照高新技术企业享受国家和本省的有关优惠政策。

创业投资企业每年度可按其向本省行政区域内的高新技术企业、科技型中小企业或者科技成果转化项目投资总额的百分之三提取风险准备金。风险准备金可以计入经营成本。

创业投资管理企业比照高新技术企业享受国家和本省的有关优惠政策。

第十七条［金融支持］鼓励银行业金融机构在组织形式、管理机制、金融产品和服务等方面进行创新，开展知识产权质押贷款、股权质押贷款等业务，为科技成果转化提供金融支持。

第十八条［财政资金科技成果转化方式］财政资金资助形成的科技成果可以由高等院校、研究开发机构的项目完成人自主决定转让、许可、作价投资，但涉及国家安全和社会公共利益的除外。

自主决定转让、许可、作价投资的，应当由高等院校、研究开发机构通过协议定价、在技术交易市场挂牌交易、拍卖等市场化方式确定价格。通过协议定价的，高等院校、研究开发机构应当授权项目完成人主持公开询价，谈判确定成交价格，并依照有关规定在本单位公示。

第十九条［企业创新投入］国有企业应当增加技术创新和科技成果转化的投入，国有大中型企业应当建立和完善技术开发体系，提高自主创新能力和核心竞争力。

高新技术企业年均研究开发经费投入所占年销售收入的比例应当符合国家有关规定。

企业对技术创新和科技成果转化的投入，享受国家促进企业技术进步的有关优惠政策。

第二十条［促进军民融合］县级以上人民政府应当采取措施，支持企业事业单位与军工单位发挥技术优势、人才优势，参与重大科技项目的联合攻关，促进军民两用技术双向转移和其他科技资源军民共享，加快技术创新和科技成果转化。

第二十一条［农业科技成果转化］县级以上人民政府应当加强农业科技成果转化的投入，支持企业、高等院校、研究开发机构与农业技术推广机构、农业专业技术协会和农户建立互利合作的利益分配机制，加强农业先进适用技术的示范、推广、培训和普及，加速农业科技成果转化。

第二十二条［科技成果合作转化权属］科技成果完成单位与其他单位合作进行科技成果转化的，应当依法由合同约定该科技成果有关权益的归属。合同未作约定的，按照下列原则办理：

（一）在合作转化中无新的发明创造的，该科技成果的权益，归该科技成果完成单位；

（二）在合作转化中产生新的发明创造的，该新发明创造的权益归合作各方共有；

（三）对合作转化中产生的科技成果，各方都有实施该项科技成果的权利，转让该科技成果应经合作各方同意。

第二十三条［财政资金科技成果转化要求］利用本省财政资金资助形成的科技成果，高等院校、研究开发机构等单位自项目完成之日起一年内未实施转化的，在不变更职务科技成果权益归属的前提下，科技成果完成人或者参加人可以与本单位签订协议实施转化；自项目完成之日起二年内，项目承担单位、科技成果完成人或者参加人不实施转化的，由国有资产管理或者其他部门按照挂牌交易、拍卖等方式组织实施转化。

第二十四条［职务科技成果转化奖励］科技成果完成单位实施科技成果转化的，可以规定或者与科技人员约定科技成果转化奖励和报酬的方式、数额。

科技成果完成单位未规定、也未与科技人员约定奖励和报酬的方式和数额的，按照下列标准对完成、转化职务科技成果作出重要贡献的人员给予奖励和报酬：

（一）将该项职务科技成果转让、许可给他人实施的，从该项科技成果转让净收入或者许可净收入中提取不低于百分之九十的比例；

（二）利用该项职务科技成果作价投资的，从该项科技成果形成的股份或者出资比例中提取不低于百分之八十的比例；

（三）将该项职务科技成果自行实施或者与他人合作实施的，应当在实施转化成功投产后连续三至五年，每年从实施该项科技成果的营业利润中提取不低于百分之五的比例。

国有企业、事业单位依照本法规定对完成、转化职务科技成果作出重要贡献的人员给予奖励和报酬的支出计入当年本单位工资总额，但不受当年本单位工资总额限制、不纳入本单位工资总额基数。

第二十五条［表彰奖励］县级以上人民政府及其科学技术行政部门对在科技成果转化中做出突出贡献的单位和个人，应当给予表彰奖励。

政府设立的高等院校、研究开发机构的主管部门以及科学技术、财政、人力资源和社会保障等相关行政部门和国有企业应当建立有利于促进科技成果转化的考核评价体系，将科技成果转化情况作为对相关单位及人员评价、科研资金支持的重要内容和依据之一，并对科技成果转化成绩突出的相关单位及人员加大科研资金支持。

省人力资源和社会保障部门应当会同有关部门建立健全科学技术人员分类评价制度，优化专业技术职称评定办法。

第二十六条［法律责任］违反本条例规定的行为，法律、行政法规已有法律责任规定的，从其规定。

第二十七条［法律责任］利用财政资金设立的科技项目的承担者未依照本条例规定提交科技报告、汇交科技成果和相关知识产权信息的，由项目管理部门予以通报批评，责令改正；情节严重的，禁止其在三年内承担利用财政资金设立的科技项目。

第二十八条［法律责任］在科技成果转化活动中弄虚作假，骗取奖励和荣誉、非法牟利的，由政府有关部门依照管理职责责令改正，取消该奖励和荣誉，没收违法所得，并对个人处以二千元以上一万元以下罚款；对单位处以二万元以上十万元以下罚款。给他人造成经济损失的，依法承担民事赔偿责任。构成犯罪的，依法追究刑事责任。

第二十九条［法律责任］科技服务机构及其从业人员违反本条例规定，故意提供虚假信息、实验结果或者评估意见等欺骗当事人，或者与当事人一方串通欺骗另一方当事人的，由政府有关部门依照管理职责责令改正，没收违法所得，并处以五千元以上三万元以下罚款；情节严重的，由工商行政管理部门依法吊销营业执照。给他人造成经济损失的，依法承担民事赔偿责任；构成犯罪的，依法追究刑事责任。

第三十条［法律责任］违反本条例规定，以唆使窃取、利诱胁迫等手段侵占他人的科技成果，侵犯他人合法权益的，依法承担民事赔偿责任，可以处以五千元以上三万元以下罚款；构成犯罪的，依法追究刑事责任。

第三十一条［施行日期］本条例自 年 月 日起施行。

二、起草说明

现就《陕西省促进科技成果转化条例（草案）》（以下简称《条例（草案）》）的起草情况做以下说明：

（一）制定《条例（草案）》的必要性

加速科技成果转化，依靠科技进步，转变经济增长方式，是我国经济发展中迫切需要解决的问题。2015 年 8 月 29 日，第十二届全国人民代表大会常务委员会第十六次会议对《促进科技成果转化法》进行了修订，在下放成果处置收益权、强化对人的激励、完善考核评价体系、加强技术交易服务、促进成果信息公开等方面实现了重大突破，为促进科技成果转化为现实生产力、加速科学技术进步、推动经济建设和社会发展提供了必要的法律保障。

陕西省是科教大省，是我国重要的国防科技工业基地，科教资源富集，创新综合实力雄厚。随着创新型省份建设试点、国家知识产权运营军民融合特色试点平台启动等工作的逐步展开，《陕西省促进科技成果转化条例》的修订，对于陕西省“打通科技与经济结合的通道，推进经济提质增效升级”，具有十分重要的意义。

（二）制定《条例（草案）》的依据及起草过程

按照陕西省人民政府2016年度立法计划，以及陕西省人大常委会2016年度预备审议项目进程，依据《科学技术进步法》《促进科技成果转化法》《农业技术推广法》《科学技术普及法》《实施〈中华人民共和国促进科技成果转化法〉若干规定》等法律、法规，借鉴外省、市的立法经验，结合陕西省实际，汲取《陕西省促进科技成果转化若干规定（试行）》中的有益探索，在对初稿进行了合法性审查，并按照立法技术规范，对文字表述进行了规范化调整的基础之上形成了《条例（草案）》。

（三）《条例（草案）》的主要内容及需要说明的几个问题

《条例（草案）》合计三十一条，包括立法目的与依据、适用范围、基本原则、政府支持与职能分工、成果登记与转化信息公开、科技成果转化方式、成果的市场定价机制、成果处置权改革、职称评定改革、提高企业主体地位、财政经费扶持、科技金融支持、转化收益分配、单位收益处置、军民融合、法律责任等多项内容。对《陕西省促进科技成果转化条例》原有二十七条条文中的二十一条进行了修改，删除原有条文两条，另增加条文六条。对于法律条文的合并、拆分、删除以及增加主要基于上位法修订、陕西省科技成果转化实践需求以及术语规范化等原因，其分别占《条例（草案）》条文总数的32%、36%、19%，无修改的条文占13%（见图6-2）。

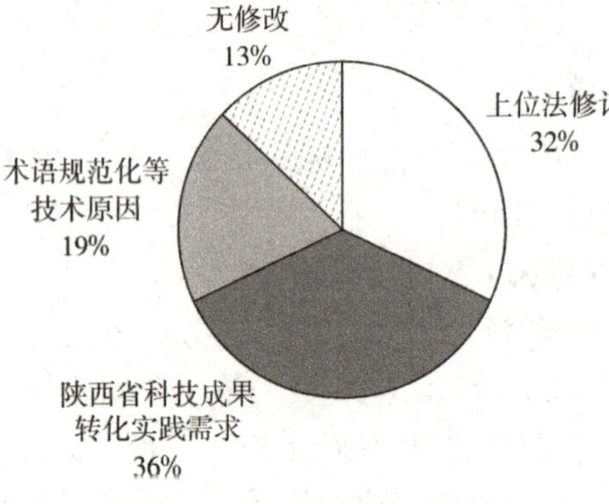

图6-2 《陕西省促进科技成果转化条例》修订原因类型

第一，关于科技成果转化的法定含义。科技成果转化，是一个涉及范围广泛、环节较多、关系复杂的系列化活动。科技成果大体分为两类：一类是理论性的科技成果，这一类成果具有探索、研究性质，另一类是应用性科技成果。其中，具有应用价值的科技成果转化为现实生产力，往往需要经过“后续试验、开发、应用、推广”等过程，才能提高生产能力或形成产品，进入市场。为此，本次《条例（草案）》依据《促进科技成果转化法》，在明确“科技成果”“职务科技成果”概念的基础之上，进一步明确了“本条例所称的科技成果转化，是指对科学研究与技术开发所产生的具有实用价值的科技成果，所进行的后续试验、开发、应用、推广直至形成新产品、新工艺、新材料，发展新产业，以及其他提高生产力水平的活动”。

第二，关于科技成果转化的资金保障措施。资金缺乏是制约科技成果转化的重要因素之一。《中共中央 国务院关于加速科学技术进步的决定》明确提出："科技投入是科技进步的必要条件，是实施科教兴国战略的基本保证，必须采取有力措施，调整投资结构，鼓励、引导全社会多渠道、多层次地增加科技投入，尽快扭转我国科技投入过低的局面”。依据《促进科技成果转化法》，本次《条例（草案）》修改，增加了保障政府投入、扩大科技贷款规模、建立科技成果转化基金或风险基金、实行税收优惠、健全科学技术信息网络等多项引导条款，为促进陕西省科技成果转化投入提供了法规依据。

第三，关于财政资金资助形成的科技成果处置权。科技成果处置权的下放是促进科技成果转化试点改革的一项重要内容，也是本次《条例（草案）》关注的重点问题之一。

《条例（草案）》首次提出将利用财政性资金资助形成的科技成果的处置权赋予单位。《条例（草案）》第十八条第一款规定："财政资金资助形成的科技成果可以由高等院校、研究开发机构的项目完成人自主决定转让、许可、作价投资，但涉及国家安全和社会公共利益的除外。”此处修订扩大了享有处置权的主体范围，使成果转化主体不再受单位性质限制，有助于鼓励更多享受本省财政性资金项目支持的单位根据市场需求和单位情况，自主开展项目的科技成果转化活动，调动转化活力。

《条例（草案）》首次提出通过协议定价的，高等院校、研究开发机构应当授权项目完成人主持公开询价，谈判确定成交价格。汲取《陕西省促进科技成果转化若干规定（试行）》中“建立市场导向的科技成果定价机制”的规定，《条例（草案）》第十八条第二款规定："自主决定转让、许可、作价投资的，应当由高等院校、研究开发机构通过协议定价、在技术交易市场挂牌交易、拍卖等市场化方式确定价格。通过协议定价的，高等院校、研究开发机构应当授权项目完成人主持公开询价，谈判确定成交价格，并依照有关规定在本单位公示。”此处修订将进一步激励科研人员在科技成果转化中的积极性，且在符合法律的前提下，有效地促进了成果处置权向科研人员延伸。

第四，关于科技成果转化中的军民融合。陕西拥有全国唯一的“国家知识产权运营军民融合特色试点平台”，因此，根据《条例（草案）》第二十条中的规定："县级以上人民政府应当采取措施，支持企业事业单位与军工单位发挥技术优势、人才优势，参与重大科技项目的联合攻关，促进军民两用技术双向转移和其他科技资源军民共享，加快技术创新和科技成果转化。”此处修订将有助于陕西省加快探索寓军于民、隐军于市的创新机制，促进省内军民融合产业集约化和规模化发展的步伐。

第五，关于本省财政资金资助形成的科技成果的自主转化。在科技成果转化中，具有转化意愿与转化能力的主体是转化的关键要素。为了更为有效地督促权利主体实现科技成果的自主转化，《条例（草案）》第二十三条：

鼓励高等院校、研究开发机构等单位积极转化利用本省财政资金资助形成的科技成果，依法扩大了享有自主转化权的主体的范围，使成果转化主体不再受单位性质限制；

高等院校、研究开发机构等单位，自项目完成之日起一年内未实施转化的，在不变更职务科技成果权属的前提下，允许科技成果完成人或者参加人可以与本单位签订协议实施转化，依法充分保障了科技人员在科技成果转化中应有的权利；

自项目完成之日起二年内，项目承担单位、科技成果完成人或参加人无正当理由不实施转化的，由国有资产管理或者其他部门按照挂牌交易、拍卖等方式组织实施转化。为第三人参与本省财政资金资助形成的科技成果转化提供了可能性。

第六，关于科技成果转化的奖励与报酬。

《条例（草案）》第二十四条鼓励科技成果完成单位在实施科技成果转化时，规定或者与科技人员约定科技成果转化奖励和报酬的方式、数额。一方面，本条第一款的修改旨在督促科技成果完成单位，积极制定或者主动与科技人员约定更加符合本单位特点及实际需求的奖励与报酬方法；另一方面，对于没有明确规定与约定的，本条第二款的修改则旨在进一步依法对完成、转化职务科技成果作出重要贡献的人员给予的奖励和报酬进行立法引导。

《条例（草案）》第二十四条第二款贯彻了中共中央办公厅、国务院办公厅《关于实行以增加知识价值为导向分配政策的若干意见》精神，借鉴了各省、市在先试先行中提高给予空间人员奖励和报酬标准的做法与规定，结合本省实践需求，汲取了《陕西省促进科技成果转化若干规定（试行）》中“提高科技人员职务科技成果转化收益比例”的规定，在《中华人民共和国促进科技成果转化法》第四十五条的基础之上对奖励和报酬的标准做了适当比例的提高，在本条中规定“将该项职务科技成果转让、许可给他人实施的，从该项科技成果转让净收入或者许可净收入中提取不低于百分之九十的比例；利用该项职务科技成果作价投资的，从该项科技成果形成的股份或者出资比例中提取不低于百分之八十的比例”。国家设立的高等院校、研究开发机构规定或者与科技人员约定奖励和报酬的方式和数额，法律法规另有规定的，从其规定；其他单位规定或者与科技人员约定奖励和报酬的方式和数额，法律法规另有规定的，从其规定，没有规定的，可自主决定。

第七，关于科技成果转化的单位与人员激励机制。

考核和监督，是促进高等院校、研究开发机构科技成果转化的重要保障。只有将促进科技成果转化的权利与义务纳入单位的考核评价体系。因此，《条例（草案）》第二十五条第一、第二款规定“县级以上人民政府及其科学技术行政部门对在科技成果转化中做出突出贡献的单位和个人，应当给予表彰奖励。政府设立的高等院校、研究开发机构的主管部门以及科学技术、财政、人力资源和社会保障等相关行政部门和国有企业应当建立有利于促进科技成果转化的考核评价体系，将科技成果转化情况作为对相关单位及人员评价、科研资金支持的重要内容和依据之一，并对科技成果转化成绩突出的相关单位及人员加大科研资金支持”，并且，在第三款中强调“省人力资源与社会保障部门应当会同有关部门建立健全科学技术人员分类评价制度，优化专业技术职称评定办法”。希望借助法规引导，最终实现陕西省构建有国际竞争力的人才制度优势，以“高精尖缺”为导向提高人才质量，优化人才结构，营造良好的人才发展环境，加快人才强省的建设步伐。

三、修订对照表（见表 6-2）

表 6-2 《陕西省促进科技成果转化条例》修订草案第二版修订对照表

陕西省促进科技成果转化条例 （2010 年修正本）	陕西省促进科技成果转化条例 （修订草案） 2016 年 11 月 30 日
（2005 年 9 月 29 日陕西省第十届人民代表大会常务委员会第二十一次会议通过 2005 年 9 月 30 日陕西省人民代表大会常务委员会公告第 44 号公布根据 2010 年 5 月 27 日陕西省第十一届人民代表大会常务委员会第十四次会议通过 2010 年 5 月 27 日陕西省第十一届人民代表大会常务委员会公告第 28 号公布自公布之日起施行的《陕西省人民代表大会常务委员会关于修改部分地方性法规的决定》修正）	—
第一条 为促进科技成果转化为现实生产力，推动经济和社会的全面、协调、可持续发展，根据《中华人民共和国促进科技成果转化法》和有关法律、行政法规，结合本省实际，制定本条例。	**第一条** 为促进科技成果转化为现实生产力，推动经济和社会的全面、协调、可持续发展，根据《中华人民共和国促进科技成果转化法》和有关法律、行政法规，结合本省实际，制定本条例。
第二条 本条例适用于在本省行政区域内的科技成果转化及其管理活动。	**第二条** 本条例适用于在本省行政区域内的**科技成果转化活动**。

续表

陕西省促进科技成果转化条例 （2010 年修正本）	陕西省促进科技成果转化条例 （修订草案） 2016 年 11 月 30 日
第三条　本条例所称科技成果转化，是指为提高生产力水平对科技成果进行的后续试验、开发、应用、推广、转让、引进直至形成新产品、新工艺、新产业等活动。	**第三条　本条例所称科技成果，是指通过科学研究与技术开发所产生的具有实用价值的成果。** **本条例所称职务科技成果，是指执行高等院校、研究开发机构和企业等单位的工作任务，或者主要是利用上述单位的物质技术条件所完成的科技成果。** 本条例所称科技成果转化，是指为提高生产力水平而对科技成果所进行的后续试验、开发、应用、推广直至形成**新技术**、新工艺、**新材料**、新产品，**发展**新产业等活动。
第四条　促进科技成果转化，应当遵循市场主导与政府扶持相结合、自主创新与引进创新相结合、发展高新技术产业与改造提升传统产业相结合的原则。	第四条　科技成果转化活动应当**有利于加快实施创新驱动发展战略，促进科技与经济的结合，有利于提高经济效益、社会效益和保护环境、合理利用资源，有利于促进经济建设、社会发展和维护国家安全。** 科技成果转化活动应当**尊重市场规律，发挥企业的主体作用，遵循自愿、互利、公平、诚实信用的原则，依照法律法规规定和合同约定，享有权益，承担风险。依法对科技成果转化活动中的知识产权实施保护。** 科技成果转化活动应当遵守法律法规，维护国家利益，不得损害社会公共利益和**他人合法权益**。
第五条　科技成果转化活动应当遵守法律、法规，保守国家秘密，维护国家利益和社会公共利益。 科技成果转化活动中形成的知识产权及其利益受法律保护，任何单位和个人不得侵占他人科技成果，侵犯他人商业秘密。	修改后合并入第四条
第六条　县级以上人民政府应当加强对科技成果转化工作的领导，将科技成果转化工作纳入国民经济和社会发展计划，及时协调解决科技成果转化工作中的重大问题。 县级以上人民政府科学技术行政部门负责本行政区域内的科技成果转化指导、管理和监督工作。 县级以上人民政府发展改革、财政、税务、教育、人事、工商行政管理、知识产权和其他有关行政部门在各自职责范围内，做好与科技成果转化有关的工作。	第五条　县级以上人民政府应当加强对科技成果转化工作的领导，将科技成果转化工作纳入国民经济和社会发展计划，**建立健全科技成果转化体制机制。** **第六条**　县级以上人民政府科学技术行政部门**负责管理、指导和协调本行政区域内的科技成果转化工作。** **县级以上人民政府其他有关部门在各自的职责范围内，负责促进科技成果转化的相关工作。**

续表

陕西省促进科技成果转化条例 （2010 年修正本）	陕西省促进科技成果转化条例 （修订草案） 2016 年 11 月 30 日
第七条　县级以上科学技术行政部门应当会同有关行政部门，根据国家产业政策以及本行政区域国民经济与社会发展规划，制订科技成果转化计划，适时发布科技成果目录和重点科技成果转化项目供求信息。	第七条　县级以上**人民政府**科学技术行政部门应当会同有关部门，根据国家产业政策以及本行政区域国民经济与社会发展计划，制定**相关科技规划和计划。编制科技成果目录和重点科技成果转化项目指南时，应当征求高等院校、研究开发机构及相关行业、企业的意见，并适时发布科技成果目录和重点科技成果转化项目供求信息。**
	第八条　县级以上人民政府科学技术行政部门及有关部门组织实施财政资金设立的应用类项目，应当明确项目承担者的科技成果转化义务，并将科技成果转化作为立项和验收的重要内容和依据。
第八条　县级以上人民政府应当将科技成果转化的扶持资金纳入本级财政预算，主要用作科技成果转化的引导资金、贷款贴息、补助资金和风险投资以及其他促进科技成果转化的资金。 省、设区的市人民政府和本省的国家级高新技术产业开发区、农业高新技术产业示范区、经济技术开发区的管理机构以及有条件的县（市、区）应当设立科技成果转化专项资金，主要用于支持重大科技成果转化及其产业化项目以及为科技成果转化服务的中间试验示范基地、工程技术（研究）中心、科技企业孵化组织、科技信息网络、农业技术推广服务体系的建设。对具有自主知识产权或者在本省首次实施转化的项目，应当优先支持。 省、设区的市人民政府和本省的国家级高新技术产业开发区、农业高新技术产业示范区、经济技术开发区用于固定资产投资、技术改造和农业发展的财政资金，应当有一定比例用于科技成果转化。	**第九条**　县级以上人民政府应当将科技成果转化的扶持资金纳入本级财政预算，主要用作科技成果转化的引导资金、贷款贴息、补助资金和风险投资以及其他促进科技成果转化的资金。 省、设区的市人民政府和本省的**国家级新区**、国家级高新技术产业开发区、农业高新技术产业示范区、经济技术开发区的管理机构以及有条件的县（市、区）应当设立科技成果转化专项资金，支持重大科技成果转化及其产业化项目以及为科技成果转化服务的中间试验示范基地、工程技术（研究）中心、科技企业孵化**机构**、科技信息网络、农业技术推广服务体系的建设。对具有自主知识产权或者在本省首次实施转化的项目，应当优先支持。 省、设区的市人民政府和本省的**国家级新区**、国家级高新技术产业开发区、农业高新技术产业示范区、经济技术开发区用于固定资产投资、技术改造和农业发展的财政资金，应当有一定比例用于**促进**科技成果转化。

续表

陕西省促进科技成果转化条例（2010 年修正本）	陕西省促进科技成果转化条例（修订草案）2016 年 11 月 30 日
第九条　高新技术产业开发区、经济技术开发区、高技术产业基地，应当采取措施，加快体制创新、机制创新，制定吸引优秀科技人员和经营管理者创新创业的优惠政策，增强为各类企业转化高新技术成果提供服务的功能，发挥在区域经济发展中的示范、辐射和带动作用。 农业高新技术产业示范区、农业科技示范园区和星火技术密集区应当结合实际，围绕农业产业结构调整和区域主导产业、特色产业，面向农民普及农业科技知识，推广农业先进适用技术，开展农业科技成果交流和人才培训、科技咨询、信息服务，培育、扶持为农业服务的企业，为农村经济发展和农民致富提供科技支持。	**第十条**　高新技术产业开发区、经济技术开发区、高技术产业基地，应当制定吸引优秀科技人员和经营管理者创新创业的优惠政策，**创新各类企业转化高新技术成果提供服务的机制**，发挥在区域经济发展中的示范、辐射和带动作用。 农业高新技术产业示范区、农业科技示范园区和星火技术密集区应当围绕农业产业结构调整和区域主导产业、特色产业，向农民普及农业科技知识，推广农业先进适用技术，开展农业科技成果交流和人才培训、科技咨询、信息服务，培育、扶持为农业服务的企业。
第十条　县级以上人民政府应当在规划、用地、财政等方面支持创办多种类型、多种所有制的科技企业孵化基地、大学科技园、生产力促进中心等科技企业孵化组织。科技企业孵化组织应当为科技人员创办企业提供技术信息、技术咨询、技术培训、技术开发、技术转让和投融资等服务。 经国家和本省科学技术行政部门认定的科技企业孵化组织，比照高新技术企业享受国家和本省有关优惠政策。	**第十一条**　县级以上人民政府应当在规划、用地、财政等方面支持创办多种类型、多种所有制的科技企业孵化基地、大学科技园、生产力促进中心等科技企业孵化**机构**。科技企业孵化**机构**应当为科技人员创办企业提供**孵化场地**，提供**技术开发、技术转让、技术咨询、技术服务、技术市场和科技信息等支持**。 经国家和本省科学技术行政部门认定的科技企业孵**化机构**，比照高新技术企业享受有关优惠政策。
第十一条　县级以上人民政府及其有关行政部门应当维护技术市场秩序，保护科技成果所有人的合法权益，为技术开发、技术转让、技术咨询、技术服务等技术交易活动创造有序的市场环境。 依法成立的技术产权交易机构，应当通过互联网、信息发布会、洽谈会、招标投标、拍卖等多种途径和方式，在技术产权转让、投资融资、项目推介引进、科技成果转化方面为科研机构、高等学校、企业和个人提供服务，提高科技成果转化的市场化水平。	**第十二条**　县级以上人民政府应当**培育和发展技术市场，鼓励创办科技中介服务机构，为技术交易提供交易场所和信息平台、信息加工与分析、评估、经纪等服务。** **科技中介服务机构提供服务，应当遵循公正、客观的原则，不得提供虚假的信息和证明，对其在服务过程中知悉的国家秘密和当事人的商业秘密负有保密义务。**

续表

陕西省促进科技成果转化条例 （2010年修正本）	陕西省促进科技成果转化条例 （修订草案） 2016年11月30日
	第十三条 省人民政府科学技术行政部门应该建立、完善科技报告制度和科技成果信息系统，向社会公布科技项目实施情况以及科技成果和相关知识产权信息，提供科技成果信息查询、筛选等公益服务。公布有关信息不得泄露国家秘密和商业秘密。对不予公布的信息，应当及时告知相关科技项目承担者。 **利用财政资金设立的科技项目的承担单位和完成人应当按照规定及时提交相关科技报告，并将科技成果和相关知识产权信息汇交到科技成果信息系统。** **县级以上人民政府鼓励利用非财政资金设立的科技项目的承担者提交相关科技报告，将科技成果和相关知识产权信息汇交到科技成果信息系统。县级以上人民政府负责相关工作的部门应当为其提供便利条件。**
第十二条 技术交易应当依法订立书面合同。技术合同订立后，技术合同的让与方、受托方或者取得收入的研究开发方在六十日内可以向技术合同认定登记机构申请认定登记。经技术合同认定登记机构对技术合同和技术性收入审核认定后，按照有关规定享受国家税收优惠政策。同一技术合同不得重复登记。 技术合同登记不得向合同当事人收取费用，认定登记工作所需经费由本级财政负担。 省科学技术行政部门负责全省技术合同认定登记工作的指导、管理和监督，根据实际需要，可以在设区的市、省级有关行政部门和国家级高新技术产业开发区、农业高新技术产业示范区、经济技术开发区，指定或者委托技术合同认定登记机构，具体办理技术合同认定登记工作。	第十四条 技术交易应当依法订立书面合同。技术合同订立后，技术合同的让与方、受托方或者取得收入的研究开发方在六十日内可以向技术合同认定登记机构申请认定登记。经技术合同认定登记机构对技术合同和技术性收入审核认定后，按照有关规定享受国家税收优惠政策。同一技术合同不得重复登记。 技术合同登记不得向合同当事人收取费用，认定登记工作所需经费由本级财政负担。 省科学技术行政部门负责全省技术合同认定登记工作的指导、管理和监督，根据实际需要，可以在设区的市、省级有关行政部门和国家级高新技术产业开发区、农业高新技术产业示范区、经济技术开发区，指定或者委托技术合同认定登记机构，具体办理技术合同认定登记工作。

续表

陕西省促进科技成果转化条例 （2010 年修正本）	陕西省促进科技成果转化条例 （修订草案） 2016 年 11 月 30 日
第十三条　鼓励境内外组织和个人在本省设立以促进科技成果转化为主要目的的创业投资机构。创业投资机构可以以全额资本进行投资。 创业投资机构包括创业投资企业和创业投资管理企业。创业投资企业是以直接股权投资为主营业务的非金融性企业；创业投资管理企业是受创业投资企业委托，代其投资、经营、管理，或者推荐、评估投资项目的企业。	第十五条　鼓励境内外组织和个人在本省设立以促进科技成果转化为主要目的的创业投资机构。创业投资机构可以以全额资本进行投资。 创业投资机构包括创业投资企业和创业投资管理企业。创业投资企业是以直接股权投资为主营业务的非金融性企业；创业投资管理企业是受创业投资企业委托，代其投资、经营、管理，或者推荐、评估投资项目的企业。
第十四条　创业投资企业向本省行政区域内的高新技术企业、科技型中小企业或者科技成果转化项目的累计投资总额，超过本公司总投资额百分之五十的，比照高新技术企业享受国家和本省的有关优惠政策。 创业投资企业每年度可按其向本省行政区域内的高新技术企业、科技型中小企业或者科技成果转化项目投资总额的百分之三提取风险准备金。风险准备金可以计入经营成本。 创业投资管理企业比照高新技术企业享受国家和本省的有关优惠政策。	第十六条　创业投资企业向本省行政区域内的高新技术企业、科技型中小企业或者科技成果转化项目的累计投资总额，超过本公司总投资额百分之五十的，比照高新技术企业享受国家和本省的有关优惠政策。 创业投资企业每年度可按其向本省行政区域内的高新技术企业、科技型中小企业或者科技成果转化项目投资总额的百分之三提取风险准备金。风险准备金可以计入经营成本。 创业投资管理企业比照高新技术企业享受国家和本省的有关优惠政策。
第十五条　金融机构应当根据国家和本省有关产业政策，增加对科技成果转化及产业化项目和科技型中小企业的贷款额度，对重大科技成果转化及其产业化项目，应当优先安排贷款。商标权、专利权等无形资产经法定评估机构评估后，依法可以作为贷款质押。 县级以上人民政府对支持科技成果转化及其产业化项目和科技型中小企业业绩突出的金融机构，应当给予奖励。	**第十七条　鼓励银行业金融机构在组织形式、管理机制、金融产品和服务等方面进行创新，开展知识产权质押贷款、股权质押贷款等业务，为科技成果转化提供金融支持。**

续表

陕西省促进科技成果转化条例 （2010年修正本）	陕西省促进科技成果转化条例 （修订草案） 2016年11月30日
第十六条　企业、科研机构、高等学校和其他事业单位以及个人可以以科技成果作价投资入股。科技成果作价所占比例，由当事人各方共同约定。 国有企业、科研机构、高等学校和其他事业单位所有的或者由政府出资完成的科技成果作价入股时，应当经法定评估机构评估。评估机构应当对评估结果的真实性负责。	**第十八条　财政资金资助形成的科技成果可以由高等院校、研究开发机构的项目完成人自主决定转让、许可、作价投资，但涉及国家安全和社会公共利益的除外。** **自主决定转让、许可、作价投资的，应当由高等院校、研究开发机构通过协议定价、在技术交易市场挂牌交易、拍卖等市场化方式确定价格。通过协议定价的，高等院校、研究开发机构应当授权项目完成人主持公开询价，谈判确定成交价格，并依照有关规定在本单位公示。**
第十七条　企业应当增加技术创新和科技成果转化的投入，国有大中型企业应当建立和完善技术开发体系，提高自主创新能力和核心竞争力。 高新技术企业年均研究开发经费投入所占年销售收入的比例应当符合国家有关规定。 企业对技术创新和科技成果转化的投入，享受国家促进企业技术进步的有关优惠政策。	**第十九条　国有**企业应当增加技术创新和科技成果转化的投入，**国有**大中型企业应当建立和完善技术开发体系，提高自主创新能力和核心竞争力。 高新技术企业年均研究开发经费投入所占年销售收入的比例应当符合国家有关规定。 企业对技术创新和科技成果转化的投入，享受国家促进企业技术进步的有关优惠政策。
第十八条　省、设区的市人民政府应当采取措施，支持军工企业、地方企业、科研机构、高等学校发挥技术优势、人才优势，参与重大科技项目和重大设备国产化项目的联合攻关，促进军民两用技术双向转移和其他科技资源军民共享，加快技术创新和科技成果转化，实现军工经济与地方经济协调发展。	**第二十条　县级以上人民政府应当采取措施，支持企业事业单位与军工单位发挥技术优势、人才优势，参与重大科技项目的联合攻关，促进军民两用技术双向转移和其他科技资源军民共享，加快技术创新和科技成果转化。**
第十九条　各级人民政府应当加强农业科技成果转化的投入，支持企业、科研机构、高等学校与农业技术推广机构、农业专业技术协会和农户建立互利合作的利益分配机制，加强农业先进适用技术的示范、推广、培训和普及，加速农业科技成果转化。	**第二十一条　县级以上人民政府**应当加强农业科技成果转化的投入，支持企业、**高等院校、研究开发机构**与农业技术推广机构、农业专业技术协会和农户建立互利合作的利益分配机制，加强农业先进适用技术的示范、推广、培训和普及，加速农业科技成果转化。

续表

陕西省促进科技成果转化条例 （2010 年修正本）	陕西省促进科技成果转化条例 （修订草案） 2016 年 11 月 30 日
第二十条　科技成果所有权人与其他单位或者个人合作进行科技成果转化的，应当依法签订合同，约定该科技成果转化过程中形成的新科技成果的权益归属。合同未作约定的，按照以下规定处理： （一）合作转化过程中未形成新科技成果的，该科技成果归原所有权人所有； （二）合作转化过程中形成的新科技成果归合作方共有，各方均有权实施转化； （三）转让在合作转化过程中形成的新科技成果的，应当经合作各方同意，各方均享有优先受让权。 实施政府科技计划项目所形成的科技成果，属于项目完成单位。国家另有规定或者科技计划项目主管部门与项目承担单位另有书面约定的除外。	**第二十二条　科技成果完成单位与其他单位合作进行科技成果转化的，应当依法由合同约定该科技成果有关权益的归属。合同未作约定的，按照下列原则办理： （一）在合作转化中无新的发明创造的，该科技成果的权益，归该科技成果完成单位； （二）在合作转化中产生新的发明创造的，该新发明创造的权益归合作各方共有； （三）对合作转化中产生的科技成果，各方都有实施该项科技成果的权利，转让该科技成果应经合作各方同意。**
第二十一条　国有企业、科研机构、高等学校和其他事业单位所有的或者由政府出资完成的非专利职务科技成果，成果鉴定通过一年后未实施转化的，成果完成人、参加人可以与本单位签订合同实施转化，并享有合同约定的权益。成果完成人、参加人提出实施转化的书面要求后，成果所有单位在六个月内不与其签订合同也未与其他单位和个人签订合同实施转化的，成果完成人、参加人可以向单位主管部门或者出资的人民政府有关行政部门提出书面申请，经批准后，可以自行实施职务科技成果转化并自转化获利之日起，连续三年提取净收入的百分之十至百分之二十返还本单位。	**第二十三条　利用本省财政资金资助形成的科技成果，高等院校、研究开发机构等单位，自项目完成之日起一年内未实施转化的，在不变更职务科技成果权属的前提下，科技成果完成人或者参加人可以与本单位签订协议实施转化；自项目完成之日起二年内，项目承担单位、科技成果完成人或参加人不实施转化的，由国有资产管理或者其他部门按照挂牌交易、拍卖等方式组织实施转化。**

续表

陕西省促进科技成果转化条例 （2010年修正本）	陕西省促进科技成果转化条例 （修订草案） 2016年11月30日
第二十二条　企业、科研机构、高等学校和其他事业单位转化职务科技成果，应当按照下列规定对科技成果完成人及其他为科技成果转化作出重要贡献的人员给予奖励： （一）以技术转让方式将职务科技成果转让他人实施的，从转让后的净收入中提取不低于百分之二十用于一次性奖励； （二）自行或者与他人合作转化科技成果的，在项目投产后三至五年内，每年从实施该项科技成果新增留利中提取不低于百分之五用于奖励； （三）采用股份形式的企业实施科技成果转化的，可以以不低于科技成果入股作价金额百分之二十的股权予以奖励。 对在研究开发和成果转化中做出主要贡献的人员的奖励份额，应当不低于奖励总额的百分之五十。 奖励总额超过技术转让净收入或者科技成果作价金额百分之五十，以及超过实施转化年净收入百分之二十的，由该单位职工代表大会或者其他法定决策机构讨论决定。	**第二十四条　科技成果完成单位实施科技成果转化的，可以规定或者与科技人员约定科技成果转化奖励和报酬的方式、数额。** **科技成果完成单位未规定、也未与科技人员约定奖励和报酬的方式和数额的，按照下列标准对完成、转化职务科技成果作出重要贡献的人员给予奖励和报酬：** **（一）将该项职务科技成果转让、许可给他人实施的，从该项科技成果转让净收入或者许可净收入中提取不低于百分之九十的比例；** **（二）利用该项职务科技成果作价投资的，从该项科技成果形成的股份或者出资比例中提取不低于百分之八十的比例；** **（三）将该项职务科技成果自行实施或者与他人合作实施的，应当在实施转化成功投产后连续三至五年，每年从实施该项科技成果的营业利润中提取不低于百分之五的比例。** **国有企业、事业单位依照本法规定对完成、转化职务科技成果作出重要贡献的人员给予奖励和报酬的支出计入当年本单位工资总额，但不受当年本单位工资总额限制、不纳入本单位工资总额基数。**
第二十三条　县级以上人民政府及其科学技术行政部门对在科技成果转化中做出突出贡献的单位和个人，应当给予表彰奖励。 企业、科研机构、高等学校和其他事业单位在专业技术职称评审时，应当将专业技术人员在科技成果转化中的贡献作为重要依据。	**第二十五条**　县级以上人民政府及其科学技术行政部门对在科技成果转化中做出突出贡献的单位和个人，应当给予表彰奖励。 **政府设立的高等院校、研究开发机构的主管部门以及科学技术、财政、人力资源和社会保障等相关行政部门和国有企业应当建立有利于促进科技成果转化的绩效考核评价体系，将科技成果转化情况作为对相关单位及人员评价、科研资金支持的重要内容和依据之一，并对科技成果转化成绩突出的相关单位及人员加大科研资金支持。** **省人力资源与社会保障行政部门应当会同有关部门建立健全科学技术人员分类评价制度，优化专业技术职称评定办法。**
	第二十六条　违反本条例规定的行为，法律、行政法规已有法律责任规定的，从其规定。

续表

陕西省促进科技成果转化条例 （2010年修正本）	陕西省促进科技成果转化条例 （修订草案） 2016年11月30日
	第二十七条　利用财政资金设立的科技项目的承担者未依照本法规定提交科技报告、汇交科技成果和相关知识产权信息的，由项目管理部门予以通报批评，责令改正；情节严重的，禁止其在三年内承担利用财政资金设立的科技项目。
第二十四条　违反本条例规定，有下列情形之一的，由县级以上科学技术行政部门或者其他有关行政部门在其职权范围内依法予以警告，有违法所得的，没收违法所得，并处五千元以上三万元以下罚款；没有违法所得的，处二千元以上五千元以下罚款。给他人造成经济损失的，依法承担民事责任；构成犯罪的，依法追究刑事责任： （一）弄虚作假骗取奖励、荣誉称号、获取非法利益的； （二）科技成果检测、评估机构故意提供虚假检测结果或者评估证明的； （三）侵占他人科技成果，侵犯他人商业秘密的； （四）技术交易中介机构欺骗委托人或者与当事人一方串通欺骗另一方当事人的。 有前款第（一）项情形的，除依照前款规定处罚外，由授予单位撤销已获得的奖励和荣誉称号，追缴有关款项；有前款第（二）项、第（四）项情形的，除依照前款规定处罚外，情节严重的，依法吊销营业执照或者资格证书。	**第二十八条　在科技成果转化活动中弄虚作假，骗取奖励和荣誉、非法牟利的，由政府有关部门依照管理职责责令改正，取消该奖励和荣誉，没收违法所得，并对个人处以二千元以上一万元以下罚款；对单位处以二万元以上十万元以下罚款。给他人造成经济损失的，依法承担民事赔偿责任。构成犯罪的，依法追究刑事责任。**
第二十五条　依照本条例规定，科学技术行政部门和有关行政部门作出二万元以上罚款处罚决定的，当事人有权要求听证。	删除
	第二十九条　科技服务机构及其从业人员违反本条例规定，故意提供虚假的信息、实验结果或者评估意见等欺骗当事人，或者与当事人一方串通欺骗另一方当事人的，由政府有关部门依照管理职责责令改正，没收违法所得，并处以五千元以上三万元以下罚款；情节严重的，由工商行政管理部门依法吊销营业执照。给他人造成经济损失的，依法承担民事赔偿责任；构成犯罪的，依法追究刑事责任。

续表

陕西省促进科技成果转化条例 （2010年修正本）	陕西省促进科技成果转化条例 （修订草案） 2016年11月30日
第二十六条　县级以上科学技术行政部门、有关行政部门及其工作人员在科技成果转化活动中滥用职权、玩忽职守、徇私舞弊的，依法给予行政处分；构成犯罪的，依法追究刑事责任。	删除
	第三十条　违反本条例规定，以唆使窃取、利诱胁迫等手段侵占他人的科技成果，侵犯他人合法权益的，依法承担民事赔偿责任，可以处以五千元以上三万元以下罚款；构成犯罪的，依法追究刑事责任。
第二十七条　本条例自2005年12月1日起施行。	**第三十一条　本条例自　年　月　日起施行。**

第四节　《陕西省促进科技成果转化条例》修订草案第三版及论证

为贯彻落实《促进科技成果转化法》的实施，修改《陕西省促进科技成果转化条例》，陕西省人大教科文卫委员会于2017年3月7日，组织西安交通大学、西安工业大学、西安理工大学、陕西师范大学、陕西省行政学院等单位相关人员进行座谈，对《陕西省促进科技成果转化条例（修订草案）》提出意见、建议，并进行研讨。西安交通大学知识产权研究中心主任马治国教授和陕西省行政学院副教授、西安交通大学博士研究生翟晓舟联合提出了对《陕西省促进科技成果转化条例（修订草案）》的修改意见。本次修改涉及7处内容，合计修改了4个条文，新增加了3个条文。分别就协议定价的主体、协议定价在本单位的公示期、军民融合、科技成果完成人与单位的协议转化不成的处理、奖励及报酬支付的期限、免除股权注册登记及变更的申报审批程序、领导干部的奖励方法、容错机制等问题进行了更为细致和深入的说明。

一、修改意见

本次修改涉及7处内容，合计修改了4个条文，新增加了3个条文。分别就协议定价的主体、协议定价在本单位的公示期、军民融合、科技成果完成人与单位的协议转化不成的处理、奖励及报酬支付的期限、免除股权注册登记及变更的申报审批程序、领导干部的奖励方法、容错机制等问题进行了更为细致和深入的说明。

第一，修改第十七条，将第二款修改为：自主决定转让、许可、作价投资应当通过协议定价、在技术交易市场挂牌交易、拍卖等市场化方式确定价格。通过协议定价的，由研发团队主持公开询价，谈判确定成交价格，无须经过单位审批，但应在本单位公示不少于十五日。单位应当明确并公开异议处理程序和办法。

依据为：在符合法律的前提下，有效地促进了成果处置权向科研人员延伸，将进一步激励科研人员在科技成果转化中的积极性。同时，在延伸《实施〈中华人民共和国促进科技成果转化法〉若干规定》中建立高校、科研机构等单位自主处置权操作规范的基础之上，对高校、科研机构等单位自主处置权进行了细化规定。

第二，修改第十九条促进军民融合，将第十九条第一款修改为：省人民政府应当采取措施，以国家知识产权运营公共服务平台军民融合特色试点平台为依托，建立军民融合信息交流共享平台，支持企业事业单位与军工单位发挥技术优势、人才优势，参与重大科技项目的联合攻关，促进军民两用技术双向转移和其他科技资源军民共享，加快技术创新和科技成果转化；在第十九条增加一款作为第二款，内容为：省人民政府鼓励和支持符合条件的企业事业单位与军工单位合作或者独立承担武器装备科学技术研究、开发、生产等任务。维护军品市场竞争秩序，营造公开公平公正的竞争环境。

依据为：陕西拥有全国唯一的“国家知识产权运营军民融合特色试点平台”建设实践与陕西省十三五规划。

第三，修改第二十二条财政资金科技成果转化要求，在第一款增加：单位在科技成果完成人或者参加人提出签订科技成果转化协议之日起三个月内无正当理由不与其签订协议的，科技成果完成人或者参加人可自行组织实施转化。

依据为：细化科技成果转化协议制度，避免由于单位与成果完成人、参与人难以就转化达成协议而阻碍科技成果转化的情况出现。

第四，修改第二十三条职务科技成果转化奖励，在第二十三条增加一款作为第二十三条第四款，内容为：本条第二款所称净收入是指科技成果技术合同成交额扣除完成交易发生的直接成本，包括评估费用、谈判费用、专利申请和维持等费用及税金等。

依据为：细化科技成果完成单位奖励制度，明确奖励时限，推动科技成果转化奖励的依法落实。

第五，在第二十三条之后增加一条，为第二十四条（原条文序号调整），内容为：第二十四条［担任领导职务的科技人员的奖励］国家设立的研究开发机构、高等院校等事业单位（不含内设机构）的正职领导，以及上述事业单位所属具有独立法人资格单位的正职领导，是科技成果的主要完成人或者对科技成果转化作出重要贡献的，可以依照本条例获得现金奖励。其他担任领导职务的科技人员，是科技成果的主要完成人或者对科技成果转化作出重要贡献的，可以依照本条例获得现金、股份或者出资比例等奖励和报酬。

依据为：国务院关于印发实施《中华人民共和国促进科技成果转化法》若干规定、中办国办印发《关于实行以增加知识价值为导向分配政策的若干意见》。

第六，在第二十三条之后再增加一条，为第二十五条（两款）（原条文序号调整），内容为：第二十五条［奖励和报酬的支付时限与方式］科技成果完成单位应当按照规定或者约定的时限完成对成果完成人或者参加人的奖励和报酬支付。科技成果完成单位未规定或者未约定时限的，以转让、许可等方式转化科技成果取得转化收入的，应当在取得收入之日起六十日内对成果完成人或者参加人支付奖励和报酬；以作价入股方式转化科技成果取得股权的，应当在股权登记或变更时，完成对成果完成人或参加人的股权奖励；

以科技成果作价入股作为对科技人员的奖励涉及股权注册登记及变更的，无须报科研机构、高校的主管部门审批。

依据为：中办国办印发《关于实行以增加知识价值为导向分配政策的若干意见》。

第七，在原第二十四条（调整后第二十六条）之后增加一条为第二十七条（原条文序号调整），内容为：第二十七条［勤勉尽责制度］高等院校、科学技术研究开发机构通过协议定价、技术交易市场挂牌交易、拍卖等方式确定科技成果价格，单位负责人已履行勤勉尽责义务且没有非法牟利的，不承担科技成果转化后价格变化的责任。

依据为：国务院关于印发实施《中华人民共和国促进科技成果转化法》若干规定、中办国办印发《关于实行以增加知识价值为导向分配政策的若干意见》。

二、修订意见对照表（见表 6-3）

表 6-3 《陕西省促进科技成果转化条例》修订草案第三版修订意见对照表

（修订草案稿）原条文	修改意见	修改依据
第十七条［财政资金科技成果转化方式］财政资金资助形成的科技成果可以由高等院校、研究开发机构的项目完成人自主决定转让、许可、作价投资，但涉及国家安全和社会公共利益的除外。 自主决定转让、许可、作价投资的，应当由高等院校、研究开发机构通过协议定价、在技术交易市场挂牌交易、拍卖等市场化方式确定价格。通过协议定价的，高等院校、研究开发机构应当公开询价，谈判确定成交价格，并征得项目完成人同意，依照有关规定在本单位公示。	第十七条［财政资金科技成果转化方式］财政资金资助形成的科技成果可以由高等院校、研究开发机构的项目完成人自主决定转让、许可、作价投资，但涉及国家安全和社会公共利益的除外。 自主决定转让、许可、作价投资**应当通过协议定价、在技术交易市场挂牌交易、拍卖等市场化方式确定价格。通过协议定价的，由研发团队主持公开询价，谈判确定成交价格，无须经过单位审批，但应在本单位公示不少于十五日。单位应当明确并公开异议处理程序和办法。**	1. 此处修订在符合法律的前提下，有效地促进了成果处置权向科研人员延伸，将进一步激励科研人员在科技成果转化中的积极性。 2.《实施〈中华人民共和国促进科技成果转化法〉若干规定》（三）国家设立的研究开发机构、高等院校对其持有的科技成果，应当通过协议定价、在技术交易市场挂牌交易、拍卖等市场化方式确定价格。协议定价的，科技成果持有单位应当在本单位公示科技成果名称和拟交易价格，公示时间不少于 15 日。单位应当明确并公开异议处理程序和办法。
第十九条［促进军民融合］县级以上人民政府应当采取措施，支持企业事业单位与军工单位发挥技术优势、人才优势，参与重大科技项目的联合攻关，促进军民两用技术双向转移和其他科技资源军民共享，加快技术创新和科技成果转化。	第十九条［促进军民融合］省人民政府应当采取措施，**以国家知识产权运营公共服务平台军民融合特色试点平台为依托，建立军民融合信息交流共享平台，**支持企业事业单位与军工单位发挥技术优势、人才优势，参与重大科技项目的联合攻关，促进军民两用技术双向转移和其他科技资源军民共享，加快技术创新和科技成果转化。 **省人民政府鼓励和支持符合条件的企业事业单位与军工单位合作或者独立承担武器装备科学技术研究、开发、生产等任务。维护军品市场竞争秩序，营造公开公平公正的竞争环境。**	陕西拥有全国唯一的"国家知识产权运营军民融合特色试点平台"，陕西省十三五规划提出"推动军民资源开放共享；深化和扩大'民参军'，组建 10 个军民融合产业联盟，培育发展一批'民参军'专业化配套企业。推动有条件的军工单位与在陕高校和研究机构共建军民两用重点实验室、中试基地、工程中心，建设 100 个军民兼容技术支撑平台"。因此，本修改旨在建立一套具有特色的军民融合科技创新体制机制，探索出符合实际的军地科技成果双向转化模式，进一步完善军民融合科技创新服务体系，形成一批有重要影响力的军民融合产业集群。

续表

（修订草案稿）原条文	修改意见	修改依据
第二十二条［财政资金科技成果转化要求］利用本省财政资金资助形成的科技成果，高等院校、研究开发机构等单位自项目完成之日起一年内未实施转化的，在不变更职务科技成果权益归属的前提下，科技成果完成人或者参加人可以与本单位签订协议实施转化；自项目完成之日起二年内，项目承担单位、科技成果完成人或者参加人不实施转化的，由国有资产管理或者其他部门按照挂牌交易、拍卖等方式组织实施转化。	第二十二条［财政资金科技成果转化要求］利用本省财政资金资助形成的科技成果，高等院校、研究开发机构等单位自项目完成之日起一年内未实施转化的，在不变更职务科技成果权益归属的前提下，科技成果完成人或者参加人可以与本单位签订协议实施转化，**单位在科技成果完成人或者参加人提出签订科技成果转化协议之日起三个月内无正当理由不与其签订协议的，科技成果完成人或者参加人可自行组织实施转化**；自项目完成之日起二年内，项目承担单位、科技成果完成人或者参加人不实施转化的，由国有资产管理或者其他部门按照挂牌交易、拍卖等方式组织实施转化。	细化科技成果转化协议制度，避免由于单位与成果完成人、参与人难以就转化达成协议而阻碍科技成果转化的情况出现。
第二十三条［职务科技成果转化奖励］科技成果完成单位实施科技成果转化的，可以规定或者与科技人员约定科技成果转化奖励和报酬的方式、数额。 科技成果完成单位未规定、也未与科技人员约定奖励和报酬的方式和数额的，按照下列标准对完成、转化职务科技成果作出重要贡献的人员给予奖励和报酬： （一）将该项职务科技成果转让、许可给他人实施的，从该项科技成果转让净收入或者许可净收入中提取不低于百分之九十的比例； （二）利用该项职务科技成果作价投资的，从该项科技成果形成的股份或者出资比例中提取不低于百分之八十的比例；	第二十三条［职务科技成果转化奖励］科技成果完成单位实施科技成果转化的，可以规定或者与科技人员约定科技成果转化奖励和报酬的方式、数额。 科技成果完成单位未规定、也未与科技人员约定奖励和报酬的方式和数额的，按照下列标准对完成、转化职务科技成果作出重要贡献的人员给予奖励和报酬： （一）将该项职务科技成果转让、许可给他人实施的，从该项科技成果转让净收入或者许可净收入中提取不低于百分之九十的比例； （二）利用该项职务科技成果作价投资的，从该项科技成果形成的股份或者出资比例中提取不低于百分之八十的比例；	明确高校、科研机构科技成果转化净收入的计算基准。

续表

（修订草案稿）原条文	修改意见	修改依据
（三）将该项职务科技成果自行实施或者与他人合作实施的，应当在实施转化成功投产后连续三至五年，每年从实施该项科技成果的营业利润中提取不低于百分之五的比例。 国有企业、事业单位依照本条例规定对完成、转化职务科技成果作出重要贡献的人员给予奖励和报酬的支出计入当年本单位工资总额，但不受当年本单位工资总额限制、不纳入本单位工资总额基数。	国有企业、事业单位依照本条例规定对完成、转化职务科技成果作出重要贡献的人员给予奖励和报酬的支出计入当年本单位工资总额，但不受当年本单位工资总额限制、不纳入本单位工资总额基数。 本条第二款所称净收入是指科技成果技术合同成交额扣除完成交易发生的直接成本，包括评估费用、谈判费用、专利申请和维持等费用及税金等。	（三）将该项职务科技成果自行实施或者与他人合作实施的，应当在实施转化成功投产后连续三至五年，每年从实施该项科技成果的营业利润中提取不低于百分之五的比例。 国有企业、事业单位依照本条例规定对完成、转化职务科技成果作出重要贡献的人员给予奖励和报酬的支出计入当年本单位工资总额，但不受当年本单位工资总额限制、不纳入本单位工资总额基数。 本条第二款所称净收入是指科技成果技术合同成交额扣除完成交易发生的直接成本，包括评估费用、谈判费用、专利申请和维持等费用及税金等。
原二十三条后增加一条	**第二十四条**［担任领导职务的科技人员的奖励］国家设立的研究开发机构、高等院校等事业单位（不含内设机构）的正职领导，以及上述事业单位所属具有独立法人资格单位的正职领导，是科技成果的主要完成人或者对科技成果转化作出重要贡献的，可以依照本条例获得现金奖励。其他担任领导职务的科技人员，是科技成果的主要完成人或者对科技成果转化作出重要贡献的，可以依照本条例获得现金、股份或者出资比例等奖励和报酬。	国务院关于印发实施《中华人民共和国促进科技成果转化法》若干规定（八）对于担任领导职务的科技人员获得科技成果转化奖励，按照分类管理的原则执行： 1. 国务院部门、单位和各地方所属研究开发机构、高等院校等事业单位（不含内设机构）正职领导，以及上述事业单位所属具有独立法人资格单位的正职领导，是科技成果的主要完成人或者对科技成果转化作出重要贡献的，可以按照促进科技成果转化法的规定获得现金奖励，原则上不得获取股权激励。其他担任领导职务的科技人员，是科技成果的主要完成人或者对科技成果转化作出重要贡献的，可以按照促进科技成果转化法的规定获得现金、股份或者出资比例等奖励和

续表

（修订草案稿）原条文	修改意见	修改依据
		报酬。 2. 对担任领导职务的科技人员的科技成果转化收益分配实行公开公示制度，不得利用职权侵占他人科技成果转化收益。
原二十三条后再增加一条	第二十五条［奖励和报酬的支付时限与方式］科技成果完成单位应当按照规定或者约定的时限完成对成果完成人或者参加人的奖励和报酬支付。 科技成果完成单位未规定或者未约定时限的，以转让、许可等方式转化科技成果取得转化收入的，应当在取得收入之日起六十日内对成果完成人或者参加人支付奖励和报酬；以作价入股方式转化科技成果取得股权的，应当在股权登记或变更时，完成对成果完成人或参加人的股权奖励。 以科技成果作价入股作为对科技人员的奖励涉及股权注册登记及变更的，无须报科研机构、高校的主管部门审批。	1. 细化科技成果完成单位奖励制度，明确奖励时限，推动科技成果转化奖励的依法落实。 2. 中办国办印发《关于实行以增加知识价值为导向分配政策的若干意见》五、加强科技成果产权对科研人员的长期激励（一）强化科研机构、高校履行科技成果转化长期激励的法人责任。坚持长期产权激励与现金奖励并举，探索对科研人员实施股权、期权和分红激励，加大在专利权、著作权、植物新品种权、集成电路布图设计专有权等知识产权及科技成果转化形成的股权、岗位分红权等方面的激励力度。科研机构、高校应建立健全科技成果转化内部管理与奖励制度，自主决定科技成果转化收益分配和奖励方案，单位负责人和相关责任人按照《中华人民共和国促进科技成果转化法》及《实施〈中华人民共和国促进科技成果转化法〉若干规定》予以免责，构建对科技人员的股权激励等中长期激励机制。以科技成果作价入股作为对科技人员的奖励涉及股权注册登记及变更的，无须报科研机构、高校的主管部门审批。加快出台科研机构、高校以科技成果作价入股方式投资未上市中小企业形成的国有股，在企业上市时豁免向全国社会保障基金转持的政策。

续表

（修订草案稿）原条文	修改意见	修改依据
原二十四条后增加一条	第二十七条［勤勉尽责制度］高等院校、科学技术研究开发机构通过协议定价、技术交易市场挂牌交易、拍卖等方式确定科技成果价格，单位负责人已履行勤勉尽责义务且没有非法牟利的，不承担科技成果转化后价格变化的责任。	《实施〈中华人民共和国促进科技成果转化法〉若干规定》（十）科技成果转化过程中，通过技术交易市场挂牌交易、拍卖等方式确定价格的，或者通过协议定价并在本单位及技术交易市场公示拟交易价格的，单位领导在履行勤勉尽责义务、没有牟取非法利益的前提下，免除其在科技成果定价中因科技成果转化后续价值变化产生的决策责任。 中办国办印发《关于实行以增加知识价值为导向分配政策的若干意见》五、加强科技成果产权对科研人员的长期激励（一）强化科研机构、高校履行科技成果转化长期激励的法人责任。坚持长期产权激励与现金奖励并举，探索对科研人员实施股权、期权和分红激励，加大在专利权、著作权、植物新品种权、集成电路布图设计专有权等知识产权及科技成果转化形成的股权、岗位分红权等方面的激励力度。科研机构、高校应建立健全科技成果转化内部管理与奖励制度，自主决定科技成果转化收益分配和奖励方案，单位负责人和相关责任人按照《中华人民共和国促进科技成果转化法》及《实施〈中华人民共和国促进科技成果转化法〉若干规定》予以免责，构建对科技人员的股权激励等中长期激励机制。

三、《陕西省促进科技成果转化条例》修订草案（含修改意见）

第一条［立法目的］为了促进科技成果转化为现实生产力，推动经济和社会的全面、协调、可持续发展，根据《中华人民共和国促进科技成果转化法》和有关法律、行政法规，结合本省实际，制定本条例。

第二条［用语解释］本条例所称科技成果，是指通过科学研究与技术开发所产生的具有实用价值的成果。

本条例所称职务科技成果，是指执行高等院校、研究开发机构和企业等单位的工作任务，或者主要是利用上述单位的物质技术条件所完成的科技成果。

本条例所称科技成果转化，是指为提高生产力水平而对科技成果所进行的后续试验、开发、应用、推广直至形成新技术、新工艺、新材料、新产品，发展新产业等活动。

第三条［转化原则］科技成果转化活动应当有利于加快实施创新驱动发展战略，促进科技与经济的结合，有利于提高经济效益、社会效益和保护环境、合理利用资源，有利于促进经济建设、社会发展和维护国家安全。

科技成果转化活动应当尊重市场规律，发挥企业的主体作用，遵循自愿、互利、公平、诚实信用的原则，依照法律法规规定和合同约定，享有权益，承担风险。依法对科技成果转化活动中的知识产权实施保护。

科技成果转化活动应当遵守法律法规，维护国家利益，不得损害社会公共利益和他人合法权益。

第四条［政府职责］县级以上人民政府应当加强对科技成果转化工作的领导，将科技成果转化工作纳入国民经济和社会发展计划，建立健全科技成果转化机制。

第五条［部门职责］县级以上人民政府科学技术行政部门负责管理、指导和协调本行政区域内的科技成果转化工作。

县级以上人民政府其他有关部门在各自的职责范围内，负责促进科技成果转化的相关工作。

第六条［发展计划］县级以上人民政府科学技术行政部门应当会同有关部门，根据国家产业政策以及本行政区域国民经济与社会发展计划，制定相关科技规划和计划。编制科技成果目录和重点科技成果转化项目指南时，应当征求高等院校、研究开发机构及相关行业、企业的意见，并适时发布科技成果目录和重点科技成果转化项目供求信息。

第七条［财政支持项目规定］县级以上人民政府科学技术行政部门及其有关部门组织实施财政资金设立的应用类项目，应当明确项目承担者的科技成果转化义务，并将科技成果转化作为立项和验收的重要内容和依据。

第八条［扶持资金］县级以上人民政府应当将科技成果转化的扶持资金纳入本级财政预算，主要用作科技成果转化的引导资金、贷款贴息、补助资金和风险投资以及其他促进科技成果转化的资金。

省、设区的市人民政府和本省的国家级新区、国家级高新技术产业开发区、农业高新技术产业示范区、经济技术开发区的管理机构以及有条件的县（市、区）应当设立科技成果转化专项资金，支持重大科技成果转化及其产业化项目以及为科技成果转化服务的中间试验示范基地、工程技术（研究）中心、科技企业孵化机构、科技信息网络、农业技术推广服务体系的建设。对具有自主知识产权或者在本省首次实施转化的项目，应当优先支持。

省、设区的市人民政府和本省的国家级新区、国家级高新技术产业开发区、农业高新技术产业示范区、经济技术开发区用于固定资产投资、技术改造和农业发展的财政资金，应当有一定比例用于促进科技成果转化。

第九条［园区责任］高新技术产业开发区、经济技术开发区、高技术产业基地，应当制定吸引优秀科技人员和经营管理者创新创业的优惠政策，创新各类企业转化高新技术成果提供服务的机制，发挥在区域经济发展中的示范、辐射和带动作用。

农业高新技术产业示范区、农业科技示范园区和星火技术密集区应当围绕农业产业结构调整和区域主导产业、特色产业，向农民普及农业科技知识，推广农业先进适用技术，开展农业科技成果交流和人才培训、科技咨询、信息服务，培育、扶持为农业服务的企业。

第十条［孵化机构］县级以上人民政府应当在规划、用地、财政等方面支持创办多种类型、多种所有制的科技企业孵化基地、大学科技园、生产力促进中心等科技企业孵化机构。科技企业孵化机构应当为科技人员创办企业提供孵化场地，提供技术开发、技术转让、技术咨询、技术服务、技术市场和科技信息等支持。

经国家和本省科学技术行政部门认定的科技企业孵化机构，比照高新技术企业享受有关优惠政策。

第十一条［中介机构］县级以上人民政府应当培育和发展技术市场，鼓励创办科技中介服务机构，为技术交易提供交易场所和信息平台、信息加工与分析、评估、经纪等服务。

科技中介服务机构提供服务，应当遵循公正、客观的原则，不得提供虚假的信息和证明，对其在服务过程中知悉的国家秘密和当事人的商业秘密负有保密义务。

第十二条［成果登记与转化信息公开］省人民政府科学技术行政部门应该建立、完善科技报告制度和科技成果信息系统，向社会公布科技项目实施情况以及科技成果和相关知识产权信息，提供科技成果信息查询、筛选等公益服务。公布有关信息不得泄露国家秘密和商业秘密。对不予公布的信息，应当及时告知相关科技项目承担者。

利用财政资金设立的科技项目的承担单位和完成人应当按照规定及时提交相关科技报告，并将科技成果和相关知识产权信息汇交到科技成果信息系统。

县级以上人民政府鼓励利用非财政资金设立的科技项目的承担者提交相关科技报告，将科技成果和相关知识产权信息汇交到科技成果信息系统。县级以上人民政府负责相关工作的部门应当为其提供便利条件。

第十三条［技术交易合同］技术交易应当依法订立书面合同。技术合同订立后，技术合同的让与方、受托方或者取得收入的研究开发方在六十日内可以向技术合同认定登记机构申请认定登记。经技术合同认定登记机构对技术合同和技术性收入审核认定后，按照有关规定享受国家税收优惠政策。同一技术合同不得重复登记。

技术合同登记不得向合同当事人收取费用，认定登记工作所需经费由本级财政负担。

省科学技术行政部门负责全省技术合同认定登记工作的指导、管理和监督，根据实际需要，可以在设区的市、省级有关行政部门和国家级高新技术产业开发区、农业高新技术产业示范区、经济技术开发区，指定或者委托技术合同认定登记机构，具体办理技术合同认定登记工作。

第十四条［创业投资机构］鼓励境内外组织和个人在本省设立以促进科技成果转化为主要目的的创业投资机构。创业投资机构可以以全额资本进行投资。

创业投资机构包括创业投资企业和创业投资管理企业。创业投资企业是以直接股权投资为主营业务的非金融性企业；创业投资管理企业是受创业投资企业委托，代其投资、经营、管理，或者推荐、评估投资项目的企业。

第十五条［创业投资企业优惠政策］创业投资企业向本省行政区域内的高新技术企业、科技型中小企业或者科技成果转化项目的累计投资总额，超过本公司总投资额百分之五十的，比照高新技术企业享受国家和本省的有关优惠政策。

创业投资企业每年度可按其向本省行政区域内的高新技术企业、科技型中小企业或者科技成果转化项目投资总额的百分之三提取风险准备金。风险准备金可以计入经营成本。

创业投资管理企业比照高新技术企业享受国家和本省的有关优惠政策。

第十六条［金融支持］鼓励银行业金融机构在组织形式、管理机制、金融产品和服务等方面进行创新，开展知识产权质押贷款、股权质押贷款等业务，为科技成果转化提供金融支持。

第十七条［财政资金科技成果转化方式］ 财政资金资助形成的科技成果可以由高等院校、研究开发机构的项目完成人自主决定转让、许可、作价投资，但涉及国家安全和社会公共利益的除外。

自主决定转让、许可、作价投资的，**应当通过协议定价、在技术交易市场挂牌交易、拍卖等市场化方式确定价格。通过协议定价的，由研发团队主持公开询价，谈判确定成交价格，无须经过单位审批，但应在本单位公示不少于十五日。单位应当明确并公开异议处理程序和办法。**

第十八条［企业创新投入］国有企业应当增加技术创新和科技成果转化的投入，国有大中型企业应当建立和完善技术开发体系，提高自主创新能力和核心竞争力。

高新技术企业年均研究开发经费投入所占年销售收入的比例应当符合国家有关规定。

企业对技术创新和科技成果转化的投入，享受国家促进企业技术进步的有关优惠政策。

第十九条［促进军民融合］省人民政府应当采取措施，**以国家知识产权运营公共服务平台军民融合特色试点平台为依托，建立军民融合信息交流共享平台，**支持企业事业单位与军工单位发挥技术优势、人才优势，参与重大科技项目的联合攻关，促进军民两用技术双向转移和其他科技资源军民共享，加快技术创新和科技成果转化。

省人民政府鼓励和支持符合条件的企业事业单位与军工单位合作或者独立承担武器装备科学技术研究、开发、生产等任务。维护军品市场竞争秩序，营造公开公平公正的竞争环境。

第二十条［农业科技成果转化］县级以上人民政府应当加强农业科技成果转化的投入，支持企业、高等院校、研究开发机构与农业技术推广机构、农业专业技术协会和农户建立互利合作的利益分配机制，加强农业先进适用技术的示范、推广、培训和普及，加速农业科技成果转化。

第二十一条［科技成果合作转化权属］科技成果完成单位与其他单位合作进行科技成果转化的，应当依法由合同约定该科技成果有关权益的归属。合同未作约定的，按照下列原则办理：

（一）在合作转化中无新的发明创造的，该科技成果的权益，归该科技成果完成单位；

（二）在合作转化中产生新的发明创造的，该新发明创造的权益归合作各方共有；

（三）对合作转化中产生的科技成果，各方都有实施该项科技成果的权利，转让该科技成果应经合作各方同意。

第二十二条［财政资金科技成果转化要求］利用本省财政资金资助形成的科技成果，高等院校、研究开发机构等单位自项目完成之日起一年内未实施转化的，在不变更职务科技成果权益归属的前提下，科技成果完成人或者参加人可以与本单位签订协议实施转化，**单位在科技成果完成人或者参加人提出签订科技成果转化协议之日起三个月内无正当理由不与其签订协议的，科技成果完成人或者参加人可自行组织实施转化**；自项目完成之日起二年内，项目承担单位、科技成果完成人或者参加人不实施转化的，由国有资产管理或者其他部门按照挂牌交易、拍卖等方式组织实施转化。

第二十三条［职务科技成果转化奖励］科技成果完成单位实施科技成果转化的，可以规定或者与科技人员约定科技成果转化奖励和报酬的方式、数额。

科技成果完成单位未规定、也未与科技人员约定奖励和报酬的方式和数额的，按照下列标准对完成、转化职务科技成果作出重要贡献的人员给予奖励和报酬：

（一）将该项职务科技成果转让、许可给他人实施的，从该项科技成果转让净收入或者许可净收入中提取不低于百分之九十的比例；

（二）利用该项职务科技成果作价投资的，从该项科技成果形成的股份或者出资比例中提取不低于百分之八十的比例；

（三）将该项职务科技成果自行实施或者与他人合作实施的，应当在实施转化成功投产后连续三至五年，每年从实施该项科技成果的营业利润中提取不低于百分之五的比例。

国有企业、事业单位依照本条例规定对完成、转化职务科技成果作出重要贡献的人员给予奖励和报酬的支出计入当年本单位工资总额，但不受当年本单位工资总额限制、不纳入本单位工资总额基数。

本条第二款所称净收入是指科技成果技术合同成交额扣除完成交易发生的直接成本，包括评估费用、谈判费用、专利申请和维持等费用及税金等。

第二十四条［担任领导职务的科技人员的奖励］国家设立的研究开发机构、高等院校等事业单位（不含内设机构）的正职领导，以及上述事业单位所属具有独立法人资格单位的正职领导，是科技成果的主要完成人或者对科技成果转化作出重要贡献的，可以依照本条例获得现金奖励。其他担任领导职务的科技人员，是科技成果的主要完成人或者对科技成果转化作出重要贡献的，可以依照本条例获得现金、股份或者出资比例等奖励和报酬。

第二十五条［奖励和报酬的支付时限与方式］科技成果完成单位应当按照规定或者约定的时限完成对成果完成人或者参加人的奖励和报酬支付。

科技成果完成单位未规定或者未约定时限的，以转让、许可等方式转化科技成果取得转化收入的，应当在取得收入之日起六十日内对成果完成人或者参加人支付奖励和报酬；以作价入股方式转化科技成果取得股权的，应当在股权登记或变更时，完成对成果完成人或参加人的股权奖励。

以科技成果作价入股作为对科技人员的奖励涉及股权注册登记及变更的，无须报科研机构、高校的主管部门审批。

第二十六条［表彰奖励］县级以上人民政府及其科学技术行政部门对在科技成果转化中做出突出贡献的单位和个人，应当给予表彰奖励。

政府设立的高等院校、研究开发机构的主管部门以及科学技术、财政、人力资源和社会保障等相关行政部门和国有企业应当建立有利于促进科技成果转化的考核评价体系，将科技成果转化情况作为对相关单位及人员评价、科研资金支持的重要内容和依据之一，并对科技成果转化成绩突出的相关单位及人员加大科研资金支持。

省人力资源和社会保障部门应当会同有关部门建立健全科学技术人员分类评价制度，优化专业技术职称评定办法。

第二十七条［勤勉尽责制度］高等院校、科学技术研究开发机构通过协议定价、技术交易市场挂牌交易、拍卖等方式确定科技成果价格，单位负责人已履行勤勉尽责义务且没有非法牟利的，不承担科技成果转化后价格变化的责任。

第二十八条［法律责任］违反本条例规定的行为，法律、行政法规已有法律责任规定的，从其规定。

第二十九条［法律责任］利用财政资金设立的科技项目的承担者未依照本条例规定提交科技报告、汇交科技成果和相关知识产权信息的，由项目管理部门予以通报批评，责令改正；情节严重的，禁止其在三年内承担利用财政资金设立的科技项目。

第三十条［法律责任］在科技成果转化活动中弄虚作假，骗取奖励和荣誉、非法牟利的，由政府有关部门依照管理职责责令改正，取消该奖励和荣誉，没收违法所得，并对个人处以二千元以上一万元以下罚款；对单位处以二万元以上十万元以下罚款。给他人造成经济损失的，依法承担民事赔偿责任。构成犯罪的，依法追究刑事责任。

第三十一条［法律责任］科技服务机构及其从业人员违反本条例规定，故意提供虚假信息、实验结果或者评估意见等欺骗当事人，或者与当事人一方串通欺骗另一方当事人的，由政府有关部门依照管理职责责令改正，没收违法所得，并处以五千元以上三万元以下罚款；情节严重的，由工商行政管理部门依法吊销营业执照。给他人造成经济损失的，依法承担民事赔偿责任；构成犯罪的，依法追究刑事责任。

第三十二条［法律责任］违反本条例规定，以唆使窃取、利诱胁迫等手段侵占他人的科技成果，侵犯他人合法权益的，依法承担民事赔偿责任，可以处以五千元以上三万元以下罚款；构成犯罪的，依法追究刑事责任。

第三十三条［施行日期］本条例自　年　月　日起施行。

附录1

专家权重表（按专家姓氏的汉语拼音顺序排列）

专家信息

姓名：陈瑜

单位：艾默生网络能源（西安）有限公司

职位/职称：高级知识产权专员

陕西省地方性科技法规指标体系权重评分表

您好！我们是西安交通大学知识产权研究中心《陕西省地方性科技法规评估研究》课题组。我们真诚地邀请您参加此次调查评分。通过调查您对陕西省地方性科技法规在立法评估指标体系等方面的意见和建议，您填写的意见仅用于科研。感谢您的支持与配合！

该指标体系总分100分，将用于评价包括《陕西省科学技术进步条例》《陕西省促进科技成果转化条例》《陕西省科学技术普及条例》《陕西省高新技术产业发展条例》《陕西省经济技术开发区条例》《陕西省民营科技企业条例》《陕西省专业技术人员继续教育条例》《陕西省实施〈中华人民共和国农业技术推广法〉办法》《陕西省现代农业园区条例》等在内的陕西省地方性科技法规。您可以根据您的意见直接对现有的一、二级指标分别赋予分值；也可以根据您的意见选择删除已有的一、二级指标或者添加遗漏的一、二级指标，形成您认为可以用于评价陕西省地方性科技法规的评价体系，并根据您的意见对一、二级指标分别赋予分值。

1—陕西省地方性科技法规指标体系权重评分表

一级指标（共100分）	二级指标（共100分）	评分
立法必要性（满分20）	是否填补了原有立法漏洞（相关法律行为缺乏法律依据）	20/3
	是否对原有立法进行了细化	20/3
	是否为授权立法地方立法的事项	20/3
	您认为的其他指标	
地方特色（满分20）	立法是否符合陕西省科技发展需要	20/5
	立法是否符合陕西省经济发展需要	20/5
	立法是否体现陕西省文化发展状况	20/5
	立法是否体现陕西省人才发展状况	20/5
	您认为的其他指标：是否与地方企事业单位的具体情况相结合	20/5
法制统一（满分20）	是否存在上位法依据	20/5
	是否与法律存在冲突	20/5
	是否与行政法规存在冲突	20/5
	是否与部门规章不协调	20/5
	是否与陕西省其他地方性法规不协调	20/5
	您认为的其他指标	
权力配置（满分20）	公权力的配置是否确实必要	20/5
	部门之间的权力配置是否协调	20/5
	权力、责任是否相适应	20/5
	对公权力是否存在制约监督机制	20/5
	您认为的其他指标： 是否有具体的部门操作落实	20/5
技术规范（满分20）	用语是否简明、准确、规范	20/3
	逻辑（结构）是否清晰、完整	20/3
	您认为的其他指标：法律法规的可操作性	20/3

专家信息
姓名：党雷
单位：西安电视剧版权交易中心有限公司
职位/职称：总经理/法学博士

陕西省地方性科技法规指标体系权重评分表

您好！我们是西安交通大学知识产权研究中心《陕西省地方性科技法规评估研究》课题组。我们真诚地邀请您参加此次调查评分。通过调查您对陕西省地方性科技法规在立法评估指标体系等方面的意见和建议，您填写的意见仅用于科研。感谢您的支持与配合！

该指标体系总分100分，将用于评价包括《陕西省科学技术进步条例》《陕西省促进科技成果转化条例》《陕西省科学技术普及条例》《陕西省高新技术产业发展条例》《陕西省经济技术开发区条例》《陕西省民营科技企业条例》《陕西省专业技术人员继续教育条例》《陕西省实施〈中华人民共和国农业技术推广法〉办法》《陕西省现代农业园区条例》等在内的陕西省地方性科技法规。您可以根据您的意见直接对现有的一、二级指标分别赋予分值；也可以根据您的意见选择删除已有的一、二级指标或者添加遗漏的一、二级指标，形成您认为可以用于评价陕西省地方性科技法规的评价体系，并根据您的意见对一、二级指标分别赋予分值。

2—陕西省地方性科技法规指标体系权重评分表

一级指标（共 100 分）	二级指标（共 100 分）	评分
立法必要性 15 分	是否填补了原有立法漏洞（相关法律行为缺乏法律依据）	5
	是否对原有立法进行了细化	5
	是否为授权立法地方立法的事项	5
	您认为的其他指标（若无，可不填）	
地方特色 30 分	立法是否符合陕西省科技发展需要	6
	立法是否符合陕西省经济发展需要	6
	立法是否体现陕西省文化发展状况	6
	立法是否体现陕西省人才发展状况	6
	您认为的其他指标（若无，可不填）：绿色发展	6
法制统一 10 分	是否存在上位法依据	2
	是否与法律存在冲突	2
	是否与行政法规存在冲突	2
	是否与部门规章不协调	2
	是否与陕西省其他地方性法规不协调	2
	您认为的其他指标（若无，可不填）	
权力配置 30 分	公权力的配置是否确实必要	6
	部门之间的权力配置是否协调	6
	权力、责任是否相适应	6
	对公权力是否存在制约监督机制	6
	您认为的其他指标（若无，可不填）：资源配置	6
技术规范 15 分	用语是否简明、准确、规范	7
	逻辑（结构）是否清晰、完整	8
	您认为的其他指标（若无，可不填）	

专家信息
姓名：马治国
单位：西安交通大学
职位/职称：教授

陕西省地方性科技法规指标体系权重评分表

您好！我们是西安交通大学知识产权研究中心《陕西省地方性科技法规评估研究》课题组。我们真诚地邀请您参加此次调查评分。通过调查您对陕西省地方性科技法规在立法评估指标体系等方面的意见和建议，您填写的意见仅用于科研。感谢您的支持与配合！

该指标体系总分100分，将用于评价包括《陕西省科学技术进步条例》《陕西省促进科技成果转化条例》《陕西省科学技术普及条例》《陕西省高新技术产业发展条例》《陕西省经济技术开发区条例》《陕西省民营科技企业条例》《陕西省专业技术人员继续教育条例》《陕西省实施〈中华人民共和国农业技术推广法〉办法》《陕西省现代农业园区条例》等在内的陕西省地方性科技法规。您可以根据您的意见直接对现有的一、二级指标分别赋予分值；也可以根据您的意见选择删除已有的一、二级指标或者添加遗漏的一、二级指标，形成您认为可以用于评价陕西省地方性科技法规的评价体系，并根据您的意见对一、二级指标分别赋予分值。

3——陕西省地方性科技法规指标体系权重评分表

一级指标（共 100 分）	二级指标（共 100 分）	评分
立法必要性 30 分	是否填补了原有立法漏洞（相关法律行为缺乏法律依据）	10
	是否对原有立法进行了细化	10
	是否为授权立法地方立法的事项	10
	您认为的其他指标（若无，可不填）	
地方特色 30 分	立法是否符合陕西省科技发展需要	10
	立法是否符合陕西省经济发展需要	10
	立法是否体现陕西省文化发展状况	5
	立法是否体现陕西省人才发展状况	5
	您认为的其他指标（若无，可不填）	
法制统一 15 分	是否存在上位法依据	5
	是否与法律存在冲突	3
	是否与行政法规存在冲突	3
	是否与部门规章不协调	2
	是否与陕西省其他地方性法规不协调	2
	您认为的其他指标（若无，可不填）	
权力配置 15 分	公权力的配置是否确实必要	5
	部门之间的权力配置是否协调	3
	权力、责任是否相适应	4
	对公权力是否存在制约监督机制	3
	您认为的其他指标（若无，可不填）	
技术规范 10 分	用语是否简明、准确、规范	5
	逻辑（结构）是否清晰、完整	5
	您认为的其他指标（若无，可不填）	

专家信息
姓名：瞿淼
单位：金杜律师事务所
职位/职称：合伙人

陕西省地方性科技法规指标体系权重评分表

您好！我们是西安交通大学知识产权研究中心《陕西省地方性科技法规评估研究》课题组。我们真诚地邀请您参加此次调查评分。通过调查您对陕西省地方性科技法规在立法评估指标体系等方面的意见和建议，您填写的意见仅用于科研。感谢您的支持与配合！

该指标体系总分 100 分，将用于评价包括《陕西省科学技术进步条例》《陕西省促进科技成果转化条例》《陕西省科学技术普及条例》《陕西省高新技术产业发展条例》《陕西省经济技术开发区条例》《陕西省民营科技企业条例》《陕西省专业技术人员继续教育条例》《陕西省实施〈中华人民共和国农业技术推广法〉办法》《陕西省现代农业园区条例》等在内的陕西省地方性科技法规。您可以根据您的意见直接对现有的一、二级指标分别赋予分值；也可以根据您的意见选择删除已有的一、二级指标或者添加遗漏的一、二级指标，形成您认为可以用于评价陕西省地方性科技法规的评价体系，并根据您的意见对一、二级指标分别赋予分值。

4—陕西省地方性科技法规指标体系权重评分表

一级指标（共100分）	二级指标（共100分）	评分
立法必要性 30分	是否填补了原有立法漏洞（相关法律行为缺乏法律依据）	10
	是否对原有立法进行了细化	10
	是否为授权立法地方立法的事项	10
	您认为的其他指标（若无，可不填）	
地方特色 10分	立法是否符合陕西省科技发展需要	2.5
	立法是否符合陕西省经济发展需要	2.5
	立法是否体现陕西省文化发展状况	2.5
	立法是否体现陕西省人才发展状况	2.5
	您认为的其他指标（若无，可不填）	
法制统一 15分	是否存在上位法依据	3
	是否与法律存在冲突	3
	是否与行政法规存在冲突	3
	是否与部门规章不协调	3
	是否与陕西省其他地方性法规不协调	3
	您认为的其他指标（若无，可不填）	
权力配置 40分	公权力的配置是否确实必要	10
	部门之间的权力配置是否协调	10
	权力、责任是否相适应	10
	对公权力是否存在制约监督机制	10
	您认为的其他指标（若无，可不填）	
技术规范 5分	用语是否简明、准确、规范	2.5
	逻辑（结构）是否清晰、完整	2.5
	您认为的其他指标（若无，可不填）	

专家信息
姓名：寿步
单位：上海交通大学法学院
职位/职称：上海交通大学知识产权研究中心主任/教授

陕西省地方性科技法规指标体系权重评分表

您好！我们是西安交通大学知识产权研究中心《陕西省地方性科技法规评估研究》课题组。我们真诚地邀请您参加此次调查评分。通过调查您对陕西省地方性科技法规在立法评估指标体系等方面的意见和建议，您填写的意见仅用于科研。感谢您的支持与配合！

该指标体系总分100分，将用于评价包括《陕西省科学技术进步条例》《陕西省促进科技成果转化条例》《陕西省科学技术普及条例》《陕西省高新技术产业发展条例》《陕西省经济技术开发区条例》《陕西省民营科技企业条例》《陕西省专业技术人员继续教育条例》《陕西省实施〈中华人民共和国农业技术推广法〉办法》《陕西省现代农业园区条例》等在内的陕西省地方性科技法规。您可以根据您的意见直接对现有的一、二级指标分别赋予分值；也可以根据您的意见选择删除已有的一、二级指标或者添加遗漏的一、二级指标，形成您认为可以用于评价陕西省地方性科技法规的评价体系，并根据您的意见对一、二级指标分别赋予分值。

5—陕西省地方性科技法规指标体系权重评分表

一级指标（共100分）	二级指标（共100分）	评分
立法必要性 30分	是否填补了原有立法漏洞（相关法律行为缺乏法律依据）	10
	是否对原有立法进行了细化	10
	是否为授权立法地方立法的事项	10
	您认为的其他指标（若无，可不填）	
地方特色 20分	立法是否符合陕西省科技发展需要	5
	立法是否符合陕西省经济发展需要	5
	立法是否体现陕西省文化发展状况	5
	立法是否体现陕西省人才发展状况	5
	您认为的其他指标（若无，可不填）	
法制统一 20分	是否存在上位法依据	5
	是否与法律存在冲突	5
	是否与行政法规存在冲突	5
	是否与部门规章不协调	3
	是否与陕西省其他地方性法规不协调	2
	您认为的其他指标（若无，可不填）	
权力配置 20分	公权力的配置是否确实必要	5
	部门之间的权力配置是否协调	5
	权力、责任是否相适应	5
	对公权力是否存在制约监督机制	5
	您认为的其他指标（若无，可不填）	
技术规范 10分	用语是否简明、准确、规范	5
	逻辑（结构）是否清晰、完整	5
	您认为的其他指标（若无，可不填）	

专家信息
姓名：宋晓宁
单位：同济大学法学院
职位/职称：副院长/教授

陕西省地方性科技法规指标体系权重评分表

您好！我们是西安交通大学知识产权研究中心《陕西省地方性科技法规评估研究》课题组。我们真诚地邀请您参加此次调查评分。通过调查您对陕西省地方性科技法规在立法评估指标体系等方面的意见和建议，您填写的意见仅用于科研。感谢您的支持与配合！

该指标体系总分100分，将用于评价包括《陕西省科学技术进步条例》《陕西省促进科技成果转化条例》《陕西省科学技术普及条例》《陕西省高新技术产业发展条例》《陕西省经济技术开发区条例》《陕西省民营科技企业条例》《陕西省专业技术人员继续教育条例》《陕西省实施〈中华人民共和国农业技术推广法〉办法》《陕西省现代农业园区条例》等在内的陕西省地方性科技法规。您可以根据您的意见直接对现有的一、二级指标分别赋予分值；也可以根据您的意见选择删除已有的一、二级指标或者添加遗漏的一、二级指标，形成您认为可以用于评价陕西省地方性科技法规的评价体系，并根据您的意见对一、二级指标分别赋予分值。

6—陕西省地方性科技法规指标体系权重评分表

一级指标（共 100 分）	二级指标（共 100 分）	评分
立法必要性 20 分	是否填补了原有立法漏洞（相关法律行为缺乏法律依据）	10
	是否对原有立法进行了细化	5
	是否为授权立法地方立法的事项	5
	您认为的其他指标（若无，可不填）	
地方特色 30 分	立法是否符合陕西省科技发展需要	10
	立法是否符合陕西省经济发展需要	8
	立法是否体现陕西省文化发展状况	8
	立法是否体现陕西省人才发展状况	4
	您认为的其他指标（若无，可不填）	
法制统一 20 分	是否存在上位法依据	20
	是否与法律存在冲突	
	是否与行政法规存在冲突	
	是否与部门规章不协调	
	是否与陕西省其他地方性法规不协调	
	您认为的其他指标（若无，可不填）	
权力配置 10 分	公权力的配置是否确实必要	3
	部门之间的权力配置是否协调	3
	权力、责任是否相适应	3
	对公权力是否存在制约监督机制	1
	您认为的其他指标（若无，可不填）	
技术规范 20 分	用语是否简明、准确、规范	10
	逻辑（结构）是否清晰、完整	10
	您认为的其他指标（若无，可不填）	

专家信息

姓名：袁庆民

单位：西安特锐德智能充电科技有限公司

职位/职称：总经理/中级工程师

陕西省地方性科技法规指标体系权重评分表

您好！我们是西安交通大学知识产权研究中心《陕西省地方性科技法规评估研究》课题组。我们真诚地邀请您参加此次调查评分。通过调查您对陕西省地方性科技法规在立法评估指标体系等方面的意见和建议，您填写的意见仅用于科研。感谢您的支持与配合！

该指标体系总分100分，将用于评价包括《陕西省科学技术进步条例》《陕西省促进科技成果转化条例》《陕西省科学技术普及条例》《陕西省高新技术产业发展条例》《陕西省经济技术开发区条例》《陕西省民营科技企业条例》《陕西省专业技术人员继续教育条例》《陕西省实施〈中华人民共和国农业技术推广法〉办法》《陕西省现代农业园区条例》等在内的陕西省地方性科技法规。您可以根据您的意见直接对现有的一、二级指标分别赋予分值；也可以根据您的意见选择删除已有的一、二级指标或者添加遗漏的一、二级指标，形成您认为可以用于评价陕西省地方性科技法规的评价体系，并根据您的意见对一、二级指标分别赋予分值。

7—陕西省地方性科技法规指标体系权重评分表

一级指标（共 100 分）	二级指标（共 100 分）	评分
立法必要性 35 分	是否填补了原有立法漏洞（相关法律行为缺乏法律依据）	10
	是否对原有立法进行了细化	15
	是否为授权立法地方立法的事项	10
	您认为的其他指标（若无，可不填）	
地方特色 10 分	立法是否符合陕西省科技发展需要	3
	立法是否符合陕西省经济发展需要	3
	立法是否体现陕西省文化发展状况	2
	立法是否体现陕西省人才发展状况	2
	您认为的其他指标（若无，可不填）	
法制统一 35 分	是否存在上位法依据	15
	是否与法律存在冲突	10
	是否与行政法规存在冲突	5
	是否与部门规章不协调	3
	是否与陕西省其他地方性法规不协调	2
	您认为的其他指标（若无，可不填）	
权力配置 10 分	公权力的配置是否确实必要	2
	部门之间的权力配置是否协调	2
	权力、责任是否相适应	3
	对公权力是否存在制约监督机制	3
	您认为的其他指标（若无，可不填）	
技术规范 10 分	用语是否简明、准确、规范	5
	逻辑（结构）是否清晰、完整	5
	您认为的其他指标（若无，可不填）	

专家信息
姓名：岳喜栋
单位：陕西省人民政府法制办
职位/职称：办公室副主任

陕西省地方性科技法规指标体系权重评分表

您好！我们是西安交通大学知识产权研究中心《陕西省地方性科技法规评估研究》课题组。我们真诚地邀请您参加此次调查评分。通过调查您对陕西省地方性科技法规在立法评估指标体系等方面的意见和建议，您填写的意见仅用于科研。感谢您的支持与配合！

该指标体系总分 100 分，将用于评价包括《陕西省科学技术进步条例》《陕西省促进科技成果转化条例》《陕西省科学技术普及条例》《陕西省高新技术产业发展条例》《陕西省经济技术开发区条例》《陕西省民营科技企业条例》《陕西省专业技术人员继续教育条例》《陕西省实施〈中华人民共和国农业技术推广法〉办法》《陕西省现代农业园区条例》等在内的陕西省地方性科技法规。您可以根据您的意见直接对现有的一、二级指标分别赋予分值；也可以根据您的意见选择删除已有的一、二级指标或者添加遗漏的一、二级指标，形成您认为可以用于评价陕西省地方性科技法规的评价体系，并根据您的意见对一、二级指标分别赋予分值。

8——陕西省地方性科技法规指标体系权重评分表

一级指标（共100分）	二级指标（共100分）	评分
立法必要性 40分	是否填补了原有立法漏洞（相关法律行为缺乏法律依据）	15
	是否对原有立法进行了细化	15
	是否为授权立法地方立法的事项	10
	您认为的其他指标（若无，可不填）	
地方特色 20分	立法是否符合陕西省科技发展需要	5
	立法是否符合陕西省经济发展需要	5
	立法是否体现陕西省文化发展状况	5
	立法是否体现陕西省人才发展状况	5
	您认为的其他指标（若无，可不填）	
法制统一 20分	是否存在上位法依据	2
	是否与法律存在冲突	7
	是否与行政法规存在冲突	7
	是否与部门规章不协调	2
	是否与陕西省其他地方性法规不协调	2
	您认为的其他指标（若无，可不填）	
权力配置 10分	公权力的配置是否确实必要	2
	部门之间的权力配置是否协调	2
	权力、责任是否相适应	3
	对公权力是否存在制约监督机制	3
	您认为的其他指标（若无，可不填）	
技术规范 10分	用语是否简明、准确、规范	5
	逻辑（结构）是否清晰、完整	5
	您认为的其他指标（若无，可不填）	

专家信息
姓名：张昭
单位：陕西省发改委政策法规处
职位/职称：处长

陕西省地方性科技法规指标体系权重评分表

您好！我们是西安交通大学知识产权研究中心《陕西省地方性科技法规评估研究》课题组。我们真诚地邀请您参加此次调查评分。通过调查您对陕西省地方性科技法规在立法评估指标体系等方面的意见和建议，您填写的意见仅用于科研。感谢您的支持与配合！

该指标体系总分100分，将用于评价包括《陕西省科学技术进步条例》《陕西省促进科技成果转化条例》《陕西省科学技术普及条例》《陕西省高新技术产业发展条例》《陕西省经济技术开发区条例》《陕西省民营科技企业条例》《陕西省专业技术人员继续教育条例》《陕西省实施〈中华人民共和国农业技术推广法〉办法》《陕西省现代农业园区条例》等在内的陕西省地方性科技法规。您可以根据您的意见直接对现有的一、二级指标分别赋予分值；也可以根据您的意见选择删除已有的一、二级指标或者添加遗漏的一、二级指标，形成您认为可以用于评价陕西省地方性科技法规的评价体系，并根据您的意见对一、二级指标分别赋予分值。

9——陕西省地方性科技法规指标体系权重评分表

一级指标（共 100 分）	二级指标（共 100 分）	评分
立法必要性 25 分	是否填补了原有立法漏洞（相关法律行为缺乏法律依据）	5
	是否对原有立法进行了细化	10
	是否为授权立法地方立法的事项	
	您认为的其他指标：是否有利于相关领域科技发展	10
地方特色 25 分	立法是否符合陕西省科技发展需要	6
	立法是否符合陕西省经济发展需要	6
	立法是否体现陕西省文化发展状况	
	立法是否体现陕西省人才发展状况	5
	您认为的其他指标：是否解决现实问题	8
法制统一 20 分	是否存在上位法依据	5
	是否与法律存在冲突	5
	是否与行政法规存在冲突	4
	是否与部门规章不协调	3
	是否与陕西省其他地方性法规不协调	3
	您认为的其他指标（若无，可不填）	
权力配置 15 分	公权力的配置是否确实必要	5
	部门之间的权力配置是否协调	4
	权力、责任是否相适应	3
	对公权力是否存在制约监督机制	3
	您认为的其他指标（若无，可不填）	
技术规范 15 分	用语是否简明、准确、规范	8
	逻辑（结构）是否清晰、完整	7
	您认为的其他指标（若无，可不填）	

专家信息
姓名：钟晔
单位：陕西省科技厅
职位/职称：副处长

陕西省地方性科技法规指标体系权重评分表

您好！我们是西安交通大学知识产权研究中心《陕西省地方性科技法规评估研究》课题组。我们真诚地邀请您参加此次调查评分。通过调查您对陕西省地方性科技法规在立法评估指标体系等方面的意见和建议，您填写的意见仅用于科研。感谢您的支持与配合！

该指标体系总分100分，将用于评价包括《陕西省科学技术进步条例》《陕西省促进科技成果转化条例》《陕西省科学技术普及条例》《陕西省高新技术产业发展条例》《陕西省经济技术开发区条例》《陕西省民营科技企业条例》《陕西省专业技术人员继续教育条例》《陕西省实施〈中华人民共和国农业技术推广法〉办法》《陕西省现代农业园区条例》等在内的陕西省地方性科技法规。您可以根据您的意见直接对现有的一、二级指标分别赋予分值；也可以根据您的意见选择删除已有的一、二级指标或者添加遗漏的一、二级指标，形成您认为可以用于评价陕西省地方性科技法规的评价体系，并根据您的意见对一、二级指标分别赋予分值。

10——陕西省地方性科技法规指标体系权重评分表

一级指标（共100分）	二级指标（共100分）	评分
立法必要性 30分	是否填补了原有立法漏洞（相关法律行为缺乏法律依据）	10
	是否对原有立法进行了细化	10
	是否为授权立法地方立法的事项	10
	您认为的其他指标（若无，可不填）	
地方特色 25分	立法是否符合陕西省科技发展需要	5
	立法是否符合陕西省经济发展需要	5
	立法是否体现陕西省文化发展状况	5
	立法是否体现陕西省人才发展状况	5
	您认为的其他指标（若无，可不填）：可操作性	5
法制统一 25分	是否存在上位法依据	5
	是否与法律存在冲突	5
	是否与行政法规存在冲突	5
	是否与部门规章不协调	5
	是否与陕西省其他地方性法规不协调	5
	您认为的其他指标（若无，可不填）	
权力配置 15分	公权力的配置是否确实必要	6
	部门之间的权力配置是否协调	3
	权力、责任是否相适应	3
	对公权力是否存在制约监督机制	3
	您认为的其他指标（若无，可不填）	
技术规范 15分	用语是否简明、准确、规范	2
	逻辑（结构）是否清晰、完整	2
	您认为的其他指标（若无，可不填）：无歧义	1

附录2

陕西省科技类法规量化评分表

1—《陕西省实施〈中华人民共和国统计法〉办法》评分表

一级指标	二级指标	评分	备注
立法必要性	是否填补了原有立法漏洞	9	是
	是否对原有立法进行了细化	0	否
	是否为授权立法地方立法的事项	8	是
	是否有利于推进陕西省相关领域科技发展	1	是
地方特色	立法是否符合陕西省科技发展需要	6	是
	立法是否符合陕西省经济发展需要	5	是
	立法是否体现陕西省文化发展状况	4	是
	立法是否体现陕西省人才发展状况	4	是
	立法是否解决地方现实问题	1	是
法制统一	是否存在上位法依据	7	是
	是否与法律存在冲突	0	是
	是否与行政法规存在冲突	0	是
	是否与部门规章不协调	0	是
	是否与陕西省其他地方性法规不协调	3	否
权力配置	公权力的配置是否确实必要	5	是
	部门之间的权力配置是否协调	4	是
	权力、责任是否相适应	4	是
	对公权力是否存在制约监督机制	4	是
	是否实现资源配置均衡	1	是
技术规范	用语是否简明、准确、规范	0	否
	逻辑（结构）是否清晰、完整	0	否
	是否具有可操作性	0	否
合计		66	

2——《陕西省股份合作企业条例》评分表

一级指标	二级指标	评分	备注
立法必要性	是否填补了原有立法漏洞	9	是
	是否对原有立法进行了细化	0	否
	是否为授权立法地方立法的事项	8	是
	是否有利于推进陕西省相关领域科技发展	1	是
地方特色	立法是否符合陕西省科技发展需要	6	是
	立法是否符合陕西省经济发展需要	5	是
	立法是否体现陕西省文化发展状况	4	是
	立法是否体现陕西省人才发展状况	4	是
	立法是否解决地方现实问题	1	是
法制统一	是否存在上位法依据	7	是
	是否与法律存在冲突	0	是
	是否与行政法规存在冲突	0	是
	是否与部门规章不协调	3	否
	是否与陕西省其他地方性法规不协调	3	否
权力配置	公权力的配置是否确实必要	5	是
	部门之间的权力配置是否协调	4	是
	权力、责任是否相适应	4	是
	对公权力是否存在制约监督机制	0	否
	是否实现资源配置均衡	0	否
技术规范	用语是否简明、准确、规范	6	是
	逻辑（结构）是否清晰、完整	1	是
	是否具有可操作性	1	是
合计		72	

3——《陕西省人才市场条例》评分表

一级指标	二级指标	评分	备注
立法必要性	是否填补了原有立法漏洞	9	是
	是否对原有立法进行了细化	10	是
	是否为授权立法地方立法的事项	8	是
	是否有利于推进陕西省相关领域科技发展	1	是
地方特色	立法是否符合陕西省科技发展需要	6	是
	立法是否符合陕西省经济发展需要	5	是
	立法是否体现陕西省文化发展状况	0	否
	立法是否体现陕西省人才发展状况	4	是
	立法是否解决地方现实问题	1	是
法制统一	是否存在上位法依据	7	是
	是否与法律存在冲突	0	是
	是否与行政法规存在冲突	4	否
	是否与部门规章不协调	0	是
	是否与陕西省其他地方性法规不协调	3	否
权力配置	公权力的配置是否确实必要	5	是
	部门之间的权力配置是否协调	4	是
	权力、责任是否相适应	4	是
	对公权力是否存在制约监督机制	0	否
	是否实现资源配置均衡	1	是
技术规范	用语是否简明、准确、规范	6	是
	逻辑（结构）是否清晰、完整	1	是
	是否具有可操作性	1	是
合计		80	

4—《陕西省劳动力市场条例》评分表

一级指标	二级指标	评分	备注
立法必要性	是否填补了原有立法漏洞	9	是
	是否对原有立法进行了细化	10	是
	是否为授权立法地方立法的事项	8	是
	是否有利于推进陕西省相关领域科技发展	1	是
地方特色	立法是否符合陕西省科技发展需要	6	是
	立法是否符合陕西省经济发展需要	5	是
	立法是否体现陕西省文化发展状况	0	否
	立法是否体现陕西省人才发展状况	4	是
	立法是否解决地方现实问题	1	是
法制统一	是否存在上位法依据	7	是
	是否与法律存在冲突	0	是
	是否与行政法规存在冲突	4	否
	是否与部门规章不协调	0	是
	是否与陕西省其他地方性法规不协调	3	否
权力配置	公权力的配置是否确实必要	5	是
	部门之间的权力配置是否协调	4	是
	权力、责任是否相适应	4	是
	对公权力是否存在制约监督机制	0	否
	是否实现资源配置均衡	1	是
技术规范	用语是否简明、准确、规范	0	否
	逻辑（结构）是否清晰、完整	0	否
	是否具有可操作性	1	是
合计		73	

5—《陕西省实施〈中华人民共和国招标投标法〉办法》评分表

一级指标	二级指标	评分	备注
立法必要性	是否填补了原有立法漏洞	9	是
	是否对原有立法进行了细化	0	否
	是否为授权立法地方立法的事项	8	是
	是否有利于推进陕西省相关领域科技发展	1	是
地方特色	立法是否符合陕西省科技发展需要	6	是
	立法是否符合陕西省经济发展需要	5	是
	立法是否体现陕西省文化发展状况	0	否
	立法是否体现陕西省人才发展状况	0	否
	立法是否解决地方现实问题	1	是
法制统一	是否存在上位法依据	7	是
	是否与法律存在冲突	0	是
	是否与行政法规存在冲突	4	否
	是否与部门规章不协调	0	是
	是否与陕西省其他地方性法规不协调	3	否
权力配置	公权力的配置是否确实必要	5	是
	部门之间的权力配置是否协调	4	是
	权力、责任是否相适应	4	是
	对公权力是否存在制约监督机制	0	否
	是否实现资源配置均衡	1	是
技术规范	用语是否简明、准确、规范	0	否
	逻辑（结构）是否清晰、完整	0	否
	是否具有可操作性	1	是
合计		59	

6—《陕西省实施〈中华人民共和国中小企业促进法〉办法》评分表

一级指标	二级指标	评分	备注
立法必要性	是否填补了原有立法漏洞	9	是
	是否对原有立法进行了细化	0	否
	是否为授权立法地方立法的事项	8	是
	是否有利于推进陕西省相关领域科技发展	1	是
地方特色	立法是否符合陕西省科技发展需要	6	是
	立法是否符合陕西省经济发展需要	5	是
	立法是否体现陕西省文化发展状况	4	是
	立法是否体现陕西省人才发展状况	4	是
	立法是否解决地方现实问题	1	是
法制统一	是否存在上位法依据	7	是
	是否与法律存在冲突	0	是
	是否与行政法规存在冲突	4	否
	是否与部门规章不协调	3	否
	是否与陕西省其他地方性法规不协调	3	否
权力配置	公权力的配置是否确实必要	5	是
	部门之间的权力配置是否协调	4	是
	权力、责任是否相适应	4	是
	对公权力是否存在制约监督机制	0	否
	是否实现资源配置均衡	1	是
技术规范	用语是否简明、准确、规范	0	否
	逻辑（结构）是否清晰、完整	6	是
	是否具有可操作性	0	否
合计		75	

7—《陕西省专业技术人员继续教育条例》评分表

一级指标	二级指标	评分	备注
立法必要性	是否填补了原有立法漏洞	9	是
	是否对原有立法进行了细化	10	是
	是否为授权立法地方立法的事项	8	是
	是否有利于推进陕西省相关领域科技发展	1	是
地方特色	立法是否符合陕西省科技发展需要	6	是
	立法是否符合陕西省经济发展需要	5	是
	立法是否体现陕西省文化发展状况	4	是
	立法是否体现陕西省人才发展状况	4	是
	立法是否解决地方现实问题	1	是
法制统一	是否存在上位法依据	7	是
	是否与法律存在冲突	4	否
	是否与行政法规存在冲突	4	否
	是否与部门规章不协调	0	是
	是否与陕西省其他地方性法规不协调	3	否
权力配置	公权力的配置是否确实必要	5	是
	部门之间的权力配置是否协调	4	是
	权力、责任是否相适应	4	是
	对公权力是否存在制约监督机制	4	是
	是否实现资源配置均衡	1	是
技术规范	用语是否简明、准确、规范	6	是
	逻辑（结构）是否清晰、完整	6	是
	是否具有可操作性	1	是
合计		97	

8—《陕西省科学技术普及条例》评分表

一级指标	二级指标	评分	备注
立法必要性	是否填补了原有立法漏洞	9	是
	是否对原有立法进行了细化	10	是
	是否为授权立法地方立法的事项	8	是
	是否有利于推进陕西省相关领域科技发展	1	是
地方特色	立法是否符合陕西省科技发展需要	6	是
	立法是否符合陕西省经济发展需要	5	是
	立法是否体现陕西省文化发展状况	4	是
	立法是否体现陕西省人才发展状况	4	是
	立法是否解决地方现实问题	1	是
法制统一	是否存在上位法依据	7	是
	是否与法律存在冲突	0	是
	是否与行政法规存在冲突	4	否
	是否与部门规章不协调	3	否
	是否与陕西省其他地方性法规不协调	3	否
权力配置	公权力的配置是否确实必要	5	是
	部门之间的权力配置是否协调	4	是
	权力、责任是否相适应	4	是
	对公权力是否存在制约监督机制	4	是
	是否实现资源配置均衡	1	是
技术规范	用语是否简明、准确、规范	6	是
	逻辑（结构）是否清晰、完整	6	是
	是否具有可操作性	1	是
合计		96	

9—《陕西省高新技术产业发展条例》评分表

一级指标	二级指标	评分	备注
立法必要性	是否填补了原有立法漏洞	9	是
	是否对原有立法进行了细化	10	是
	是否为授权立法地方立法的事项	8	是
	是否有利于推进陕西省相关领域科技发展	1	是
地方特色	立法是否符合陕西省科技发展需要	6	是
	立法是否符合陕西省经济发展需要	5	是
	立法是否体现陕西省文化发展状况	4	是
	立法是否体现陕西省人才发展状况	4	是
	立法是否解决地方现实问题	1	是
法制统一	是否存在上位法依据	7	是
	是否与法律存在冲突	4	否
	是否与行政法规存在冲突	4	否
	是否与部门规章不协调	3	否
	是否与陕西省其他地方性法规不协调	3	否
权力配置	公权力的配置是否确实必要	5	是
	部门之间的权力配置是否协调	4	是
	权力、责任是否相适应	4	是
	对公权力是否存在制约监督机制	4	是
	是否实现资源配置均衡	1	是
技术规范	用语是否简明、准确、规范	6	是
	逻辑（结构）是否清晰、完整	6	是
	是否具有可操作性	1	是
合计		100	

10—《陕西省民营科技企业条例》评分表

一级指标	二级指标	评分	备注
立法必要性	是否填补了原有立法漏洞	9	是
	是否对原有立法进行了细化	10	是
	是否为授权立法地方立法的事项	8	是
	是否有利于推进陕西省相关领域科技发展	1	是
地方特色	立法是否符合陕西省科技发展需要	6	是
	立法是否符合陕西省经济发展需要	5	是
	立法是否体现陕西省文化发展状况	4	是
	立法是否体现陕西省人才发展状况	4	是
	立法是否解决地方现实问题	1	是
法制统一	是否存在上位法依据	7	是
	是否与法律存在冲突	4	否
	是否与行政法规存在冲突	4	否
	是否与部门规章不协调	3	否
	是否与陕西省其他地方性法规不协调	3	否
权力配置	公权力的配置是否确实必要	5	是
	部门之间的权力配置是否协调	4	是
	权力、责任是否相适应	4	是
	对公权力是否存在制约监督机制	4	是
	是否实现资源配置均衡	1	是
技术规范	用语是否简明、准确、规范	6	是
	逻辑（结构）是否清晰、完整	6	是
	是否具有可操作性	1	是
合计		100	

11—《陕西省实施〈中华人民共和国农业技术推广法〉办法》评分表

一级指标	二级指标	评分	备注
立法必要性	是否填补了原有立法漏洞	0	否
	是否对原有立法进行了细化	10	是
	是否为授权立法地方立法的事项	8	是
	是否有利于推进陕西省相关领域科技发展	1	是
地方特色	立法是否符合陕西省科技发展需要	6	是
	立法是否符合陕西省经济发展需要	5	是
	立法是否体现陕西省文化发展状况	4	是
	立法是否体现陕西省人才发展状况	4	是
	立法是否解决地方现实问题	1	是
法制统一	是否存在上位法依据	7	是
	是否与法律存在冲突	0	是
	是否与行政法规存在冲突	0	是
	是否与部门规章不协调	0	是
	是否与陕西省其他地方性法规不协调	3	否
权力配置	公权力的配置是否确实必要	5	是
	部门之间的权力配置是否协调	4	是
	权力、责任是否相适应	4	是
	对公权力是否存在制约监督机制	4	是
	是否实现资源配置均衡	1	是
技术规范	用语是否简明、准确、规范	0	否
	逻辑（结构）是否清晰、完整	0	否
	是否具有可操作性	1	是
合计		68	

12—《陕西省循环经济促进条例》评分表

一级指标	二级指标	评分	备注
立法必要性	是否填补了原有立法漏洞	9	是
	是否对原有立法进行了细化	0	否
	是否为授权立法地方立法的事项	8	是
	是否有利于推进陕西省相关领域科技发展	1	是
地方特色	立法是否符合陕西省科技发展需要	6	是
	立法是否符合陕西省经济发展需要	5	是
	立法是否体现陕西省文化发展状况	4	是
	立法是否体现陕西省人才发展状况	4	是
	立法是否解决地方现实问题	1	是
法制统一	是否存在上位法依据	7	是
	是否与法律存在冲突	0	是
	是否与行政法规存在冲突	4	否
	是否与部门规章不协调	3	否
	是否与陕西省其他地方性法规不协调	3	否
权力配置	公权力的配置是否确实必要	5	是
	部门之间的权力配置是否协调	4	是
	权力、责任是否相适应	4	是
	对公权力是否存在制约监督机制	4	是
	是否实现资源配置均衡	1	是
技术规范	用语是否简明、准确、规范	0	否
	逻辑（结构）是否清晰、完整	6	是
	是否具有可操作性	1	是
合计		80	

13—《陕西省科学技术进步条例》评分表

一级指标	二级指标	评分	备注
立法必要性	是否填补了原有立法漏洞	9	是
	是否对原有立法进行了细化	10	是
	是否为授权立法地方立法的事项	8	是
	是否有利于推进陕西省相关领域科技发展	1	是
地方特色	立法是否符合陕西省科技发展需要	6	是
	立法是否符合陕西省经济发展需要	5	是
	立法是否体现陕西省文化发展状况	4	是
	立法是否体现陕西省人才发展状况	4	是
	立法是否解决地方现实问题	1	是
法制统一	是否存在上位法依据	7	是
	是否与法律存在冲突	0	是
	是否与行政法规存在冲突	4	否
	是否与部门规章不协调	3	否
	是否与陕西省其他地方性法规不协调	3	否
权力配置	公权力的配置是否确实必要	5	是
	部门之间的权力配置是否协调	4	是
	权力、责任是否相适应	4	是
	对公权力是否存在制约监督机制	4	是
	是否实现资源配置均衡	1	是
技术规范	用语是否简明、准确、规范	0	否
	逻辑（结构）是否清晰、完整	6	是
	是否具有可操作性	1	是
合计		90	

14—《陕西省计量监督管理条例》评分表

一级指标	二级指标	评分	备注
立法必要性	是否填补了原有立法漏洞	9	是
	是否对原有立法进行了细化	10	是
	是否为授权立法地方立法的事项	8	是
	是否有利于推进陕西省相关领域科技发展	1	是
地方特色	立法是否符合陕西省科技发展需要	6	是
	立法是否符合陕西省经济发展需要	5	是
	立法是否体现陕西省文化发展状况	4	是
	立法是否体现陕西省人才发展状况	4	是
	立法是否解决地方现实问题	1	是
法制统一	是否存在上位法依据	7	是
	是否与法律存在冲突	4	否
	是否与行政法规存在冲突	0	是
	是否与部门规章不协调	0	是
	是否与陕西省其他地方性法规不协调	3	否
权力配置	公权力的配置是否确实必要	5	是
	部门之间的权力配置是否协调	4	是
	权力、责任是否相适应	4	是
	对公权力是否存在制约监督机制	4	是
	是否实现资源配置均衡	1	是
技术规范	用语是否简明、准确、规范	6	是
	逻辑（结构）是否清晰、完整	6	是
	是否具有可操作性	1	是
合计		93	

15—《陕西省专利条例》评分表

一级指标	二级指标	评分	备注
立法必要性	是否填补了原有立法漏洞	9	是
	是否对原有立法进行了细化	10	是
	是否为授权立法地方立法的事项	8	是
	是否有利于推进陕西省相关领域科技发展	1	是
地方特色	立法是否符合陕西省科技发展需要	6	是
	立法是否符合陕西省经济发展需要	5	是
	立法是否体现陕西省文化发展状况	4	是
	立法是否体现陕西省人才发展状况	4	是
	立法是否解决地方现实问题	1	是
法制统一	是否存在上位法依据	7	是
	是否与法律存在冲突	4	否
	是否与行政法规存在冲突	4	否
	是否与部门规章不协调	3	否
	是否与陕西省其他地方性法规不协调	3	否
权力配置	公权力的配置是否确实必要	5	是
	部门之间的权力配置是否协调	4	是
	权力、责任是否相适应	4	是
	对公权力是否存在制约监督机制	4	是
	是否实现资源配置均衡	1	是
技术规范	用语是否简明、准确、规范	6	是
	逻辑（结构）是否清晰、完整	6	是
	是否具有可操作性	1	是
合计		100	

16—《陕西省标准化条例》评分表

一级指标	二级指标	评分	备注
立法必要性	是否填补了原有立法漏洞	9	是
	是否对原有立法进行了细化	10	是
	是否为授权立法地方立法的事项	8	是
	是否有利于推进陕西省相关领域科技发展	1	是
地方特色	立法是否符合陕西省科技发展需要	6	是
	立法是否符合陕西省经济发展需要	5	是
	立法是否体现陕西省文化发展状况	4	是
	立法是否体现陕西省人才发展状况	4	是
	立法是否解决地方现实问题	1	是
法制统一	是否存在上位法依据	7	是
	是否与法律存在冲突	0	是
	是否与行政法规存在冲突	4	否
	是否与部门规章不协调	0	是
	是否与陕西省其他地方性法规不协调	3	否
权力配置	公权力的配置是否确实必要	5	是
	部门之间的权力配置是否协调	4	是
	权力、责任是否相适应	4	是
	对公权力是否存在制约监督机制	4	是
	是否实现资源配置均衡	1	是
技术规范	用语是否简明、准确、规范	6	是
	逻辑（结构）是否清晰、完整	6	是
	是否具有可操作性	1	是
合计		93	

17—《陕西省测绘成果管理条例》评分表

一级指标	二级指标	评分	备注
立法必要性	是否填补了原有立法漏洞	9	是
	是否对原有立法进行了细化	10	是
	是否为授权立法地方立法的事项	8	是
	是否有利于推进陕西省相关领域科技发展	1	是
地方特色	立法是否符合陕西省科技发展需要	6	是
	立法是否符合陕西省经济发展需要	5	是
	立法是否体现陕西省文化发展状况	4	是
	立法是否体现陕西省人才发展状况	4	是
	立法是否解决地方现实问题	1	是
法制统一	是否存在上位法依据	7	是
	是否与法律存在冲突	4	否
	是否与行政法规存在冲突	4	否
	是否与部门规章不协调	3	否
	是否与陕西省其他地方性法规不协调	3	否
权力配置	公权力的配置是否确实必要	5	是
	部门之间的权力配置是否协调	4	是
	权力、责任是否相适应	4	是
	对公权力是否存在制约监督机制	4	是
	是否实现资源配置均衡	1	是
技术规范	用语是否简明、准确、规范	6	是
	逻辑（结构）是否清晰、完整	6	是
	是否具有可操作性	1	是
合计		100	

18—《陕西省经济技术开发区条例》评分表

一级指标	二级指标	评分	备注
立法必要性	是否填补了原有立法漏洞	9	是
	是否对原有立法进行了细化	10	是
	是否为授权立法地方立法的事项	8	是
	是否有利于推进陕西省相关领域科技发展	1	是
地方特色	立法是否符合陕西省科技发展需要	6	是
	立法是否符合陕西省经济发展需要	5	是
	立法是否体现陕西省文化发展状况	4	是
	立法是否体现陕西省人才发展状况	4	是
	立法是否解决地方现实问题	1	是
法制统一	是否存在上位法依据	7	是
	是否与法律存在冲突	4	否
	是否与行政法规存在冲突	4	否
	是否与部门规章不协调	3	否
	是否与陕西省其他地方性法规不协调	3	否
权力配置	公权力的配置是否确实必要	5	是
	部门之间的权力配置是否协调	4	是
	权力、责任是否相适应	4	是
	对公权力是否存在制约监督机制	4	是
	是否实现资源配置均衡	1	是
技术规范	用语是否简明、准确、规范	0	否
	逻辑（结构）是否清晰、完整	6	是
	是否具有可操作性	0	否
合计		93	

19—《陕西省现代农业园区条例》评分表

一级指标	二级指标	评分	备注
立法必要性	是否填补了原有立法漏洞	9	是
	是否对原有立法进行了细化	10	是
	是否为授权立法地方立法的事项	8	是
	是否有利于推进陕西省相关领域科技发展	1	是
地方特色	立法是否符合陕西省科技发展需要	6	是
	立法是否符合陕西省经济发展需要	5	是
	立法是否体现陕西省文化发展状况	4	是
	立法是否体现陕西省人才发展状况	4	是
	立法是否解决地方现实问题	1	是
法制统一	是否存在上位法依据	7	是
	是否与法律存在冲突	4	否
	是否与行政法规存在冲突	4	否
	是否与部门规章不协调	3	否
	是否与陕西省其他地方性法规不协调	3	否
权力配置	公权力的配置是否确实必要	5	是
	部门之间的权力配置是否协调	4	是
	权力、责任是否相适应	4	是
	对公权力是否存在制约监督机制	4	是
	是否实现资源配置均衡	1	是
技术规范	用语是否简明、准确、规范	6	是
	逻辑（结构）是否清晰、完整	6	是
	是否具有可操作性	1	是
合计		100	

参考文献

一、期刊论文类

[1] 马治国，翟晓舟．知识产权保护与创新型省份建设——以陕西省为例［J］．情报杂志，2016，35（7）：37-42.

[2] 郭英远，张胜．科技人员参与科技成果转化收益分配的激励机制研究［J］．科学学与科学技术管理，2015，36（7）：146-154.

[3] 和育东．美、德职务发明制度中的“厚雇主主义”趋势及其借鉴［J］．知识产权，2015（1）：115-121.

[4] 孙春燕．职务发明制度的合理性——以经济学为视角［J］．知识产权，2012（4）：56-59.

[5] 王林，何敏．对职务发明成果归属的新思考［J］．南京师范大学学报（社会科学版），2002（2）：38-41.

[6] 卢世纲．论对职务发明人的权益保护问题［J］．知识产权，1997（6）：16-17+11.

[7] 胡罡，何健敏，刘薇薇等．论“售后服务”对高校科技成果转化的作用［J］．研究与发展管理，2016，28（5）：119-125.

[8] 杜月升．论知识生产及其经济特征［J］．深圳大学学报（人文社会科学版），1999（2）：46-51.

[9] 杨筱．德国雇员发明制度研究［J］．学习月刊，2010（18）：133.

[10] 纪建强，黄朝峰，张继东．产权分离与产权分割——职务发明国防专利权归属的新思路［J］．科技进步与对策，2015（13）：106-110.

[11] 葛章志，宋伟，万民．职务科技成果单位优先转化权及其规则改进——兼评我国《促进科技成果转化法》第19条［J］．中国高校科技，2016（8）：15-18.

[12] 何敏．新“人本理念”与职务发明专利制度的完善［J］．法学，2012（9）：65-74.

[13] 李志刚，刘振，于敏等．国外公司裂变型创业研究综述［J］．中国海洋大学学报（社会科学版），2012（1）：66-72.

[14] 李玲娟，霍国庆，曾明彬．科技成果转化过程分析［J］．湖南大学学报（社会科学版），2014，28（4）：117-121.

[15] 赵含宇．经济学视角下的法律成本与效益分析［J］．理论与现代化，2016（2）：110-114.

[16] 崔国斌．中国专利共有制度述评（上）［J］．电子知识产权，2010（6）：12-19.

[17] 尹田．论物权与知识产权的关系［J］．法商研究，2002（5）：13-16.

[18] 徐兴祥．知识产权权能结构法律分析［J］．法治研究，2014（7）：112-119.

[19] 黄辉．公司资本制度改革的正当性：基于债权人保护功能的法经济学分析［J］．中国法学，2015（6）：159-178.

[20] 戴永盛．共有释论［J］．法学，2013，（12）：25-38.

[21] 唐良智．下放处置权扩大收益权探索所有权——创新高校职务科技成果管理制度的思

考与实践 [J]. 求是，2014 (7)：53-54.
[22] 葛章志，宋伟，万民. 职务科技成果单位优先转化权及其规则改进——兼评我国《促进科技成果转化法》第 19 条 [J]. 中国高校科技，2016 (8)：15-18.
[23] 金希. 职务科技成果转化中科技人员角色的再定位——以促进科技成果转化法为视角 [J]. 农业网络信息，2016 (4)：121-124.
[24] 肖宝，顾新，王涛. 不同转化方式下科研人员参与收益分配研究 [J]. 科学管理研究，2016 (10)：21-24.
[25] 李小田. 完善我国高校科技成果转化激励机制的思考 [J]. 中国轻工教育，2011 (5)：52-54.
[26] 谢敏芳，林修凤，连文. 关于高校等事业单位职务科技成果收益权和处置权改革的若干设想 [J]. 科技管理研究，2016，36 (1)：79-84.
[27] 齐昕，曹新安，张萌. 我国激励科技人才创新创业的实践及路径选择 [J]. 科技管理研究，2013 (15)：151-155.
[28] 陈东林，张晶晶. 高校科技成果转化及促进对策 [J]. 企业经济，2011 (12)：114-117.
[29] 张胜，郭英远，窦勤超. 科技人员主导的职务科技成果转化机制研究 [J]. 科技进步与对策，2014 (21).
[30] 刘江涛. 基于政策工具视角的科技成果转化政策分析 [J]. 中国轻工教育，2014 (3)：26-29.
[31] 杨正宇. 高校学生科技创新成果权属的职务发明制度之殇 [J]. 科技进步与对策，2016，33 (17)：100-106.
[32] 陈沫，杨帆. 农地“三权分置”实现机制探析——以黑龙江省为例 [J]. 知与行，2016 (2)：107-111.
[33] 郑亮，杨燕菱. 农地“三权分离”制度的土地权能构造——基于马克思土地产权权能理论 [J]. 安徽农业科学，2016 (9)：318-320.
[34] 程民选. 巴泽尔产权理论的独特视角及其现实启示 [J]. 河北经贸大学学报，2014 (5)：41-45.
[35] 秦伟，杨占勇. 论所有权及其权能分离的双向性 [J]. 东岳论丛，2001 (7)：111-115.
[36] 罗玉中. 我国科技立法概况及立法原则 [J]. 中外法学，1991 (4)：1-8.
[37] 王冬梅，曹大庆. 论科技立法的效益优先原则 [J]. 法制与社会，2011 (2)：26-27.
[38] 范晓峰. 科技立法在我国立法工作中的地位和作用 [J]. 科技与法律，2001 (4)：1-6.
[39] 罗玉中. 科技立法体系刍议 [J]. 科技与法律，1997 (1-3 合刊)：1-12.
[40] 杨丽娟，陈凡. 科学技术能混同立法吗？——对我国当代科技立法的思考 [J]. 科学学研究，2005 (8)：449-454.
[41] 郭文泽. 关于我国科技立法与政策制定的思考 [J]. 中共郑州市委党校学报，2012 (2)：57-59.
[42] 马治国，李晓鸣. 科学技术进步地方性立法比较研究 [J]. 科技进步与对策，2013 (3)：91-95.
[43] 刘曦子. 北京市科技立法体系简论：现状、不足与完善 [J]. 科技与法律，2013

(1)：34-37.
[44] 段素玲，薛智胜. 地方科技立法实施评价制度与指标体系的构建——以《天津市科技进步促进条例》为视角 [J]. 天津法学，2013 (4)：19-23.
[45] 谢军. 地方科技立法综述 [J]. 科技与法律，2001 (1)：63-69.
[46] 史建三，吴天昊. 地方立法质量：现状、问题与对策——以上海人大地方立法为例 [J]. 法学，2009 (6)：94-107.
[47] 李明冬. 略论《决定》的实施与司法鉴定地方法规的修订 [J]. 中国司法鉴定，2007 (2)：70-71，74.
[48] 李宝奇，赵静波. 自治法的修改对自治地方立法提出的新课题 [J]. 东疆学刊，2001 (3)：16-19.
[49] 刘迎红. 我国地方档案法规修订若干问题探究 [J]. 兰台世界，2008 (24)：10-11.
[50] 张耕. 地方科技立法初探 [J]. 科技与法律，2000 (3)：78-80.
[51] 陈桂中. 地方科技立法的理念创新与实践 [J]. 科学咨询 (决策管理)，2009 (12)：1-2，28.
[52] 成应平，佟春燕. 关于我国地方科技立法工作的思考 [J]. 知识经济，2009 (16)：17-18.
[53] 公培祥. 区域法治发展的概念意义———种哲学方法论上的初步分析. [J] 南京师范大学学报 (社会科学版)，2014 (1)：60.
[54] 夏锦文. 区域法治发展的法理学思考———个初步的研究架构. [J] 南京师范大学学报 (社会科学版)，2014 (1)：74.
[55] 董笃笃. 论中国区域创新立法的理念缺失与制度缺陷. [J] 改革与战略，2012 (6)：20.
[56] 段素玲，薛智胜. 地方科技立法实施评价制度与指标体系的构建——以《天津市科技进步促进条例》为视角 [J]. 天津法学，2013 (4)：19-23.
[57] 张素君. 专利权共有的法律问题研究 [D]. 南京：南京理工大学，2009.
[58] Oscar H，Jeremy N. The Knowledge-Creating Company：How Japanese companies create the dynamics of innovation [J]. Technological Forecasting and Social Change，1997，55 (1).
[59] Aldo G，Federica R. Changes to university IPR regulations in Europe and the impact on academic patenting [J]. Research Policy，2011，40 (8).
[60] Martin K，Donald P. Does inventor ownership encourage university research-derived entrepreneurship? A six university comparison [J]. Research Policy，2011，40 (8).
[61] Dante DG，Scott S. Why do some universities generate more start-ups than others? [J]. Research Policy，2003，32 (2).
[62] Challener C A. Advanced Technologies Facilitate Scale-Up and Technology Transfer [J]. Biopharm International，2015，28 (6)：20-23.
[63] Audretsch D B，Lehmann E E，Paleari S，et al. Entrepreneurial finance and technology transfer [J]. Journal of Technology Transfer，2016，41 (1)：1-9.
[64] Lewis J I. A comprehensive look at technology transfer [J]. Climate Policy，2014，15 (1).
[65] Debackere K，Veugelers R. The role of academic technology transfer organizations in impro-

ving industry science links [J]. Research Policy, 2005, 34 (3): 321-342.
[66] Hoye KA. University Intellectual Property Policies and University - Industry Technology Transfer in Canada [D]. Waterloo: University of Waterloo, 2006.

二、著作类

[1] 约翰·洛克. 政府论（下册）[M]. 叶启芳，瞿菊农，译. 北京：商务印书馆，1983.
[2] 杰里米·里夫金. 零边际成本社会 [M]. 赛迪研究院专家组，译. 北京：中信出版社，2014.
[3] 中国科学技术协会. 学科发展报告综合卷（2014—2015）[M]. 北京：中国科学技术出版社，2016.
[4] 南振兴，温芽清. 知识产权法经济学论 [M]. 北京：中国社会科学出版社，2010.
[5] 张寒. 中国大学技术转移与知识产权制度关系演进的案例研究 [M]. 北京：经济管理出版社，2016.
[6] 张五常. 经济解释 [M]. 北京：中信出版社，2012.
[7] 何敏. 知识产权基本理论 [M]. 北京：法律出版社，2011：1.
[8] 高鸿业. 西方经济学（微观部分）[M]. 北京：中国人民大学出版社，2011.
[9] 冯玉军. 法经济学 [M]. 北京：中国人民大学出版社，2013.
[10] 王迁. 知识产权法教程 [M]. 北京：中国人民大学出版社，2009.
[11] 杨立新. 共有权理论与适用 [M]. 北京：法律出版社，2007.
[12] 马忠法. 科技成果流转法律制度与上海创新型城市建设之研究 [M]. 北京：知识产权出版社，2012.
[13] 刘作翔，冉井富. 立法后评估的理论与实践 [M]. 北京：社会科学文艺出版社，2013.
[14] 袁曙宏. 立法后评估工作指南 [M]. 北京：中国法制出版社，2013.
[15] 梅夏英. 财产权构造的基础分析 [M]. 北京：人民法院出版社，2003.
[16] 巴泽尔. 产权的经济分析 [M]. 上海：上海人民出版社，1997.

三、网络资料类

[1] 教育部. 2016 年高等学校科技统计资料汇编 [EB/OL]. [2017-03-03]. http://www.moe.edu.cn/s78/A16/A16_tjdc/201703/t20170303_298076.html.
[2] 科技部. 2015 年我国高等学校 R&D 活动分析 [EB/OL]. [2017-08-08]. http://www.most.gov.cn/kjtj/.
[3] 郝孟佳，赵竹青. 四川：单位将不再独占职务科技成果产权 [EB/OL]. [2017-01-24]. http://scitech.people.com.cn/n1/2017/0124/c1057-29045972.html.
[4] 国家发改委. 四川省职务科技成果混合所有制改革成效显著 [EB/OL]. [2017-01-10]. http://gjss.ndrc.gov.cn/gjsgz/201711/t20171110_866789.html.
[5] 四川省科技厅. 四川将扩大职务科技成果权属“混改”试点范围 [EB/OL]. [2017-04-20]. http://www.scst.gov.cn/zhuzhan/yqtb/20170420/26762.html.

后　记

立法研究是最能体现理论与实践相联系的学问。在实践中发现问题，进行理论，再指导实践。也就是提出问题——研究问题——解决问题的过程。对地方性法规的立法研究更是如此，首先要融入到地方社会实践中，把握地方社会经济重大需求、发展规律和突出问题，同时要了解国家立法动态和价值取向，最后才能从众多问题中选择出突破点，并通过研究方案推动立法工作。本研究也得益于本人作为省人大常委会立法咨询专家和省决策咨询委员的身份，通过调研发现问题后，以《决策建言》方式就立法的紧迫性和需要解决的基本问题为决策层提供参考依据，进而推动立法的进程。这是法律智库研究的路径，展现了理论研究指导实践、服务实践、解决实践问题的一个过程。

在这里需要说明的是，本研究成果与陕西省人大、省政府法制办（机构改革前）、省科技厅等相关部门的支持密不可分，是基于国家促进科技成果转化立法，并借鉴了其他省市的地方性法规、政策研究的成功经验而完成的。西安交通大学知识产权专业研究生张梦竹、刘登辉同学对本书第二、三章的研究做出了贡献，在此一并表示感谢。

马治国